Der letztendliche Erfolg

Der letztendliche Erfolg

Gedanken zur Spiritualität
von
Swami Ramakrishnananda Puri

Mata Amritanandamayi Center, San Ramon
Kalifornien, Vereinigte Staaten

Der letztendliche Erfolg
Gedanken zur Spiritualität von Swami Ramakrishnananda Puri

Herausgegeben von:
Mata Amritanandamayi Center
P.O. Box 613
San Ramon, CA 94583
Vereinigte Staaten

————————— *Ultimate Success (German)* —————————

Erstausgabe vom MA Center: September 2016

In Deutschland: www.amma.de

In der Schweiz: www.amma-schweiz.ch

In Indien:
inform@amritapuri.org
www.amritapuri.org

Widmung

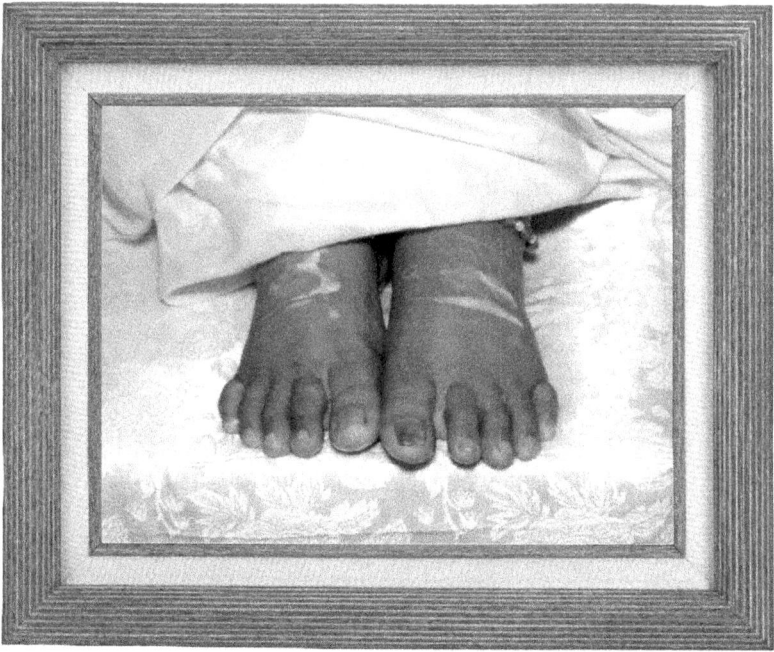

In tiefer Ehrerbietung bringe ich dieses Buch dar
den Lotusfüßen meines geliebten Satguru,
Sri Mata Amritanandamayi.

Inhalt

Vorwort

yo dhruvam parityajya adhruvam parisevate
dhruvam tasya naṣyathi adhruvam naṣṭameva hi

Wer das Ewige um des Vergänglichen willen aufgibt,
wird das Ewige verlieren;
auch bleibt ihm das Vergängliche nicht erhalten.

– Altes indisches Sprichwort

Die moderne Welt bietet unzählige Mittel und Wege, unsere Sinnesfreuden auszuleben. So wie man von einer Datenautobahn spricht, existiert auch eine „Sensations-Autobahn". In unserer Gesellschaft unterliegt jedermann, vom Ärmsten bis zum Wohlhabendsten, dem Streben nach materiellen Freuden – im Glauben, die Befriedigung der Wünsche sei das höchste Glück auf Erden.

Doch insgeheim sind wir uns alle nicht so sicher, ob wir unsere Wünsche und Ziele tatsächlich erreichen können. Wir wissen, dass ein Milliardär vielleicht keine liebevollen Kinder hat oder ein Olympia-Goldmedaillenträger unter psychischem Stress leidet und die Ehe eines Filmstars zerrüttet ist.

In Wahrheit kann uns nichts in der äußeren Welt beständige Zufriedenheit vermitteln. Natürlich bedeutet dies nun nicht, dass wir Menschen das Streben nach weltlichem Glück aufgeben müssen. Doch sollten wir beim Genuss der weltlichen Freuden deren wahre Natur durchschauen und zugleich nach dem streben, was uns andauerndes Glück beschert.

Nur derjenige ist wunschlos glücklich, der seine Identifikation mit Körper, Gemüt und Verstand überwunden hat, da er seine wahre Natur als universelles Selbst, das in allen Wesen als reines Bewusstsein gegenwärtig ist, realisiert hat. Wenn uns aufgrund unmittelbarer persönlicher Erfahrung bewusst geworden ist, dass es nur ein Ich gibt, begreifen wir, dass in der gesamten Schöpfung nichts weiter zu erreichen ist. Dann können wir eintauchen in den Ozean der Glückseligkeit, unsere wirkliche Natur und unser endgültiges Zuhause. Verbringen wir hingegen unser Leben damit, den vergänglichen Dingen der Welt nachzujagen, werden wir diese immerwährende Glückseligkeit des Selbst verpassen und zuletzt auch ohne die weltlichen Errungenschaften sein – spätestens in unserer Todesstunde, wenn nicht schon vorher. Amma ist das lebende Beispiel eines Wesens, das alles erreicht hat, was es zu erreichen gibt. Aus unserer gegenwärtigen Sicht vermitteln weltliche Dinge scheinbar höchstes Lebensglück, doch für Amma, die ihre eigene wahre Natur kennt, sind solche Dinge nicht der Rede wert. Wenn wir einmal den Zustand der Selbstverwirklichung erreichen, können wir alles haben, was wir wollen; jedoch ist dies ein derart erfülltes Dasein, dass kein Raum für Wünsche übrig bleibt – wir haben nicht das Gefühl, etwas zu entbehren.

Da ich zu meinem großen Glück seit 27 Jahren bei Amma leben darf, möchte ich sowohl von einigen Erfahrungen mit Amma erzählen als auch von den Lektionen, die ich auf diesem Weg zu lernen hatte. Die hier vorliegenden Beiträge erläutern die möglichen Fußangeln auf dem Pfad zur Selbst-Verwirklichung ebenso wie den unendlichen Segen, der uns mit dem endgültigen Sieg über unser Ego zuteil wird und basieren auf der Tradition der vedischen Weisheit wie auch meinen eigenen Erfahrungen mit einem *Satguru* (Sat-Guru: „Im Sein verankerter Meister").

Ein Devotee bemerkte mir gegenüber einmal: „Amma ist ein Rätsel, eingehüllt in geheimnisvolles Dunkel." Nicht nur haben wir keine Ahnung, wer Amma ist, wir wissen auch nicht, wer wir selbst sind. Amma dagegen weiß aus eigener Erfahrung, dass sie und wir – und die gesamte Schöpfung – eins sind. Deshalb suchen Millionen Menschen unterschiedlicher Herkunft, aller Rassen und Religionen und aus allen Winkeln der Welt Ammas Segen und Liebe. Amma möchte aber nicht, dass wir im Dunkeln verharren. Es ist Ammas größter Wunsch, dass alle ihre Kinder, das heißt alle Lebewesen, eines Tages die höchste Glückseligkeit der Selbstverwirklichung erfahren – das ist der höchste im Leben anzustrebende Erfolg. Amma als höchste Meisterin kann uns hinführen zu JENEM. Möge ihr Segen und ihre Gnade uns allen dazu verhelfen, dieses höchste Ziel zu erreichen.

Swami Ramakrishnananda Puri
Amritapuri
27. September 2004

Ammas Leben in Kürze

„Unsere gottgegebenen Fähigkeiten sind ein Schatz für uns selbst und für die ganze Welt. Er sollte nicht missbraucht werden, damit er für uns und für die ganze Welt nicht zu einer Bürde wird. Die größte Lebenstragödie ist nicht der Tod, sondern die größte Tragödie ist es, wenn wir unsere Talente und Fähigkeiten während der Dauer unseres Lebens nicht voll gebrauchen und sie verrosten lassen. Wenn wir die Schätze der Natur, die Rohstoffe, verwenden, nehmen sie ab. Gebrauchen wir hingegen den Schatz unserer inneren Fähigkeiten, nimmt dieser zu.“

Sri Mata Amritanandamayi
„Mögen Frieden und Glück walten“
Grundsatzrede während der abschließenden
Plenarsitzung des Parlaments der Religionen der Welt,
13. Juli 2004 in Barcelona, Spanien

Amma wurde 1953 in einem armen Fischerdorf im süd-indischen Kerala geboren. Es war schon in früher Kindheit offensichtlich, dass Sudhamani, wie sie damals genannt wurde, einzigartig war. Ganz ohne Beeinflussung war sie aus sich heraus tief spirituell, und die Intensität ihres Mitgefühls war bemerkenswert. Durch ihr Anderssein wurde sie missverstanden und schlecht behandelt. Sie hatte eine sehr schwierige Kindheit und sehr viel zu erleiden. Schon in ganz jungen Jahren verbrachte sie die meiste Zeit damit, Haushaltspflichten zu erfüllen, zu denen es auch gehörte, Futter für die Kühe ihrer Familie herbeizuholen. Sie zog durch die Dörfer, während sie Gras einsammelte und suchte die Nachbarn auf, um Gemüseabfälle und

Reisschleim für die Kühe herbeizuholen. Dabei beobachtete sie manches, was ihr Herz bedrückte. Sie sah Menschen hungern, während andere Reichtümer anhäuften, mit denen sich ganze Generationen hätten ernähren können. Sie sah, dass viele Menschen krank waren und unter starken Schmerzen litten, ohne sich auch nur eine Schmerztablette leisten zu können. Außerdem fiel ihr auf, dass viele ältere Menschen von ihren Familienangehörigen vernachlässigt und herzlos behandelt wurden. Ihr Mitgefühl war so stark, dass ihr der Schmerz anderer Menschen unerträglich wurde.

Obwohl noch ein Kind, sann sie über die Frage des Leidens nach. Sie fragte sich: „Warum leiden die Menschen? Was ist die eigentliche Ursache von Leid?" Und dabei fühlte sie Gottes Gegenwart so mächtig in sich, dass sie sich für andere hingeben und diejenigen trösten und aufrichten wollte, die weniger Glück hatten als sie selbst.

In gewisser Hinsicht nahm Ammas Mission damals ihren Anfang. Sie teilte ihr Essen mit den Hungernden, wusch die Betagten, um die sich niemand kümmerte, und half ihnen beim Anziehen. Verschenkte sie Lebensmittel und Habseligkeiten ihrer Familie an die Armen, wurde sie bestraft, doch ihr Mitgefühl war so groß, dass nichts sie daran hindern konnte.

Den Leuten fiel allmählich auf, dass Sudhamani außergewöhnlich war: Sie lebte vollkommen selbstlos, kümmerte sich unablässig um andere und strahlte jedem gegenüber bedingungslose und grenzenlose Liebe aus.

Als Sudhamani Anfang Zwanzig war, bewirkte die in ihr erwachte universelle Mütterlichkeit, dass sie jeden, der zu ihr kam, spontan umarmte. Sie erlebte jeden als ihr eigenes Kind, und Menschen aller Altersstufen begannen sie Amma (Mutter) zu nennen. Es kamen nun täglich Hunderte von Menschen, um einen Moment in ihrer Gegenwart zu verweilen.

Somit bekam Ammas *Darshan*[1] die Form einer warmen, liebevollen mütterlichen Umarmung. Amma hörte sich die Sorgen
der Menschen an, die zu ihr kamen, tröstete und streichelte sie.
Gleichzeitig begann sie damit, die Menschen zu unterweisen, um
ihnen das eigentliche Ziel des Daseins zu offenbaren.

Ab 1979 kamen die ersten zölibatären Schüler zu Amma, um
fortan als Mönche bei ihr zu leben. Diese gaben ihr den Namen
Mata Amritanandamayi (Mutter der Unsterblichen Glückseligkeit). Als sich immer mehr junge Männer und Frauen von Ammas
selbstlosem Mitgefühl inspirieren ließen und zu ihr kamen, um
von ihr spirituell geleitet zu werden, wurde ein Ashram gegründet.
Der Bau von einigen bescheidenen mit Stroh gedeckten Hütten
neben Ammas Elternhaus im Jahre 1981 bildete die Grundlage
zum Mata Amritanandamayi Math.

1987 brach Amma erstmals zu einer Welt-Tour auf, um den
Rufen ihrer Kinder auf der ganzen Welt zu folgen. Heutzutage gilt
Amma in Indien ebenso wie im Ausland als eine der bedeutends-
ten spirituellen Führerinnen der Welt. Den größten Teil des Jahres
ist sie auf Reisen: In ihrem Heimatland Indien, in Europa, in den
Vereinigten Staaten und Kanada, in Japan, Malaysia, Australien
u.a. Ammas Mitgefühl überwindet sämtliche durch Nationalität,
Rasse, Kaste, Geschlecht, sozialökonomischen Status, Glauben,
Religion oder Gesundheitszustand aufgebauten Schranken. Wo
immer sie hinreist, begrüßt sie jeden, der zu ihr kommt, mit einer
mütterlichen Umarmung und zeigt durch ihr Vorbild, dass der
Dienst an anderen auf bedingungsloser Akzeptanz und Liebe
beruht. In den vergangenen 30 Jahren hat Amma rund 24 Millionen Menschen physisch umarmt und gesegnet.

---

[1] Das Wort „Darshan" heißt wörtlich „sehen". Traditionellerweise gebraucht
man es bei der Begegnung mit einem Heiligen, beim Betrachten eines Got-
tesbildes oder bei einer Vision Gottes. In diesem Buch bezieht sich Darshan
auf Ammas mütterliche Umarmung, die zugleich eine Segnung ist.

Gegenwärtig ist ihr Ashram das Zuhause von mehr als 3000 Bewohnern, zu denen monastisch lebende Schüler, Devotees in Familienverbänden und Studenten gehören. Außerdem kommen täglich Tausende von überall her zu Besuch in den Ashram. Sowohl die Ashram-Bewohner als auch die Besucher – durch Ammas Beispiel an Liebe, Mitgefühl und selbstlosem Dienst inspiriert – widmen ihr Leben dem Dienst an der Welt. In Ammas riesigem Netzwerk humanitärer Projekte setzen sie sich dafür ein, Notleidende wieder aufzurichten – mit Obdach, ärztlicher Betreuung, Erziehungsbeistand, Berufsberatung oder sonstiger finanzieller und materieller Unterstützung. Unzählige Menschen aus der ganzen Welt leisten ihren Beitrag für dieses liebevolle Hilfswerk.

Eine einzigartige Manifestation aktiver Nächstenliebe ist das „Amrita Institut für Medizinische Forschung und Wissenschaft" (Amrita Institute of Medical Sciences = AIMS) in Cochin, Kerala, ein interdisziplinäres karitatives Klinikum mit über 1200 Betten, das kostenlose medizinische Versorgung nach neuestem technischem Stand für Bedürftige gewährleistet. Das Krankenhaus trägt auch zur Verbesserung des Wohlergehens der Allgemeinheit bei durch Präventivbehandlung, medizinische Ausbildung 1und Forschung. Im AIMS werden selbst die Ärmsten der Armen auf medizintechnisch höchstem Niveau von sehr gut ausgebildeten Ärzten und Krankenschwestern in einer von Liebe und Mitgefühl geprägten Atmosphäre versorgt.

1987 gründete Amma in Kodungallur, Kerala, als erste Bildungsstätte die Grundschule Amrita Vidyalayam. Seitdem schuf der Mata Amritanandamayi Math in ganz Indien über 60 Bildungsstätten, zu denen Institute für Technologie und Informatik sowie eine medizinische Hochschule gehören; sie alle bieten eine hoch qualifizierte und ethisch fundierte Ausbildung.

Inzwischen wurde Amma, die selbst nur eine kurze Schulausbildung genießen konnte, Kuratorin von Amrita Vishwa Vidyapeetham, der jüngsten von der indischen Regierung anerkannten Privatuniversität, mit Fakultäten für Medizin, Ingenieurwissenschaften, Management, Journalismus, Kunst und Naturwissenschaften. Hier erwerben die Studenten das erforderliche Wissen sowohl für eine erfolgreiche berufliche Laufbahn als auch für ein glückliches und friedvolles Leben.

Amma wird zunehmend gebeten, nicht nur einzelnen Individuen sondern auch der globalen Gemeinschaft von Nationen und Glaubensrichtungen mit Rat und Tat zur Seite zu stehen. Im Jahr 2000 sprach Amma beim Millennium Friedensgipfel der Vereinten Nationen in New York sowie 2002 bei der weltweiten Friedensinitiative führender spiritueller Frauen in Genf (wo Amma der Gandhi-King-Preis 2002 für Gewaltlosigkeit verliehen wurde). 2004 hielt Amma beim Parlament der Religionen der Welt in Barcelona während der abschließenden Plenarsitzung eine Grundsatzrede.

Der bisher wohl großartigste Ausdruck von Ammas Liebe für die Welt – und von der Liebe der Welt für sie – war *Amritavarsham50: Die Welt umarmen für Frieden und Harmonie*. Das, was Ammas Anhänger ursprünglich als Feier ihres 50. Geburtstages geplant hatten, verwandelte Amma in ihrer Bescheidenheit in eine Feier des Gebetes und der Aktionen für den Frieden und das Glück der ganzen Welt. An den viertägigen Feierlichkeiten nahmen täglich mehr als 250.000 Menschen teil, darunter der Präsident und der Vize-Premierminister von Indien, ein ehemaliger U.S. Senator und viele andere politische Führungspersönlichkeiten sowie Würdenträger der größeren religiösen Traditionen der Welt, außerdem Wirtschaftsführer aus der ganzen Welt und selbstverständlich Ammas Anhänger aus beinahe allen Ländern der Erde. Im Zentrum von Amritavarsham50 stand natürlich

15

Amma und tat das, was sie seit 30 Jahren täglich tut – sie umarmte, tröstete und segnete ganz persönlich jeden, der zu ihr kam. So wie Dr. Jane Goodall, während sie Amma den Gandhi-King-Preis für Gewaltlosigkeit überreichte, es ausdrückte: „ ... Sie steht hier vor uns: Gottes Liebe in einem menschlichen Körper."

Teil 1

Was ist der letztendliche Erfolg?

Andere zu erkennen ist Intelligenz;

Sich selbst zu erkennen ist echte Weisheit.

Andere zu beherrschen ist Stärke.

Sich selbst zu beherrschen ist echte Macht.

Wer erkennt, dass er genug besitzt,

ist wahrhaft reich.

– Tao Te Ching

Kapitel 1

Wirklich erfolgreich sein

Jeder möchte erfolgreich sein, doch auch wenn er noch so erfolgreich ist, sucht er immer noch nach mehr. Der Abteilungsleiter will Geschäftsleiter werden, der Geschäftsleiter will General direktor werden und der Generaldirektor möchte andere Firmen aufkaufen. Der Millionär möchte Milliardär werden. Der Senator will zum Vize-Präsidenten und schließlich zum Präsidenten gewählt werden. Doch selbst wenn er Präsident geworden ist, möchte er noch irgendetwas Höheres werden.

Ich erinnere mich in diesem Zusammenhang an ein Treffen von Amma mit dem Vizepräsidenten eines bestimmten Landes. Dieser war damals fast 75 Jahre alt und nicht bei bester Gesundheit. Jeder im Lande hielt ihn für sehr erfolgreich, da er sich innerhalb seiner politischen Partei von ganz unten hochgearbeitet hatte. Er gestand Amma, noch ein letztes Ziel zu haben: Präsident seines Landes zu werden – denn nur dann empfände er sein Leben als erfolgreich.

Niemand betrachtet seine gegenwärtige Situation als gänzlich erfolgreich. Deshalb werden so viele Seminare darüber, wie man erfolgreich wird, angeboten. Für diejenigen, die schon Erfolg haben, gibt es Seminare, wie man noch erfolgreicher werden kann. Es finden sogar Seminare statt, wie man mit Erfolg anderen beibringen kann, erfolgreich zu werden. Erfolg wird gemeinhin definiert als etwas anderes oder als etwas, das mehr ist als das, was man bereits erreicht hat. Deshalb sind wir ständig bestrebt, etwas zu erwerben oder etwas zu erreichen. Manche Leute sind erpicht auf Geld, andere besessen auf Macht oder Ruhm. Und natürlich gibt es auch solche, die sich noblen Zielen verschrieben haben. Wenn jedoch Erfolg für uns darin besteht, irgendein äußeres Ziel zu erreichen, werden wir uns nie wirklich erfolgreich fühlen. Es fehlen uns vielleicht die Qualifikationen, um ans Ziel zu kommen. Sind wir qualifiziert, bietet sich uns vielleicht nicht die entsprechende Gelegenheit. Selbst wenn sich die Gelegenheit ergibt, sind wir möglicherweise mit vielen Widrigkeiten konfrontiert. Es kommt noch hinzu, dass sich unsere Ziele im Laufe der Zeit aufgrund unserer Erfahrungen verändern werden. Haben wir endlich ein Ziel erreicht, verstehen wir unter Erfolg vielleicht schon etwas ganz anderes. Schlussendlich werden wir immer irgendjemanden für erfolgreicher halten als uns selbst.

Aus spiritueller Sicht jedoch besitzt jeder Mensch denselben inneren Reichtum und dasselbe innere Erfolgspotenzial. Zwar werden Menschen mit bestimmten physischen Behinderungen niemals Erfolg als Athleten haben können; ein Stummer kann kein erfolgreicher Sänger werden. Ein mittelloser Mensch ohne kaufmännische Erfahrung wird es kaum zum erfolgreichen Unternehmer bringen. Ein verurteilter Verbrecher wird niemals ein öffentliches Amt innehaben können. Dennoch besitzen diese Menschen alle denselben spirituellen Schatz und das Potenzial, ihn zu verwirklichen und wahrhaft erfolgreich zu sein.

Was ist nun echter Erfolg? Nach Aussage der alten indischen Lebensphilosophie, genannt *Sanatana Dharma*[1], gibt es einen Gewinn, von dem gesagt wird: *„Yal labdva naparam labham"*, das bedeutet: „Wenn man ihn erreicht, gibt es nichts weiter zu erreichen." Mit diesem Gewinn ist die Selbstverwirklichung gemeint. Wer das Selbst verwirklicht, wird erfahren, dass das Wahre Selbst und Gott ein und dasselbe sind. Diese Verwirklichung ist

---

[1] Sanatana Dharma ist die ursprüngliche Bezeichnung des Hinduismus und bedeutet: „Die ewige Essenz, die ewige Religion."

der echte Erfolg. Alle anderen Formen von Erfolg oder Gewinn macht der Tod null und nichtig. Die unmittelbare Erkenntnis des Selbst dagegen wird von nichts beeinträchtigt, auch nicht vom Tod. Genauso wenig wie es den elektrischen Strom berührt, wenn eine Glühbirne ausbrennt, berührt der Tod des Körpers in keiner Weise den Atman, der eine neue Körpergestalt annimmt und mit neuen Lebenserfahrungen weiterwirkt. Wer das Selbst verwirklicht hat, für den ist der Tod weiter nichts, als zerrissene Kleider mit neuen Kleidern zu vertauschen.

Wenn wir „Ich" sagen, beziehen wir uns auf unseren physischen Körper und auf unsere Persönlichkeit oder unser Ego. Wir wissen nichts über den Atman, der unser wahres Selbst ist – unsere Essenz. Der Atman belebt den Körper. So wie ein Auto nur mit Benzin läuft, funktioniert der physische Körper, weil der Atman gegenwärtig ist. Dieses in allen Wesen gegenwärtige universelle Selbst wird auch Höchstes Bewusstsein, Gott oder einfach Wahrheit genannt. In einer Welt permanenter Veränderung von Namen und Formen ist einzig der Atman unveränderlich – er ist das Substrat der gesamten Schöpfung.

Wer diese Erkenntnis des Atman hat, ist immer ausgeglichen und zufrieden. Wer vollständig im Atman oder im Selbst verankert ist, sieht überall und in jedem nur das eigene Selbst. Demzufolge wird er sich niemals erfolgreicher oder erfolgloser als jemand anderer fühlen. Mit wem soll man sich vergleichen, wenn es kein zweites Individuum gibt? Was gibt es da noch zu erreichen?

Es lebte einmal ein König, der allmählich in die Jahre kam und noch immer keine Kinder als Thronerben hatte. Es herrschte in diesem Königreich seit alters her der Brauch, falls der König am Ende seines Lebens kinderlos sei, einen königlichen Elefanten mit einer Blumengirlande um den Rüssel aus dem Palast zu entsenden; derjenige, dem der Elefant seine Girlande überstreifen würde, sollte zum Thronerben ernannt werden. Als nun feststand, dass der König kinderlos sterben würde, gab er die Anweisung, einen mit einer Girlande um den Rüssel geschmückten Elefanten aus dem Palast zu entsenden, wie es dem Brauch entsprach. Der Elefant legte dem Ersten, dem er begegnete, die Girlande um den Hals, zufällig einem Bettler am Straßenrand. Der Bettler, der über die Annäherung des riesigen Elefanten zutiefst erschrocken war, drehte sich auf dem Absatz um und flüchtete um sein Leben. Die Minister des Königs hatten diese Szene beobachtet und verfolgten den Bettler, bis sie ihn schließlich einholten. Sie erklärten dem aufgeregten Mann, dass er der künftige König werden solle und brachten ihn zurück zum Palast.

Nach einigen Jahren starb der König, und der ehemalige Bettler wurde zum neuen König gekrönt. Obwohl ihn die Minister mit jedem nur erdenklichen Luxus ausstatteten, bewahrte er seine alten zerrissenen Kleider, seine Bettelschale und den Wanderstock in dem goldenen Schrank seines Schlafzimmers auf. Nach einigen Jahren seiner Regentschaft kam ihm die Idee, einen einzigen Tag in sein altes Leben zurückzukehren, um zu sehen, wie das wohl wäre. Im Dunkel der Nacht schloss er den goldenen Schrank auf, zog seine alten Sachen an, nahm seine Bettelschale und den Wanderstock und verließ heimlich den Palast. Im Gewand des Bettlers, der er einst war, bat der König um Almosen. Im Verlauf des Tages fand er vereinzelt Menschen, die Mitleid mit ihm hatten und ihm ein paar Münzen schenkten, während andere ihn herzlos beschimpften und verächtlich behandelten. Der König entdeckte zu seiner Überraschung, dass es ihn nicht berührte, wie ihn die Menschen behandelten. Damals, als echter Bettler, war er glücklich, wenn ihm die Menschen Geld schenkten, und wenn sie ihn beleidigten oder beschimpften, hatte er insgeheim gekocht vor Wut. Jetzt versetzte es ihn weder in Hochstimmung, wenn ihm Geld geschenkt wurde, noch regte es ihn auf, wenn er beschimpft wurde. Da der König wusste, dass er der tatsächliche Herrscher des Landes war, war es ihm gleichgültig, wie die anderen ihn behandelten. *Mahatmas* (Große Seelen) bleiben genauso unberührt von Lob oder Tadel, da sie wissen, dass sie mit Gott eins sind.

Amma ist das vollendete Beispiel eines Wesens, das diesen größtmöglichen Erfolg errungen hat. Weder braucht sie irgendetwas noch möchte sie irgendetwas erreichen oder gar irgendetwas anderes werden. Sie ruht stets zufrieden in ihrem eigenen Selbst. Deshalb kann sie so viel geben. Amma half den Armen bereits im zarten Alter von vier oder fünf Jahren – wenn Kinder gewöhnlich nur an ihre eigenen Siebensachen und Spiele denken – und verschenkte Lebensmittel und Kleidung aus ihrem Elternhaus. Man denke, was wir in diesem Alter taten. Von mir lässt sich sagen, dass ich mit schmutzigen Windeln herumrannte und meiner Mutter Probleme machte. Amma dagegen kümmerte sich bereits in diesen jungen Jahren um ältere Menschen und Kranke, die von ihren eigenen Angehörigen vernachlässigt wurden.

Ammas Leben zeigt uns auch, dass wir das Ideal des menschlichen Lebens erreichen können, unabhängig davon, was wir aus weltlicher Sicht besitzen oder entbehren. Wir müssen nicht in eine königliche Familie hineingeboren werden, wie Krishna, Rama oder Buddha. Amma begann in jeder Hinsicht bei Null. Sie wurde hineingeboren in eine arme Familie eines abgelegenen und rückständigen Dorfes. Die meisten von uns dagegen haben aus weltlicher Sicht betrachtet bessere Ausgangsbedingungen.

Unser materieller Segen mag uns vielleicht für eine Weile befriedigen. (Ein Grund, weshalb wir kein brennendes Verlangen nach Selbstverwirklichung haben.) Diese Zufriedenheit kann einem allerdings jederzeit abhanden kommen, da sie nicht von innen kommt; ähnlich wie aus mangelnden Symptomen nicht unbedingt geschlossen werden kann, man trage keine Krankheit in sich. Die Zufriedenheit jedoch, die uns aus der Verwirklichung unseres wahren Selbst erwächst, werden wir unter gar keinen Umständen mehr verlieren.

Auch heute noch hängt Amma nicht von anderen ab, um glücklich und zufrieden zu sein: Es kommt aus ihrem Innern. Vor ein paar Jahren hielt sich Amma in Neu Delhi auf, wo ein Treffen mit dem damaligen Präsidenten Indiens vereinbart worden war. In Ammas dortigem Brahmasthanam-Tempel fand gerade das Jahresfest statt. Ammas Darshan sollte täglich um 12 Uhr mittags beginnen und bis spät in die Nacht dauern, mit einer zwei- bis dreistündigen Pause. Mitten in diesen hektischen Zeitplan war das Treffen mit dem Präsidenten auf neun Uhr morgens gelegt worden. Am Abend zuvor informierte das Sekretariat des Präsidenten die örtlichen Organisatoren telefonisch, dass der Präsident seine Verabredung auf den Mittag verschieben müsste und fragte an, ob Amma dann kommen könnte.

Als Amma darüber informiert wurde, sagte sie, das sei ganz unmöglich. In Neu Delhi warteten Tausende ihrer Kinder auf ihren Darshan; wie könne sie diese warten lassen? Auf Ammas Anweisung wurde das Treffen abgesagt.

Wer von uns würde wohl eine Verabredung mit dem Präsidenten unseres Landes abblasen? Sie brächte doch Ehre und die Chance zu Bekanntheit und Ansehen in der Öffentlichkeit, etwas, das man sich um nichts in der Welt würde entgehen lassen wollen. Durch diese Begebenheit zeigte Amma deutlich, dass sie von niemandem Anerkennung braucht.

Menschen unterschiedlichster Lebensweisen, die in ihrem jeweiligen Betätigungsfeld als erfolgreich gelten, suchen Ammas Führung und Segen. Sie suchen trotz ihres sogenannten Erfolges noch etwas Zusätzliches. Ihr weltlicher Erfolg hat ihnen nicht das gebracht, was sie wirklich möchten: Zufriedenheit und

Gemütsfrieden. Solange wir uns nach etwas anderem sehnen oder nach mehr als dem, was wir besitzen, sind wir nicht wirklich zufrieden. Erst wenn wir unser wahres Selbst verwirklichen, das allwissend, allmächtig und allgegenwärtig ist, fühlen wir uns wahrhaft vollendet und erfolgreich.

Wenn eine Mutter etwas Kostbares besitzt, will sie es auf jeden Fall mit ihren Kindern teilen. Sie will es nicht für sich selbst behalten. Was machen wir, bei einem Überfluss an Nahrung, nachdem wir nach Herzenslust gegessen haben, mit dem Rest? Wir werden ihn selbstverständlich anderen geben.

Genau das macht Amma. Sie ist immer in der Fülle und zufrieden in ihrem eigenen Selbst. Was immer sie tut, entspringt dieser Fülle, wohingegen wir immer aus einem Gefühl von Mangel handeln. Amma weiß, dass es uns in Wahrheit an nichts mangelt. Wir müssen, um erfolgreich zu sein, weder Reichtum noch Macht und Ruhm erringen. Wenn wir nicht mehr unwissend sind über unser wahres Selbst, wird uns absolute Zufriedenheit und Glückseligkeit widerfahren, unabhängig von unserer Lebenssituation oder den Lebensumständen.

Kapitel 2

Was ist wirklich real?

W enn wir die Wellen des Ozeans betrachten, sehen wir die Vielfalt: kleine Wellen, große Wellen, sanfte Wellen und stürmische Wellen. Aufgrund unserer begrenzten Wahrnehmung erfassen wir jede Welle als gesonderte Einheit. Blicken dagegen Mahatmas auf den Ozean, sehen sie nicht die Unterschiede zwischen den einzelnen Wellen oder gar den Unterschied zwischen den Wellen und dem Ozean selbst, denn die Wellen und der Ozean sind vom Wesen her eins – sie alle sind dasselbe Wasser.

In diesem Sinne sagt Amma: „Es gibt keinen Unterschied zwischen dem Schöpfer und der Schöpfung. So wie es keine Verschiedenheit gibt zwischen Gold und Goldverzierungen (da Gold die Substanz aller Goldschmuckarten ist), gibt es auch keinen Unterschied zwischen dem Schöpfer (Gott) und dem Geschaffenen (der Welt). Von der Essenz her sind sie ein und dasselbe, reines Bewusstsein."

Unsere Wahrnehmung der Realität ist nur relativ. Aus unserer Sicht sagen wir manchmal über ein köstliches Mahl: „Einfach göttlich!" oder rufen aus: „Das Eis war himmlisch!" In Wahrheit wissen wir gar nicht, was göttlich oder himmlisch wirklich bedeutet. Es war einmal eine Schnecke, die von zwei Schildkröten verprügelt wurde. Als die Polizei am Tatort erschien, fragte sie die arme Schnecke (die schwarz und blau geschlagen war): „Haben Sie gesehen, welche Schildkröten Sie so brutal behandelten?" Die Schnecke antwortete: „Wie konnte ich denn? Es ging alles so schnell." Für uns scheint sich eine Schildkröte sehr langsam zu bewegen, aus der Perspektive einer Schnecke jedoch bewegt sich eine Schildkröte mit Lichtgeschwindigkeit. Unsere gegenwärtige Sicht ist ähnlich begrenzt – wir sollten sie nicht als absolute Wahrheit ansehen.

Es gibt eine Erzählung über den großen Weisen Ashtavakra. In Sanskrit bedeutet ashta vakra „acht Krümmungen." Er wurde so genannt, weil sein Körper an acht Stellen verkrüppelt war. Trotz seines deformierten Körpers wurde Ashtavakra schon in jungen Jahren ein großer Gelehrter. Sein Vater war ebenfalls ein großer Gelehrter. Eines Tages lud der König die besten Gelehrten seines Landes zu einem Streitgespräch über die Schriften in seinen Palast. Der Gewinner des gelehrten Streites sollte 1000 Kühe mit vergoldeten und juwelengeschmückten Hörnern geschenkt bekommen.

Die Debatte begann am Morgen und zog sich über den ganzen Tag. Bei Einbruch der Nacht erhielt Ashtavakra die Nachricht, sein Vater hätte alle Mitstreitenden fast schon besiegt, doch jetzt stünde er kurz davor, den Wettstreit zu verlieren. Als dies der zwölfjährige Ashtavakra hörte, ging er unverzüglich zum Palast, um zu schauen, ob er seinem Vater beistehen könne.

Ashtavakra betrat den Königshof, als der Wettstreit auf seinem Höhepunkt war. Die Niederlage seines Vaters schien beschlossene Sache zu sein. Als die Gelehrten und der König Ashtavakra den Hof betreten sahen, brachen alle außer seinem Vater angesichts seines verkrüppelten Körpers und schwerfälligen Ganges in Gelächter aus. Ashtavakra fing an, ebenfalls unbändig zu lachen, was jeden bei Hofe erstaunte, den König mit eingeschlossen. Der König fragte: „Mein lieber Junge, warum lachst du, wenn jeder dich auslacht?"

„Ich lache, weil hier eine Versammlung von Schuhmachern über die Wahrheit debattiert", erwiderte Ashtavakra ruhig. Der

König fragte daraufhin, im Bewusstsein die angesehensten Gelehrten des Landes versammelt zu haben: „Wie meinst du das?" Ashtavakra erläuterte: „Wenn sie meinen verkrüppelten Körper sehen, lachen sie. Sie sehen nicht mich; sie beurteilen mich nur nach meiner Haut. Deshalb kann ich nur vermuten, dass sie Lederhersteller und Schuhmacher sind. Mein Körper ist deformiert, ich jedoch bin es nicht. Schaut unter die Oberfläche. Mein Wahres Selbst ist nicht verbogen; es ist aufrecht und rein."

Der gesamte Hof war sprachlos, als er Ashtavakras Antwort vernahm. Der König wusste, dass Ashtavakra Recht hatte – der Wettstreit war nur eine Farce. Diejenigen, die über die Wahrheit debattierten, konnten die Wahrheit nicht sehen. Er fühlte sich schuldig, weil auch er über Ashtavakras Erscheinung gelacht hatte. Er verlieh dem Knaben Ashtavakra den Preis und hob die Versammlung auf. In dieser Nacht lag der König wach und grübelte über Ashtavakra Bemerkung.

Am nächsten Morgen fuhr die Kutsche des Königs auf der Straße an Ashtavakra vorbei. Der Regent stieg sofort aus, fiel Ashtavakra zu Füßen und bat den Weisen, ihn zur spirituellen Erleuchtung zu führen. Am Abend zuvor hatte der König ihn noch mit „Junge" angeredet, doch schon am nächsten Morgen sprach er ihn mit Guru[2] an, weil er Ashtavakras Größe erkannt hatte. Dem König war bewusst geworden, dass die Gelehrten an seinem Hof nur das relativ Wahre kannten, der Seher Ashtavakra dagegen das höchste Selbst, die absolute Wahrheit, in jedem wahrzunehmen vermochte. Die Niederschrift dieses Dialogs zwischen dem König (Janaka) und Ashtavakra wird Ashtavakra Gita genannt. Darin spricht der Meister Ashtavakra:

---

[2] Neuerdings benutzt man das Wort Guru recht zwanglos. Man kann darunter einfach einen Lehrer verstehen, der auf seinem Gebiet sehr kompetent ist. In diesem Buch wird Guru vorwiegend in seiner traditionellen Bedeutung gebraucht: jemand, der in Brahman oder der Höchsten Wahrheit verankert ist und andere dahin führt, DAS zu erfahren.

sukhe duḥkhe nare-naryām sampatsu ca vipatsu ca
viṣeṣo'naiva dhīrasya sarvatra samadarṣinaḥ

17.15

*Für den Weisen ist alles gleich, ohne Unterschied
zwischen Lust und Pein, Mann und Frau, Erfolg und
Niederlage.*

Wenn wir wissen, was Gold ist, sehen wir in allen Goldverzierungen unterschiedliche Formen von Gold. Genauso werden
wir, sofern wir unser wahres Selbst erfassen, in aller Schöpfung
unterschiedliche Ausformungen von Ihm erkennen. Was an
uns problematisch ist: Wir wollen alles verstehen, nur Ihn, den
Atman nicht.

Mahatmas wie Amma sehen überall denselben Atman. Sie
unterscheiden nicht zwischen Freund und Feind, d.h. zwischen
denen, die freundlich oder grausam ihnen gegenüber sind oder
zwischen reich und arm.

Kürzlich kam ein Mann mit schrecklichen Hautproblemen
zu Ammas Darshan am Programm in Madras. Sein Erscheinungsbild war so abstoßend, dass jeder einen großen Bogen um
ihn machte. Als die Darshan-Helfer seine körperliche Verfassung
sahen, hatten sie Mitleid mit ihm und ließen ihn direkt vor zu
Amma, ohne dass er in der Darshan-Reihe warten musste. Amma
war von seinem Anblick überhaupt nicht schockiert. Sie nahm
ihn in ihre Arme, streichelte ihn liebevoll wie ihren eigenen Sohn
und fragte ihn nach seiner Gesundheit und Lebenssituation.
Unter Tränen erklärte er, er könnte nirgendwo unterkommen; er
hatte sich schon Jahre lang bei verschiedenen Regierungsstellen
vergeblich um Unterstützung bemüht. Als Amma sich das Leid
des kranken Mannes angehört hatte, rief sie den für ihren Ashram
in Madras zuständigen Brahmachari (zölibatär lebenden Schüler)
zu sich und trug ihm auf, diesem Mann unverzüglich ein Haus

im Rahmen eines Ashram-Projektes für kostenfreie Unterkünfte (Ashram's Free-housing Project) zu bauen. Dann lud sie den kranken Mann ein, sich inmitten all der Lokalgrößen, die zu Ammas Ashram gekommen waren, neben sie zu setzen. Als der Mann neben Amma saß, flossen ihm unaufhörlich Tränen, doch jetzt waren es Freudentränen. Dieser Mann, der sein Leben lang beschimpft und vernachlässigt worden war, hatte verstanden, dass er in Ammas Augen genauso wichtig war wie die Würdenträger.

Am nächsten Tag fragte ich Amma, die so viele Stunden Darshan gegeben hatte: „Warum siehst du nicht müde aus, selbst dann nicht, wenn du so viele tausend Menschen umarmt hast? Wieso kannst du das Tag für Tag machen?"

Amma bemerkte beiläufig: „Ich mache überhaupt nichts." Als Amma dies sagte, erinnerte ich mich an die Zeile eines Bhajan (religiöses Lied) mit dem Titel „Amme Bhagavati", das sie vor vielen Jahren geschrieben hatte. Darin heißt es:

tan onnum cheyyadhe sarvam chaithidunna
dina dayalo thozhunnen ninne

Ohne irgendetwas zu machen, machst du alles.
O, Verkörperung der Güte, ich verneige mich vor dir.

Amma beantwortete meine Frage von der Ebene des Atman aus. In einem interessanten Vers der *Bhagavad Gita* heißt es:

karmaṇy akarma yaḥ paśyed akarmaṇi ca karma yaḥ
sa buddhimān manuṣyeṣu sa yuktaḥ kṛtsna-karma-kṛt

4.18

Wer im Handeln das Nicht-Handeln wahrnehmen kann, wie das Wirken sich fortsetzt, wenn er vom Wirken zurücktritt, ist unter den Menschen derjenige von wahrer Vernunft und Unterscheidungskraft.

31

Er ist ein Yogi und wirkt in vielseitiger und allumfassender Art.

Obwohl Amma so tatkräftig ist, weiß sie, dass ihr Wahres Selbst gar nichts macht: so ist Nicht-Handeln im Handeln zu verstehen. Was uns betrifft, ziehen ständig Gedanken durch unseren Geist, selbst wenn wir still sitzen. Sogar um still zu sitzen, müssen wir uns bewusst anstrengen – eine Anstrengung, die eine Handlung bedeutet. Auch wenn wir äußerlich nicht zu handeln scheinen, handeln wir doch noch auf verschiedenen Ebenen. Das ist Handeln im Nicht-Handeln. So also sehen Mahatmas Nicht-Handeln in ihrem Handeln und Handeln in unserem Nicht-Handeln.

Im Tao Te Ching heißt es von einem Meister:

Dinge tauchen auf und er lässt sie kommen;
Dinge verschwinden und er lässt sie ziehen.
Er hat, ohne zu besitzen,
er handelt ohne zu erwarten.
Wenn sein Werk getan ist, vergisst er es.
Deshalb währt es ewig.

Kapitel 3

Auswahl und Bewußtheit

Amma erzählt eine Geschichte: Ein Mann aus Indien besuchte seinen Sohn, der in Amerika eine Arbeit gefunden hatte und dort lebte. Als er im Haus seines Sohnes ankam, empfing ihn seine Schwiegertochter liebevoll und mit Respekt. Sie fragte ihren Schwiegervater, ob er eine Tasse Tee wollte. Der Mann stimmte zu. Bevor seine Schwiegertochter zum Bereiten des Tees in die Küche ging, fragte sie ihn: „Welchen Tee hättest du gern? Wir haben schwarzen, grünen und roten Tee, Kamillentee, Zitronenminze und chinesischen Grüntee."

„Einfach ganz normalen Tee", antwortete der Mann aus Indien achselzuckend. Er hatte noch nie von so viel Teesorten gehört. Seine Schwiegertochter ging, den Tee zu bereiten.

Einen Augenblick später kam sie ins Wohnzimmer zurück und sagte: „Ich habe vergessen zu fragen, ob du Milch in deinen Tee möchtest."

„Ja, bitte", antwortete er.

„Okay", erwiderte sie. „Welche Milch möchtest du denn? Wir haben Vollmilch, zweiprozentige, entrahmte Milch, Sojamilch, Reismilch und Pulvermilch."

„Normale Milch ist gut." Der Schwiegervater verlor allmählich seine Geduld. Er hatte nicht gewusst, dass eine Tasse Tee so kompliziert sein könnte. Seine Schwiegertochter ging nochmals hinaus, doch kaum draußen, drehte sie sich noch mal um und fragte: „ O, ich hätte es fast vergessen. Nimmst du Zucker?"

„Natürlich", sagte ihr Schwiegervater.

„Okay, ich bringe ihn sofort. Aber welchen Zucker möchtest du denn? Wir haben weißen und braunen Zucker, als speziell zubereiteten Zucker die Marken Equal, Nutrasweet und Sweet`N Low."

Bei dieser letzten Frage verlor der Schwiegervater seine Geduld. „O Gott! Muss ich so viele Fragen beantworten, wenn ich lediglich eine Tasse Tee bekommen möchte? Ich möchte um Himmels willen keinen Tee mehr. Könnte ich bitte ein Glas Wasser bekommen?"

Die Frau seines Sohnes war in ihrem Enthusiasmus nicht zu bremsen. Lächelnd fragte sie: „Okay, welche Sorte Wasser hättest du gern – Mineralwasser oder Sprudelwasser, vitaminiertes Wasser oder Tonic-Water?"

Ihr Schwiegervater hielt es nicht länger aus. Er stand auf, lief an seiner Schwiegertochter vorbei in die Küche und trank ein Glas Wasser aus der Leitung.

In der modernen Welt haben wir eine so große Auswahl, selbst wenn wir eine Tasse Tee trinken wollen. Dasselbe gilt für fast alles in unserem Leben. Wir können Arzt oder Ingenieur werden, Mechaniker, Software-Spezialist oder auch Mönch. Wir können wählen, ob wir ein Haus mit einem Schlafzimmer oder mit deren vier kaufen wollen oder ein kleines Appartement. Wir können uns einen Sportwagen, einen Kombi oder ein Mofa kaufen. Befinden wir uns jedoch in einer Krise oder sind wir in unseren Bemühungen gescheitert, sehen wir keine andere Möglichkeit als uns zu grämen.

In Wahrheit haben wir selbst in solchen Situationen eine Auswahl an Möglichkeiten. Bei einer schmerzlichen Erfahrung könnten wir doch denken, dass wir etwas von unserem negativen *Prarabdha*[3] abtragen oder dass uns eine wertvolle Lektion über

---

[3] Es gibt drei Arten von Karma: 1. Sanchita Karma (gesammeltes Karma) - die Handlungen aus vergangenen Geburten, deren Resultate sich in diesem

das Wesen der Welt zuteil wird. Wir können die Situation auch als Willen Gottes betrachten. Jede dieser Verhaltensweisen würde uns helfen, schmerzliche Erfahrungen mit Gelassenheit anzunehmen. Doch unsere mentale Prägung durch frühere Erfahrungen hindert die meisten von uns daran, in schwierigen Situationen positiv zu denken.

Wir müssen unsere automatische oder mechanische Denk- und Reaktionsweise überwinden. Unser Geist braucht Schulung in bewusstem Verhalten und bewusstem Handeln – wir müssen Achtsamkeit kultivieren.

Niemand ist gerne traurig, doch hin und wieder sind wir alle deprimiert. Niemand möchte sich ärgern, doch wir alle verlieren mitunter die Beherrschung. Das heißt, es gibt eine Kluft zwischen unserem eigenen Wunschbild und dem, was wir tatsächlich sind. Wenn wir Achtsamkeit entwickeln und lernen, uns überlegt zu verhalten, anstatt nur zu reagieren, lässt sich diese Kluft schließen.

Wegen unserer mechanischen Verhaltensweise machen wir oft Fehler. Wir sind nicht fähig, unsere Worte und Handlungen bzw. die Worte und Handlungen anderer sorgfältig abzuwägen. Wenn uns jemand lobt, finden wir ihn nett, wenn derjenige sich jedoch später kritisch über uns äußert, regen wir uns auf und werden ärgerlich. Wenn wir mit etwas konfrontiert werden, halten wir nicht inne und besinnen uns, ob eine ärgerliche Reaktion angemessen ist. Eben noch sind wir ruhig und schon im nächsten Moment reagieren wir laut schimpfend, wenn jemand auf uns

---

Leben noch nicht ausgewirkt haben. 2. Agami Karma (zukünftiges Karma) - das Karma, das gegenwärtig angesammelt wird und sich erst in der Zukunft auswirken wird. 3. Prarabdha Karma (fruchttragendes Karma) - dasjenige Karma, dessen Resultate schon begonnen haben bzw. bestimmt sind, sich im gegenwärtigen Leben auszuwirken. Sanchita Karma ist also die Gesamtsumme unserer vergangenen Handlungen, und Prarabdha Karma ihr auf uns zukommendes Resultat.

zukommt und uns anschreit. Erst anschließend bereuen wir, dass unser Temperament mit uns durchgegangen ist.

Wenn wir unseren Geist trainieren, bewusst zu handeln und zu sprechen, entdecken wir, dass wir die Wahl haben, anders als verärgert oder frustriert zu reagieren, auch wenn uns das Leben nicht das schenkt, was wir möchten. Schon beim ersten Anzeichen von Ärger können wir wählen: uns von der unangenehmen Situation wegzubegeben oder wenn wir uns ihr stellen, zu entscheiden, wieviel Ärger wir zeigen wollen, eingedenk der Redensart: „Wer als Tiger springt, kann als Bettvorleger landen."

Wenn wir auf Ammas Leben blicken, können wir beobachten, dass sie selbst unter Bedingungen, bei denen die meisten von uns jegliche Hoffnung aufgegeben hätten, sich aus Bewusstheit differenziert verhalten konnte. Als die Eltern ihr keine Liebe schenkten, fiel sie nicht in Selbstmitleid, sondern dachte bei sich: „Warum sollte ich Liebe suchen? Lass mich stattdessen anderen Liebe geben." Als ihre Verwandten und Nachbarn sie misshandelten und kritisierten, grübelte Amma nicht darüber, wie man sie behandelte, sondern richtete ihren Geist unmittelbar auf Gott aus.

Spiritualität ist die Technik zur Ausweitung unserer Bewusstheit. Meditation, Rezitation und unser Bemühen, spirituelle Prinzipien im täglichen Leben umzusetzen, verhelfen uns zu vertiefter Achtsamkeit. Wenn wir mehr Achtsamkeit entwickeln können, ist es uns möglich, die Hindernisse, die sich der Verwirklichung unseres wahren Selbst entgegenstellen, zu überwinden.

Kapitel 4

Hingabe an den Dharma

Dharma ist in der östlichen Spiritualität ein wichtiges Konzept. Das Wort „Dharma" hat eine tiefe und umfassende Bedeutung. Einfach gesagt steht es für Rechtmäßigkeit und Pflicht, bedeutet aber auch, die richtige Tat am richtigen Ort und zur rechten Zeit auszuführen.

Wir benötigen ein genaues Verständnis der Natur des Lebens und des Menschen, um gemäß den Prinzipien des Dharma leben zu können. Viele Menschen neigen in einer herausfordernden Situation oder Krise dazu, sich vom Dharma abzuwenden oder seine Werte zu entehren. Obwohl Amma in ihrem Leben vor vielen solchen Situationen stand, können wir sehen, dass sie niemals auch nur einen Zentimeter vom Pfad des Dharma abgewichen ist.

Ich erinnere mich an einen Vorfall, der Ammas Hingabe an den Dharma verdeutlicht. Als im März 2002 in Gujarat in einigen Gemeinden Krawalle ausbrachen, hielt sich Amma in Mumbai auf. Es war eine Reise in die Erdbebenregion Bhuj, im westlichen Gujarat, geplant, wo Amma drei Dörfer einweihen wollte, die der Ashram wiederaufgebaut hatte. Um aber dorthin zu gelangen, musste man einige krisengeschüttelte Regionen durchqueren. Obwohl alle wussten, um welch bedeutenden Anlass es ging, versuchten viele, Amma von ihrer Fahrt abzuhalten. Viele von den Teilnehmern der Tour sprachen bei Amma vor und baten sie, einer nach dem anderen, nicht dorthin zu fahren; die einen aus Angst um sich selbst, andere aus Sorge um Amma. Sie meinten, es sei zu riskant für Amma und die Truppe, dorthin zu reisen, egal ob im Bus oder im Zug. Da Amma Gast des Landes war, berichteten Beamte des Nachrichtendienstes der Regierung laufend über die Sicherheitsrisiken und rieten Amma ebenfalls von der Reise ab. Es wurde Amma außerdem mitgeteilt, dass die Regierungsmitglieder und der Gouverneur, deren Teilnahme man erwartet hatte, aus diesem Grund vermutlich nicht dabei sein würden.

Schließlich machte Amma all diesen Anfragen und Bitten ein Ende und erklärte: „Ich habe mich entschieden zu reisen, komme was wolle, und es muss niemand mitkommen, der um sein Leben fürchtet." Nach dieser Erklärung beschlossen sogar Leute, die vorher nicht hatten mitkommen wollen, Amma zu begleiten.

Das Programm wurde ein voller Erfolg und es gab keine gewalttätigen Vorfälle. Später kommentierte Amma, wie lange und intensiv die vielen tausend Begünstigten des Wiederaufbau-Projektes auf Ammas Erscheinen gewartet hätten. Da sie alles verloren hatten, besaßen sie nicht genug Geld, um Amma irgendwo anders zu begegnen. Sie hatten sich zudem sehnlichst gewünscht, Amma möge ihre Häuser vor dem Einzug segnen. Aus diesen Gründen war Amma so darauf bedacht gewesen, diese Gegend zu besuchen.

Selbst wenn wir freundlich und großzügig anderen gegenüber sind, können wir negative Reaktionen hervorrufen, was uns jedoch nicht davon abhalten sollte, gute Werke in der Welt zu tun.

Amma betont immer wieder, dass menschliches Leben aus Verdiensten durch gute Taten in früheren Leben erwirkt wird. Wir können uns natürlich nicht aussuchen, wo und wann wir geboren werden, ob wir hübsch oder hässlich, klein oder groß oder wer unsere Eltern sein werden. Es steht uns jedoch frei, ein guter Mensch zu sein. Es liegt an uns, alles daran zu setzen, dass der uns von Gott geschenkte Segen nicht zum Fluch für uns und die Welt wird. Deshalb müssen wir unser Leben bestmöglich nutzen.

Wir alle haben im Leben viele Verpflichtungen, Lasten und Verbindlichkeiten. Wir brauchen enorme emotionale und spirituelle Stärke für ein rechtschaffenes Leben. So viele Situationen können uns dazu verleiten, unser Dharma aufzugeben und unsere Werte zu kompromittieren. Wenn wir unrechtmäßig handeln, könnte das vielleicht für den Moment zweckmäßig erscheinen, würde aber bestimmt für uns und andere nur unangenehme Folgen haben.

Wer sich dagegen auf den Dharma und sittliche Maßstäbe ausrichtet, bekommt ein starkes Fundament für ein reiches und erfülltes Leben. Ein solches Leben ist nicht nur zuträglich für die Welt, sondern macht uns auch empfänglich für Gottes Gnade als wichtigste Voraussetzung zu materiellem wie zu spirituellem Erfolg.

Kapitel 5

Erleuchtetes Handeln

In unserem Leben tun wir manchmal das Richtige und manchmal das Falsche. Tun wir das Richtige, sind wir natürlich stolz darüber und nehmen das Verdienst für das richtige Handeln für uns in Anspruch. Tun wir das Falsche, neigen wir dazu, anderen die Schuld zu geben. In zwischenmenschlichen Beziehungen oder wenn wir eine Entscheidung treffen und sonst irgendetwas unternehmen, ziehen wir gewöhnlich nur oberflächliche Faktoren und die uns verfügbaren Informationen in Betracht. Selbst wenn das, was wir tun, zu jenem Zeitpunkt als richtige Tat erscheint, stellt sie sich möglicherweise im Nachhinein nicht als das letztendlich Beste heraus.

Jenseits von richtig oder falsch gibt es eine Handlungsweise, die stets zum vollendet Guten führt. Sie wird erleuchtetes Handeln genannt. Nur eine erleuchtete Seele ist solcher Handlungen fähig. Ein *Satguru* erkennt bei seiner Begegnung mit Menschen deren subtile Vasanas (Tendenzen), ihr Prarabdha Karma und sonstigen Faktoren. Während wir lediglich die physischen Handlungsweisen eines Menschen bemerken, sind wir uns nicht einmal sicher, was sie dabei denken oder fühlen. Ein Satguru nimmt Vergangenheit, Gegenwart und Zukunft von jedem, dem er begegnet, vollständig wahr. Dieses Gewahrsein erlaubt dem Meister, stets so zu handeln, dass dieser Mensch das Bestmögliche bekommt.

Ich erinnere mich an eine viele Jahre zurückliegende Begebenheit im Ashram. Eines Tages torkelte ein Betrunkener in den Ashram und brach grundlos einen Streit mit den Brahmacharis vom Zaun. Als wir versuchten, ihn zu beruhigen und aus dem Ashram hinauszugeleiten, fing er an, uns zu beschimpfen. Trotz größter Anstrengung von unserer Seite ließ sich der Betrunkene nicht beruhigen, sondern wurde nur noch ungebärdiger, so dass wir beschlossen, ihn der Polizei zu übergeben. Bevor wir zu diesem letzten Mittel griffen, gingen wir zu Amma und berichteten ihr von diesem Vorfall. Als sie sich unsere Erklärungen angehört hatte, ging Amma zu dem Mann hin.

Der Mann hatte sich inzwischen mehrmals übergeben und war halb bewusstlos. Es ging ein übelriechender Geruch von Erbrochenem und Alkohol von ihm aus. Amma schaute ihn mit mitfühlenden Augen an und rief ihm liebevoll zu: „Oh, mein Sohn, was ist passiert? Bist du in Ordnung?" Der Mann schaute völlig perplex auf Amma und nuschelte etwas vor sich hin. Er war überhaupt nicht in der Lage zu antworten.

Einige Zuschauer meinten erstaunt: „Wieso verbringt Amma ihre kostbare Zeit mit diesem Betrunkenen? Der verdient nicht mehr als eine Tracht Prügel." Jemand sagte sogar zu Amma: „Amma, bitte gehe in dein Zimmer. Wir werden uns um diesen Mann kümmern."

Amma schenkte alldem keine Beachtung. Sie wusch das Gesicht des Betrunkenen mit Wasser und wischte das Erbrochene von seiner Kleidung, obwohl er sich etwas sträubte. Sie nahm den Schlauch eines nahegelegenen Wasserhahns und ließ Wasser über seinen Kopf rinnen, um ihn auszunüchtern. Dann führte sie ihn in einen nahegelegenen Raum und legte ihn auf eine Matte.

Am nächsten Morgen war der Mann wieder nüchtern und in gänzlich anderer Stimmung. Als ihm bewusst wurde, wie liebevoll sich Amma um ihn gekümmert hatte, wurde er von ihrem Mitgefühl tief beeindruckt und vergoss heiße Tränen der Reue. Am Abend ging er nach Hause. Einige Wochen später kam er mit seiner Frau wieder. Während ihres Darshan sagte seine Frau unter

Tränen zu Amma: „Amma, du hast ihn vollkommen verwandelt. Meine Kinder und ich waren wegen seines Verhaltens schon so weit, uns das Leben zu nehmen. Seine Trunksucht trieb uns in Schulden, und jeden Tag kam er betrunken nach Hause und verprügelte uns. Inzwischen hat er mit dem Trinken völlig aufgehört und sogar eine gute Arbeit gefunden. Durch deine Gnade wurde nicht nur mein Mann sondern unsere ganze Familie gerettet."

Hätten die Brahmacharis den Mann zur Polizei gebracht – was zu jenem Zeitpunkt das Richtige zu sein schien – wäre dieser nicht nur ins Gefängnis gebracht worden, um dort noch mehr zu leiden, sondern seine Familie hätte am meisten gelitten. Vielleicht hätte seine Frau mit den Kindern sogar ihr Leben beendet. Somit hätte eine aus unserer Sicht „richtige" Handlung schlicht zum Tod mehrerer Menschen führen können.

Manchmal sind unsere sogenannten „richtigen" Handlungen mit einem Affen vergleichbar, der einen Fisch aus dem Glas holen will, um ihn vor dem Ertrinken zu bewahren. Auch wir können die Dinge nur von unserer eigenen Warte aus beurteilen und verstehen nicht, was das letztendlich Gute ist.

Amma dagegen fand für den Betrunkenen aus tiefer Intuition heraus die beste Lösung. Sie bedachte nicht nur diese bestimmte Situation, sondern auch seine Zukunft und die seiner Familie und die Kettenreaktionen, die sich hätten ergeben können, wenn die Brahmacharis so gehandelt hätte wie sie vorhatten. Zuweilen erscheint eine erleuchtete Handlung zu dem Zeitpunkt als falsch; erst später begreifen wir, wie genau richtig sie in dieser Situation war.

Als Amma vor ungefähr fünf Jahren in Deutschland (Bonn) weilte, überreichte mir ein Devotee in der Frage-Reihe seine Frage an Amma. Seiner Notiz war zu entnehmen, er habe große finanzielle Schwierigkeiten und Schulden und er habe sogar seine Arbeit verloren. Er ersuchte Amma um Hilfe zur Lösung dieser

Probleme, damit er den Lebensunterhalt für seine Frau und ihre beiden kleinen Knaben finanzieren könne. Als zweite Bitte wünschte er sich ein kleines Mädchen.

„Was für ein Dummkopf", dachte ich bei mir. „Wie soll er denn noch ein Kind versorgen, wenn er schon seine zwei Kinder und seine Frau nicht ausreichend ernähren kann? Es ist doch offensichtlich, dass er kein Kind mehr bekommen sollte. Was bringt es, Amma seinen Brief zu übersetzen? Es braucht doch keine spirituelle Meisterin wie Amma, um ihm seine Dummheit zu beweisen. Ich kann das machen!" So denkend begann ich dem Mann meine Meinung über seine Situation darzulegen.

Während ich in dieser Art beschäftigt war, fühlte ich, wie jemand auf meine Schulter tippte. Es kommt oft vor, dass Leute unsere Aufmerksamkeit auf sich ziehen wollen, wenn wir für Amma übersetzen. Da ich den Mann noch nicht genügend aufgeklärt hatte, reagierte ich nicht auf diese Bitte um Beachtung.

Daraufhin wurde das Tippen stärker und schneller. Ich dachte: „Wer hat denn so viel Chuzpe, einen Senior-Swami zu unterbrechen?" Als ich mich umdrehte, sah ich zu meiner größten Verlegenheit, dass es Amma war!

Sie fragte: „Was ist los?"

„Och, nichts. Ich beantworte nur gerade seine Frage."

„An wen hat er diese Frage gerichtet?" fragte Amma.

„Nun, die Frage galt Amma, aber ...hm..."

„Aber was? Warum beantwortest du sie denn?"

Ich suchte nach einer Erklärung. „Nun, weißt du, eigentlich, hm...aus keinem besonderen Grund, Amma. Es war halt eine törichte Frage."

Ich glaube nicht, dass Amma von meiner Antwort beeindruckt war. Sie forderte mich auf, ihr die Frage vorzulesen und gab dann ohne zu zögern zur Antwort: „Sage ihm, dass Amma einen *Sankalpa* (göttlichen Entschluss) fassen wird, dass er ein kleines

Mädchen bekommt." Trotz meiner Zweifel und Vorbehalte, ob es richtige wäre, ihm dies zu sagen, übersetzte ich Ammas Antwort, um wenigstens meinen Job als Übersetzer nicht zu verlieren. Er war glücklich, ich jedoch war unglücklich. Da mein Geist noch immer im Zweifel war wegen Ammas Antwort, sprach ich sie später darauf an. Amma sagte: „Die Trauer in seinem Herzen, kein kleines Mädchen zu haben, ist größer als der Schmerz und die Qual wegen seiner finanziellen Schwierigkeiten. Wenn er kein kleines Mädchen bekommt, wird er depressiv werden und sich möglicherweise das Leben nehmen."

In den folgenden beiden Jahren fand Ammas Bonner Programm an einem anderen Ort statt, wohin dieser Mann nicht kam. Im dritten Jahr kamen wir jedoch in die frühere Halle zurück, und der Mann kam, diesmal mit einem kleinen Mädchen auf seinem Arm. Er wirkte überglücklich und erzählte beim Darshan, dass Ammas liebevolle und zusichernde Antwort ihm einen Neustart in seinem Leben geschenkt habe. Er hatte mit klarem Kopf aus dem Kokon seiner Sorgen herausgefunden und eine gute Arbeit bekommen, wodurch es ihm möglich wurde, einen Großteil seiner Schulden abzuzahlen. Die Geburt seiner schönen Tochter hatte seine Freude noch vergrößert.

Amma wusste, dass das größte Hindernis im Leben dieses Devotees sein sehnlicher Wunsch nach einer kleinen Tochter war; wenn dieser in Erfüllung ging, würden sich mit der Zeit auch alle anderen Probleme lösen. Wer nur die groben Tatsachen berücksichtigt hätte, wäre wohl zum gleichen Schluss gekommen wie ich, dass sein Wunsch nach einem weiteren Kind unvernünftig sei. Amma dagegen konnte in die tieferen Schichten seines Gemütes schauen und gab ihre Antwort zu seinem absolut Besten.

Wenn Amma Bemerkungen über die Zukunft macht, bewahrheiten sich diese immer, so unwahrscheinlich sie für den Moment auch scheinen mögen. Wenige Wochen nach meiner ersten Begegnung mit Amma besuchte ich mit einem Freund das Haus von Devotees, um Amma dort zu treffen. Wir kamen ein wenig verspätet dorthin, und Amma hatte bereits die *Puja* (Zeremonie der Verehrung) gemacht. Als wir ins Haus kamen, sahen wir Devotees neben Amma sitzen und essen. Mein Freund stand abseits von Amma und wollte nicht näherkommen. Er meinte, Amma hätte mit dem Beginn der Mahlzeit bis zu seinem Eintreffen warten sollen, zumal er sie über sein Kommen benachrichtigt hatte. Amma rief ihn zwei oder dreimal, ihr *Prasad* [4] anzunehmen, was er ebenfalls ablehnte. Amma offenbarte ihm: „Sohn, du wirst solche Gelegenheiten mit Amma nicht mehr lange haben. In wenigen Jahren werden Menschen aus der ganzen Welt kommen, um Amma zu sehen, und dann bieten sich solche Möglichkeiten nur noch sehr selten." Als mein Freund schließlich bereit war näher zu Amma zu kommen, fiel ihm auf, dass alle Devotees schon angefangen hatten zu essen, während Amma ihr Essen noch nicht berührt hatte. Sie hatte sogar für uns beide je einen vollen Teller zur Seite gestellt. Als mein Freund dies sah, bereute er seinen Fehler und bat Amma um Verzeihung. Einige Jahre später sollte er sehen, dass sich Ammas Worte bewahrheitet hatten.

Die Schriften sagen, dass sich in den Worten und Handlungen eines spirituellen Meisters eine Autorität ausdrückt, die unser intellektuelles Verständnis weit übersteigt. Deshalb erweist sich jegliches Urteilen über sie und ihr Handeln als falsch.

Dies illustriert die folgende Geschichte: Zwei blinde Elefanten waren sich nicht einig darüber, wie Menschen wohl aussähen. Sie machten den entschlossenen Versuch, herauszufinden, wie ein Mensch aussähe, indem sie ihn mit ihren Füßen betasteten. Der erste Elefant berührte einen Menschen mit seinen großen

---

[4] Prasad nennt man alles, was der Guru oder der Meister segnet. Alles, was man dem Guru oder Gott opfert, wird geweiht und somit auch zu Prasad.

Füßen und erklärte anschließend: „Menschen sind flach." Der zweite Elefant hatte einen anderen Menschen auf dieselbe Weise „berührt" und empfand dasselbe – woraufhin das Problem gelöst war. Ebenso wie Elefanten die notwendige Feinfühligkeit fehlt, um Menschen mittels ihrer Füße zu begreifen, ist unser Verstand nicht subtil genug, die Handlungen eines Meisters zu verstehen.

Alle Handlungen eines wahren Meisters sind erleuchtet, genauso wie Dinge aus Sandelholz gefertigt den Duft des Sandelholzbaumes tragen. Dies rührt daher, dass wahre Meister in der höchsten Erkenntnis ruhen. Somit geschieht alles, was sie tun, zum Besten. Auch wenn wir sie möglicherweise nicht verstehen, müssen wir offen bleiben für ihren Rat und ihre Führung.

Sri Krishna beschreibt in der *Bhagavad Gita* die höchste Erkenntnis als das Wertvollste, das ein Mensch gewinnen kann:

rāja-vidyā rāja-guhyaṁ pavitram idam uttamam
pratyakṣāvagamaṁ dharmyaṁ su-sukhaṁ kartum
avyayam 9.2

Es ist das Königs-Wissen, das königliche Geheimnis, die höchste Läuterung, die zu verwirklichen ist durch intuitive Einsicht, die rechtschaffen ist, leicht auszuführen und unvergänglich.

Wer über die Höchste Erkenntnis verfügt, ist immer eins mit der Höchsten Wahrheit oder mit Brahman. Er wird unter keinen Umständen unter einer Identitätskrise zu leiden haben oder überwältigt werden von Gefühlen und Anhaftungen. Amma ist vollkommen eins mit der Höchsten Wahrheit, der unerschöpflichen Quelle von Energie und Glückseligkeit. Deshalb kann sie so viele Stunden dasitzen und bleibt dennoch frisch, obgleich sie so viel Kraft verströmt. Obschon seit dreißig Jahren Menschen aus der ganzen Welt mit immer denselben Problemen zu Amma kommen, wird es ihr nie langweilig, ihnen zuzuhören und gut zuzusprechen, sie zu beraten und zu trösten.

Die Höchste Wahrheit ist äußerst kostbar. Genauso kostbar ist das Zusammensein mit einem Wesen, das diese Wahrheit verkörpert. Lasst uns dankbar der gesegneten Chance bewusst werden, in Gegenwart einer großen Meisterin wie Amma zu sein.

Kapitel 6

Die Größe der Bescheidenheit

Amma sagt: „Auch wenn ein Zyklon noch so mächtig ist, kann er einem Grashalm nichts anhaben, obwohl die mit ihren Kronen aufragenden wuchtigen Bäume entwurzelt werden." Sie fügt hinzu: „Wenn wir das Gewicht unseres Egos tragen, kann uns der Wind der Gnade Gottes nicht erheben."

Das verdeutlicht wie enorm wichtig Bescheidenheit ist. Wenn unsere innere Haltung bescheiden ist, strömt die göttliche Gnade in uns ein. Bescheidenheit ist in der modernen Gesellschaft allerdings eine sehr seltene Tugend. Wieviele Tage lang erzählen wir es unseren Freunden, wenn wir etwas Grandioses gemacht haben? Als Erstes werden wir über unsere eigene Großartigkeit loslegen. Manche Leute brüsten sich sogar damit, wie bescheiden sie seien.

Wenn wir wissen möchten, wie wirkliche Bescheidenheit aussieht, brauchen wir nur auf Amma zu schauen. Obwohl sie so viel erreicht hat und von Millionen verehrt wird, sagt Amma niemals: „Ich bin großartig." Sie sagt uns aus innerer Bescheidenheit stattdessen: „Ich weiß nichts. Ich bin nur ein verrücktes Mädchen." Sie brüstet sich niemals mit ihrer Größe. Das ist wirkliche Größe.

Ihr wisst vermutlich, dass Amma persönlich 17 Tempel in und außerhalb von Indien eingeweiht hat. Wenn sie einen neuen Tempel einweiht, strömt eine Riesenschar von Devotees zusammen, um diesen heiligen Anlass mitzuerleben. Zu solcher Weihezeremonie gehört es, dass Amma das vierseitige Steinbild als Herzstück des Tempels installiert. Bei der ersten

Brahmasthanam-Tempelweihe kam Amma durch jeden der vier Eingänge heraus, bevor sie das Standbild der Gottheit installierte. Sie bat mit gefalteten Händen um den Segen aller dort versammelten Devotees. Bei diesem Anblick hatten viele von uns Tränen in den Augen. Hier stand sie, die Millionen Menschen gesegnet hatte, um in aller Demut unseren Segen zu erbitten. Sie bedurfte unseres Segens selbstverständlich nicht, sie tat es, um uns die Bedeutsamkeit von Bescheidenheit in Erinnerung zu rufen. Im Tao Te King heißt es:

> *Der Meister steht über den Menschen,*
> *doch fühlt sich niemand unterdrückt.*
> *Er geht den Menschen voraus,*
> *doch fühlt sich niemand gegängelt.*
> *Die ganze Welt ist ihm dankbar.*
> *Weil er mit niemandem rivalisiert,*
> *kann niemand mit ihm rivalisieren.*

Als Yolanda King, die Tochter von Martin Luther King Jr., (in ihrer Position als Anwältin des Friedens) bei den Feierlichkeiten zu Ammas 50. Geburtstag, *Amritavarsham50*, eine Ansprache hielt, sagte sie: "Was ich an Amma so hoch achte, ist, dass sie nicht nur eine ‚Reden hält', sondern so lebt wie sie redet." Wie Yolanda King es so treffend ausdrückte, Amma praktiziert dauernd, was sie lehrt.

Während Ammas Nordindien-Tour 2004 hörte das Abendprogramm in Durgapur morgens um 6.30 Uhr auf. Bis um 10 Uhr hatten alle geduscht und sich ausgeruht und warteten bei den Bussen, dass Amma aus ihrem Zimmer käme, um zur letzten Station der Tour nach Kalkutta aufzubrechen. Mehrere Brahmacharis standen neben Ammas Wagen. Da sie während des Programms oft zu beschäftigt waren, um Amma zu sehen, war dies eine der seltenen Gelegenheiten, in ihrer Nähe zu sein. Während sie dort standen, kam ein junger Mann auf einen der

Brahmacharis zu und stellte ihm verschiedene Fragen über Amma. Er war am Vortag nicht zu Ammas Darshan gekommen, da ihn die lange Warteschlange entmutigt hatte. Als er gerade fragte, was das Besondere an Amma sei, warum so viele Menschen sie treffen und von ihr gesegnet sein wollten, kam Amma aus ihrem Zimmer. Der junge Mann lief eilig auf Amma zu; sie umarmte und küsste ihn. Sie gab noch einigen anderen in ihrer Nähe wartenden Devotees Darshan und stieg anschließend in den bereitgestellten Wagen.

Ihr Wagen kam jedoch nicht weit: nur wenige hundert Meter bis zu dem Gelände, wo am Abend zuvor mehr als 15 000 Menschen kostenlos mit Essen versorgt worden waren. Das Programm hatte in einer von Ammas Grundschulen, Amrita Vidyalayam, stattgefunden – in dem großen offenen Schulhof, in dem die Kinder Sport haben und sich Bewegung verschaffen. Der normalerweise sehr saubere Boden glich jetzt einem Schlachtfeld. Es lagen überall zusammengeheftete Teakholzblätter (die als Teller gedient hatten) mit Essensresten herum. Die bis zum Rand gefüllten Mülleimer quollen über. Ein großer Leinensack mit verfaulten Kartoffeln lag seitlich daneben.

Ammas Wagen hielt neben dem Essensgelände. Amma stieg aus dem Auto und begann in ihrem weißleuchtenden Sari eigenhändig das Chaos aufzuräumen. Alle anwesenden Brahmacharis und Devotees eilten hinzu, um Amma davon abzuhalten – schließlich hatte sie in der vorigen Nacht schwerer gearbeitet als alle anderen zusammen, und für den nächsten Morgen stand ein weiteres Programm auf dem Plan. Sie wussten, dass Amma auf dem Weg nach Kalkutta anhalten würde, um sich etwas Zeit für diejenigen zu nehmen, die auf der Tour mitreisten, und dass sie am Abend die Organisatoren des Programms und örtliche Würdenträger empfangen würde. Warum sollte sie jetzt auch noch das Chaos beseitigen?

Zur Vorhut der Protestierenden gehörten die Devotees, die dort am Abend zuvor Dienst gehabt hatten, so auch der junge Mann, der Amma zum ersten Mal begegnet war. Der für diesen Dienst zuständige Devotee bat Amma um Vergebung und sagte: „Amma, bitte lass das. Ich weiß, dass ich letzte Nacht diesen Platz hätte reinigen müssen. Amma, bitte setze deine Fahrt fort und gestatte mir diesen Platz zu säubern."

„Amma gibt dir überhaupt keine Schuld", versicherte sie ihm. „Sobald Amma weiterfährt, werden sich auch alle Brahmacharis und Devotees wegbewegen. Solange Amma noch da ist, hast du ein Heer von Helfern zum Reinigen des Platzes. Deshalb ist Amma entschlossen hier zu bleiben und beim Aufräumen zu helfen. Auf diese Weise wird die Arbeit bald getan sein."

Amma ging auf den Sack mit den verfaulten Kartoffeln zu und sagte: „Es ist ein Jammer, dass hier so viele Nahrungsmittel verderben konnten, wo sich doch so viele Menschen nicht einmal eine Hand voll Nahrung leisten können, um ihren Hunger zu stillen." Anschließend rief sie nach einem Karren und sagte: „Diese Kartoffeln sollte niemand anfassen. Sie sind so verdorben, dass ihr euch davon eine ernsthafte Infektion holen könntet. Man sollte beim Umgang mit solchen Dingen Schutzhandschuhe tragen." Als Amma der Karren gebracht wurde, lud sie die verfaulten Kartoffeln zum Missfallen aller Anwesenden mit bloßen Händen auf. Der junge Mann, der sie zum ersten Mal sah, stand direkt neben ihr und versuchte, sie von dieser Arbeit abzuhalten. Er protestierte: „Amma, du als Meisterin solltest nichts Derartiges machen. Bitte, lass es mich an deiner Stelle tun."

Amma bestand darauf, sich selbst um die verfaulten Kartoffeln zu kümmern. Inzwischen liefen alle Swamis, Brahmacharis und Devotees auf dem Platz hin und her und sammelten die hölzernen Teller und Speisereste auf. Amma schuf mehr Platz in den Mülleimern, indem sie das Plastik aussortierte. Zwischen dem organischen Abfall lagen viele leere Plastikmilchflaschen. Amma stapelte diese gesondert und sagte, man könnte sie spülen und verkaufen, um von dem Erlös Nahrungsmittel für die Armen zu kaufen. Unterdessen wurde ihr ursprünglich leuchtend weißer Sari von dem grünen und braunen Abfall ganz schmutzig und roch nach verdorbenem Essen. Doch sie lächelte so strahlend wie immer.

Innerhalb von 20 Minuten befand sich das Areal, das wie ein Schlachtfeld ausgesehen hatte, in annähernd tadellosem Zustand. Amma ging zu ihrem Wagen und wies alle außer den Brahmacharis an, in die Busse zu steigen und loszufahren. Sie trug den Brahmacharis auf, dazubleiben und sich um die Entsorgung des liegen gebliebenen Abfalls zu kümmern und den Boden sauber zu fegen.

Als Amma fort war, bemerkte der junge Mann, der gerade erstmals von Amma Darshan bekommen hatte: „Ich hatte erwartet, dass ein Guru auf einem goldenen Thron sitzt und Anweisungen gibt. Ich hätte mir nicht in meinen wildesten Träumen vorstellen können zu sehen, dass Amma verdorbene Lebensmittel wegräumt. So viele Menschen in Kalkutta und überall sonst in diesem Bundesstaat West-Bengalen leben in Slums. Wenn die Menschen Ammas Vorbild nacheifern würden, für andere zu arbeiten, und nicht versuchten, andere für sich arbeiten zu lassen, gäbe es in diesem Land vermutlich keine Armut mehr. Ich habe so viele Politiker gesehen, die leere Versprechungen machen; jetzt habe ich diejenige gefunden, die wirklich Bedeutendes leistet." Die Frage des jungen Mannes – „was ist das Besondere an Amma?" – war offensichtlich beantwortet.

Der Junge hatte einen Guru erwartet und begegnete in Wirklichkeit einem Satguru. Ein wirklicher Meister lehrt immer durch sein Vorbild. Amma sagt stets, wir sollten jederzeit zu jeglicher Arbeit bereit sein. Man könnte dieser Anweisung schwerlich

Folge leisten, wenn Amma diese Lehre nicht selbst praktisch umsetzen würde. Wenn Devotees sehen, wie Amma mit gutem Beispiel vorangeht, wenn es gilt, äußerst unangenehme Arbeiten zu äußerst ungewöhnlichen Zeiten zu verrichten, gelingt es vielen, ihre Vorlieben und Abneigungen zu überwinden und alles daranzusetzen, Notleidenden zu helfen.

Während der Nordindien-Tour des vorangehenden Jahres (2003) fuhr Amma im Anschluss an das Programm in Mysore sofort zu ihrem neuen Ashram in Bangalore. Als sich ihr dort ein älterer Devotee näherte, um eine *Pada Puja* (zeremonielle Fußwaschung als Ausdruck von Liebe und Verehrung) durchzuführen, sagte sie: „Sohn, Amma hat noch nicht gebadet. Amma verließ Mysore direkt nach dem Darshan. Deshalb ist es jetzt nicht so passend, eine Pada Puja durchzuführen." Als Amma die Enttäuschung in seinem Gesicht sah, lenkte sie ein. „Liebe überwindet alle Hindernisse", sagte sie. Daraufhin wusch der Devotee Ammas Füße, während ihm Tränen über die Wangen liefen.

Nach der Pada Puja ging Amma die Treppen zu ihrem Zimmer hoch, als sie plötzlich anhielt. Ihr Ausdruck wechselte beim Anblick der Veranda. Der Marmorboden funkelte, vielleicht auch weil er frisch poliert war.

„Wer hat das gebaut?" fragte sie. Der für den Bau des Ashrams zuständige Brahmachari kam vor und verneigte sich vor Amma.

„Ich brauche von niemandem eine Verneigung", sagte Amma ernst. „Amma, Devotees von Bangalore haben es als Zeichen ihrer Liebe zu Dir gebaut", antwortete der Brahmachari kleinlaut.

Amma konterte sofort scharf: „Wie wäre es, wenn sie eine goldene Villa als Zeichen ihrer Liebe bauten, würdest du einfach ruhig zusehen? Amma fühlt, dass ihre Kinder nicht von ihr getrennt sind. Obwohl sie diesen Raum mit ihrem eigenen Geld ausgestattet haben, fühlt sich Amma sehr unwohl, weil um ihretwillen so viel Geld ausgegeben wurde." Sie fuhr fort: „Ich wurde in ein bescheidenes Fischervolk geboren und führte als Kind ein ganz einfaches Leben. Als ich später angewiesen wurde, das Haus zu verlassen, hielt ich mich draußen auf. Ich meditierte in der sengenden Sonne und bei strömendem Regen. Weder bin ich an Luxus gewöhnt noch möchte ich ihn. Es ist für mich nicht angemessen, in solch einem luxuriösen Raum zu wohnen, da ich für Einfachheit plädiere. Es kommt hinzu, dass ich nur etwa drei Tage im Jahr hier bin. Es ist nicht in Ordnung, so viel für einen Ashram auszugeben." Ihre Worte glichen scharfen Pfeilen.

Der Brahmachari versuchte Amma zu erklären, der Fußboden sei gar nicht so teuer gewesen, wie er aussähe. Amma beharrte jedoch darauf, ohne seine Worte zu beachten, dass sie lieber draußen als in diesem Raum schlafen wolle. An diesem Punkt schaltete sich Swami Amritaswarupananda ein: „Falls Amma sich nicht in dem neuen Raum aufhalten möchte, kann sie in ihren alten Raum. Er hat einen Betonboden." Amma gab nach und ging in den Raum, in dem sie sich im Jahr zuvor aufgehalten hatte.

Die Devotees, die Amma noch nie in solcher Verfassung gesehen hatten, waren schockiert. Einige fühlten sich schuldig, weil sie maßgeblich an dem Bau des neuen Raumes beteiligt waren. Andere wurden ganz aufgeregt oder brachen in Tränen aus, und alle waren ergriffen von Ammas Integrität und Bescheidenheit. „Warum hat Amma dieses Liebeszeichen zurückgewiesen?" fragten sie sich. „Was ist daran falsch, unserer Meisterin das Beste zu bieten? Sie verdient schließlich nur das Allerbeste. Warum ist Amma mit diesem Raum nicht einverstanden? Millionen Menschen überall in der Welt verehren sie als Satguru und Göttliche Mutter. Wer würde ihr das Recht zum Aufenthalt in solch einem Raum streitig machen?"

In der *Bhagavad Gita* sagt Lord Krishna:

yad yad ācarati śreṣṭhas tat tad evetaro janaḥ
sa yat pramāṇam kurute lokas tad anuvartate 3.21

Was der Berühmteste auch immer tut,
dem folgen die anderen.
Was er für einen Maßstab setzt,
darin folgt ihm die Welt.

Ammas Handlungen sind so charismatisch, dass wir sie unbewusst nachahmen wollen. Viele von uns verneigen sich, bevor sie sich auf den Boden setzen oder halten vor Beginn ihrer Lektüre das Buch an die Stirn. Viele Kinder Ammas begrüßen sich mit „Om namah Shivaya." Übernehmen wir diese Verhaltensformen denn nicht von Amma? Alles an Amma ist so wunderbar, dass wir es auch so machen möchten. Wenn Amma ein luxuriöses Leben führen würde, wollten wir auch das nachahmen.

An jenem Abend machte Amma einen Hausbesuch. Bei ihrer Rückkehr scharten sich Hunderte von Devotees um ihren Wagen. Sie baten Amma, in ihrem neuen Zimmer zu übernachten. Jemand sagte: „Amma, bitte vergib uns und beziehe dein neues Zimmer!" Und ein anderer: „Amma, wir haben das aus Unwissenheit getan. Wir werden diesen Fehler nicht wiederholen. Gehe doch bitte in den neuen Raum." Einige Frauen begannen zu weinen. Amma blieb unbewegt. Ein Devotee versuchte Amma mit Logik zu überreden, sich in dem neuen Raum aufzuhalten und sagte: „Alles Geld ist vergeudet, wenn sich Amma hier nicht aufhält. Niemand anderes wird ihn künftig benutzen."

„Vermietet ihn!" rief Amma aus. „Nehmt die Miete, um die Armen zu unterstützen. Amma trifft auf viele arme Leute mit Nierenproblemen, die sich keine Nierentransplantation leisten können. Solche Menschen brauchen eine regelmäßige Dialyse, die mehrere Tausend Rupien kostet. Selbst wenn sie sich eine Operation leisten könnten, kommen Ausgaben für die operative Nachsorge und regelmäßige Arznei hinzu. Womit könnten sich Arme, die nicht einmal ihren Hunger stillen können, solch teure Behandlung leisten? Eventuell stirbt ein Mensch mit einer

Lebenserwartung von 80 Jahren schon mit 40, da er sich die medizinische Versorgung nicht leisten kann. Sind wir alle dann nicht für seinen vorzeitigen Tod mitverantwortlich? Mit dem Geld, das für Luxus verschwendet wird, ließen sich viele Leben retten."

Die Devotees gaben sich geschlagen. Daraufhin machte sich Amma auf den Weg in ihr altes Zimmer. Bevor sie es betrat, drehte sie sich noch einmal um und schaute in die Gesichter der Devotees. Plötzlich nahm Amma einen anderen Ausdruck an, ihr Gesicht drückte Liebe und Mitgefühl aus. Mit sanfter Stimme sagte Amma: „Ja" und ging in ihren neuen Raum. Die Spannung in der Luft wich Erleichterung und Freude. Die Devotees brachten ihre Dankbarkeit Amma gegenüber laut zum Ausdruck.

Amma hatte das alles getan, um jeden der Anwesenden zu überzeugen, dass das Geld nicht sachgemäß ausgegeben worden war. Zuletzt handelte sie aus überfließendem Mitgefühl für ihre Kinder. Sie wusste, dass diese sich von ganzem Herzen wünschten, dass sich Amma in diesem Raum aufhalte und wollte sie nicht traurig stimmen. Sie lehrte Bescheidenheit und gab gleichzeitig das lehrreichste Beispiel: Lasst unsere Handlungen vor allen Dingen von Liebe geleitet sein.

Teil 2

Der Weg zum letztendlichen Erfolg

Folge also den Strahlenden,

den Weisen, den Erwachten, den Liebenden,

denn sie verstehen zu arbeiten und zu verzichten.

Folge ihnen,

So wie der Mond der Sternenbahn folgt.

Dhammapada (Buddhistische Schrift)

Kapitel 7

Körper, Geist und Verstand: Eine Gebrauchsanweisung

Wir alle gebrauchen in unserem Alltagsleben viele verschiedene Instrumente und Maschinen, um unsere Aufgaben zu erledigen und unsere täglichen Bedürfnisse zu befriedigen. Könnten wir diese Instrumente nicht sachgemäß bedienen, wären sie uns wenig nützlich und könnten uns sogar verletzen. Wenn wir diese Instrumente optimal einsetzen wollen, müssen wir sie unter Kontrolle haben, damit sie unsere Befehle befolgen.

Angenommen, wir fahren in einem Auto und wollen nach links abbiegen, das Auto aber sagt: „Nein, ich möchte nur nach rechts", hätten wir Probleme. Wir haben alle von Science-Fiction-Romanen gehört, in denen sich Maschinen die Kontrolle über Menschen verschaffen. Wir möchten nicht, dass so etwas wahr wird, denn sonst würde unser Leben zum Albtraum. Doch leider findet in unserem Leben Ähnliches bereits statt.

Körper, Gemüt und Verstand sind die uns verliehenen „Instrumente", um unsere Lebensreise angenehm zu gestalten. Doch oft genug merken wir, dass es uns nicht gelingt, diese Werkzeuge so zu nutzen wie wir das gerne hätten; stattdessen benutzen diese Werkzeuge uns. Wenn uns bisweilen unser Leben recht kläglich vorkommt, rührt das möglicherweise auch daher, wie wir dieses Rüstzeug nutzen. Im Westen meint man oft, Mentalwesen (Gemüt) und Vernunft seien dasselbe.

Nach Aussage des *Vedanta* [1] gibt es vier innere grundlegende Mittel („Instrumente") oder genauer vier verschiedene Funktionen eines einzigen Instrumentes. Diese heißen *Manas* (Gemüt, Mentalwesen), *Buddhi* (Vernunft), *Chitta* (Gedächtnis) und *Ahamkara* (Ich-Sinn, Ego).

(Anmerkung: Manchmal wird Manas im Deutschen mit „Geist" wiedergegeben. Dies ist jedoch problematisch, da „Geist" in unserer Tradition zumeist die höhere Bedeutung von „Spirit" oder „immateriellem Wesen" besitzt.)

Manas ist Sitz der Emotionen und mentalen Vorstellungen. Sind wir traurig, ärgerlich, glücklich oder friedlich, berührt das unser Gemüt. Manas ist zudem die Fähigkeit des Zweifelns. Buddhi ist die Fähigkeit, Entscheidungen zu treffen. Diese Stärke ermöglicht uns auszuwählen, d.h. das eine dem anderen vorzuziehen. All unser Handeln entspringt der Entschlusskraft unserer Vernunft. Chitta ist das Lagerhaus unserer Erinnerungen. Darauf beruhen all unsere vorgefassten Meinungen über Dinge, Menschen und Situationen, denen wir im Leben begegnen. Ahamkara ist das Gefühl, dass „Ich eine bestimmte Handlung ausführe und ich deren Auswirkung erlebe."

Wir befassen uns hier hauptsächlich mit dem Gemüt und dem Intellekt. Vedanta erklärt uns, dass das Gemüt nur ein Strom von Gedanken ist. Genauso wenig wie ein einzelner Baum Wald genannt werden kann, lässt sich ein einzelner konzentrierter Gedanke oder auch das Fehlen von Gedanken Gemüt nennen. Das Gemüt ist demzufolge während des Tiefschlafs in einem vorübergehenden Todeszustand. Wenn wir tief schlafen, wird all unserem emotionalen Tumult Einhalt geboten, weshalb wir glücklich und erfrischt sind, wenn wir gut geschlafen haben. Können

---

[1] Vedanta heißt wörtlich: „ Das Ende der Veden" (veda-anta). Damit sind die upanishaden gemeint, die sich mit Brahman oder der Höchsten Wahrheit befassen und mit dem Weg zur Verwirklichung dieser Höchsten Wahrheit.

wir im Wachzustand diese Verfassung von Ruhe bewahren, ist es uns möglich, die meisten unserer mentalen Probleme zu lösen. Leider haben wir unser Gemüt wenig unter Kontrolle, sondern unterliegen umgekehrt zumeist seiner Kontrolle. Dieses Instrument benutzt uns, zu was immer es will. Amma gibt häufig folgendes Beispiel: Solange der Hund mit dem Schwanz wedeln kann, ist er glücklich und zufrieden. Würde der Schwanz mit dem Hund wedeln, hätte der Hund keine ruhige Minute mehr. Selbst Fressen und Schlafen würden zur Herausforderung. Unsere Situation ähnelt dem eines Hundes, der von seinem Schwanz gewedelt wird.

Amma sagt, dass unser Leben friedvoller wird, wenn wir es richtig trainieren, unseren Geist zu gebrauchen. Verfügen wir nicht über einen gewissen Geistesfrieden, können wir weder meditieren noch andere spirituelle Übungen konzentriert ausführen. Kontrolle über die Instrumente unseres Körpers, Geistes und Verstandes ist unabdingbar.

Wenn wir das Gemüt (Manas) nicht unter Kontrolle haben – egal wie friedlich unser Umfeld ist – kann uns nichts erfreuen. Gegenwärtig ist unser Gemüt wie ein wildes Pferd. Obwohl niemand traurig oder ärgerlich werden möchte, haben wir in schwierigen Situationen unweigerlich solche Gefühle, weil wir unser Mentalwesen und unsere Vernunft nicht einsetzen können, wie wir möchten. Hätten wir Gemüt und Verstand unter Kontrolle gehabt, hätten wir uns dieser schwierigen Situation mit stillem, ruhigem Gemüt stellen können.

Wir alle haben viele Gemütsschwächen: Ungeduld, Neid, Ärger, Gier, die Neigung zu verurteilen usw. Der Meister schafft Situationen, um solche Schwächen hochkommen zu lassen und unsere Fehler zu verdeutlichen. Haben wir unsere Schwächen erkannt, wird uns der Meister beistehen, sie zu überwinden.

Als Amma in den Anfangsjahren des Ashrams die tägliche Disziplin einführte, morgens um 4.30 Uhr aufzustehen und eine festgesetzte Stundenzahl zu meditieren, waren einige von uns darüber nicht glücklich, da wir an langes Schlafen gewöhnt waren. Wir hatten keine Lust, früh aufzustehen. Einige entschieden sich sogar, morgens um 4.30 Uhr nicht an der Meditation und dem *Archana* (Anbetung) teilzunehmen.

Als Amma bemerkte, dass einige von uns den frühmorgendlichen Gottesdienst nicht besuchten, begann sie ihrerseits daran teilzunehmen. Sehr oft ging sie erst nach Mitternacht zu Bett. Doch um uns zum Frühaufstehen zu bewegen, fand sie sich bereits vor 4.30 Uhr zum Singen und Meditieren ein. Wir schämten uns sehr, als wir entdeckten, dass Amma beim Archana teilnahm, obwohl sie kaum geschlafen hatte, und nahmen jetzt regelmäßig auch daran teil. Statt uns der körperlichen Bequemlichkeit des Langschlafens weiterhin zu überlassen, vermochten wir diesen Aspekt unserer physischen Abhängigkeit zu überwinden.

Wir reagierten oft sehr emotional, wenn Amma etwas tat, was uns missfiel, etwa, wenn sie uns auf Fehler aufmerksam machte oder jemanden lobte, den wir nicht mochten. Wir liefen dann in irgendeine Schmollecke oder stritten sogar mit ihr. In früheren Zeiten beachtete sie unsere Reaktionen nicht sonderlich, begann jedoch in späteren Jahren, solche Ausbrüche ernst zu nehmen. Wenn wir negativ auf Situationen oder auf ihre Anweisungen und Worte reagierten, verweigerte sie Essen und Trinken. Manchmal stand sie sogar in der heißen Sonne, im strömenden Regen oder bis zur Hüfte im nahegelegenen Teich. Auf diese Weise bestrafte sie sich für unsere Fehler. Amma belehrte uns: „Ihr alle seid zu Amma gekommen, um das Ziel der Selbst-Verwirklichung zu erreichen. Wenn Amma eure Fehler nicht korrigiert, werdet ihr keinen wirklichen Fortschritt machen – Amma würde dann ihrer

Aufgabe euch gegenüber nicht gerecht werden. Amma legt solch strenge Maßstäbe an, damit ihr spirituell wachsen könnt."

Anschließend unterwies sie uns liebevoll, wie wir ähnlichen Umständen künftig begegnen können. Sie kreierte verschiedene herausfordernde Situationen, um zu prüfen, ob wir die uns zugedachten Lektionen auch gelernt hatten. Dank ihrer unendlichen Geduld und ihres unergründlichen Mitgefühls wurden wir allmählich unserer negativen Reaktionen gewahr und bereuten unsere früheren Torheiten. Amma lehrte uns, das Instrumentarium des Gemütes und Verstandes richtig zu nutzen, anstatt von ihnen benutzt zu werden.

Amma gebraucht ihren Körper, ihr Gemüt und ihre Vernunft (Buddhi) nur um ihrer Kinder willen. Wer kann so wie Amma sitzen und Darshan geben, Stunde um Stunde und Tag um Tag? Wenn wir Ammas Leben beobachten, können auch wir lernen, die uns von Gott verliehenen Instrumente optimal zu nutzen. Wir können selbstverständlich das, was Amma tut, nicht nachahmen. Doch statt nur zu sagen: „Sie ist so wunderbar", sollten wir uns um Meisterschaft über Körper, Geist und Verstand bemühen. Nur dann können wir uns wirklich an Frieden und Glück erfreuen, andernfalls wird uns jede Situation in unserem Leben irritieren.

Wir sollten dies nicht als unerreichbares Unterfangen betrachten. Viele Menschen vergessen Essen und Schlafen, wenn sie am Aufbau ihres Geschäftes arbeiten. Da sie sich bestimmte Ziele gesetzt haben, gelingt es ihnen, ihren Körper dem Willen unterzuordnen. Ein Devotee erzählte mir: „Mein Sohn vergisst manchmal tagelang Schlafen und Essen – wenn er im Fernsehen weltbekannte Serien-Spielfilme anschaut!" Dazu noch ein anderes Beispiel: Wenn der Chef wütend oder knallhart ist, sind die Betroffenen in der Lage, ihren eigenen Ärger unter Kontrolle zu bringen und nicht zu reagieren. Sie wissen, im Falle einer negativen Reaktion werden sie gefeuert.

Wir sind also in schwierigen Situationen durchaus fähig, Körper, Gemüt und Verstand in Schach zu halten, wenn wir uns einem bestimmten Ziel verschrieben haben oder mit unserer Aufmerksamkeit auf ein Objekt fixiert sind. Wir sollten diese Fähigkeit auch in unseren spirituellen Übungen und in unserem Verhalten anderen gegenüber entwickeln.

Die Hingabe an Amma hilft ihren Devotees diese Fähigkeit zu entwickeln. Als ich vor vielen Jahren in einer Bank arbeitete, machte ich Überstunden, um zusätzliches Geld zu verdienen. Als ich meinen Job aufgab, um ständig im Ashram zu leben, schwand all meine Arbeitsbegeisterung dahin und ich wurde irgendwie faul. Als ich jedoch Ammas Liebe für uns sah, wollte ich ihr helfen, wie bescheiden meine Möglichkeiten auch immer waren. Dadurch konnte ich meiner Trägheit entkommen und meine Anhaftung an körperliche Bequemlichkeit überwinden.

Wird unsere Liebe und Begeisterung für Amma stärker als unsere Anhaftung an körperliche Vergnügungen und Begehren des Gemütes, sind wir ganz von selbst fähig, unsere Instrumente unter Kontrolle zu bringen.

Kapitel 8

Der Sinn des Lebens

D as Leben ist eine Reise, und unser Körper wurde uns als Instrument geschenkt, um sie zu vollenden. Es ist eine Reise vom kleinen Selbst (Jiva) zum unendlichen Selbst (Param-Atman). Darum heißt es in den Schriften: „Der menschliche Körper ist das Instrument zur Verwirklichung Gottes, dem eigentlichen Sinn des Lebens."

Der Westen jedoch betrachtet die menschliche Geburt und den Körper oft nicht als Hilfsmittel für ein so hohes und edles Ziel. Shakespeares „Macbeth" nennt das Leben „eine Geschichte leeren Schalls, ohne jegliche Bedeutung, erzählt von einem Dummkopf."

Aus Frustration können wir manchmal äußern, unser Leben sei wertlos oder wir wollten nicht mehr leben. Doch angenommen, es sagte jemand zu uns: „Ich schenke dir eine Million Dollar, wenn du mir deine Hände und Beine gibst," würden wir ein solches Angebot ablehnen, da unser Körper uns sehr viel bedeutet. Wir mögen eine Niere spenden, aber nicht alle beide, da uns nichts so wertvoll ist wie unser Körper. Wenn wir nicht einmal einen Teil unseres Körpers für eine Million Dollar weggeben würden, wie können wir da behaupten, unser Leben sei wertlos? Unser Leben ist wahrhaftig ein Geschenk, ein Segen Gottes.

In der Hindu-Tradition heißt es, wir müssen durch Hunderttausende niedere Lebensformen hindurch, vom Grashalm zum Baum, vom Wurm zum Vogel, der diesen frisst, bis hin zum Affen und vielen anderen Tierarten, bevor wir die menschliche Geburt empfangen. Wie viele Millionen Jahre dauerte es selbst aus Sicht der biologischen Evolution, bis menschliche Wesen auf der Erde auftauchten? Von der einzelligen Amöbe zum Meeresfisch, von den Reptilien zu den Vögeln bis hin zu den Affen und Neandertalern – wieviel an schöpferischer Arbeit es doch gebraucht hat bis zur Schaffung des menschlichen Körpers.

Obwohl der Körper so wertvoll ist, neigt der moderne Mensch dazu, ihn nur als Instrument, rein zum Genuss seiner Lebensfreuden, zu betrachten. Amma sagt, wir dürfen uns durchaus an weltlichen Vergnügen erfreuen, solange wir nicht so versessen darauf sind, dass wir darüber die Verwirklichung unseres wahren Selbst verfehlen. Die *Upanishaden* nennen ein solches Verfehlen *Mahati Vinashti*, den „großen Verlust". Auch wenn uns in der Welt noch so viel Glück widerfährt, ist dies nur ein unendlich kleiner Bruchteil jener Glückseligkeit, die wir durch Selbst-Verwirklichung erfahren. Eigentlich kommt auch dieses Glück gar nicht von außen. Erfüllen wir uns einen bestimmten Wunsch, hängt sich unser Gemüt – wenn auch nur für kurze Zeit – nicht an äußere Dinge. Dann fühlen wir uns glücklich. Aber woher rührt dieses Glück? Sobald das Gemüt einmal innehält und nicht ständig etwas erreichen oder ergattern will, können wir ganz schwach die Glückseligkeit unseres wahren Selbst erahnen, das durch die Dunkelheit unseres Egos, unserer Anhaftungen und vorgefassten Meinungen gebrochen wird. Diesen schwachen Abglanz nennen wir Glück. Viele von uns rennen hinter diesem Spiegelbild her und suchen nicht nach der wahren Quelle, unserem höheren Selbst. Mahatmas wie Amma lassen sich niemals vom Spiegelbild täuschen; sie ruhen vollkommen zufrieden im Selbst, der nährenden Quelle von allem.

Von Albert Einstein wird überliefert, er habe in seinen letzten Lebenstagen gesagt: „Bisweilen scheint mir, ich hätte mein Leben vergeudet. Ich erforschte die entferntesten Sterne und vergaß darüber völlig, mich selbst zu erforschen - war ich doch der nächstgelegene Stern." Auch wenn Menschen, die wir allgemein sehr schätzen, solche tiefgründigen Aussagen machen, ignorieren oder verfälschen wir ihre Worte lieber, weil sie uns unbequem sind.

Während wir uns an der Welt erfreuen, dürfen wir den eigentlichen Sinn des Lebens nicht vergessen. Körper, Geist und Verstand sind ein Kapital, das uns geschenkt wurde. Soll dieses wertvolle Kapital nicht zu einer Schuldenlast werden, müssen wir lernen, richtig damit umzugehen, um das Ziel des menschlichen Lebens zu erreichen.

In der *Katha Upanishad* wird der Körper mit einem Wagen verglichen. Der Verstand ist der Wagenlenker, die fünf Sinne werden verkörpert von fünf Pferden, die den Wagen ziehen, und der Geist stellt die Zügel dar, welche die Pferde im Zaun halten. Der Wagenlenker sollte nicht nur das Ziel kennen, sondern auch wissen, wie es zu erreichen ist und er sollte die Pferde gut beherrschen. Wenn der Wagenlenker etwas von seiner Sache versteht, erreicht er sein Ziel, auch wenn sein Fahrzeug in schlechtem Zustand ist. Versteht er dagegen nichts von seiner Sache, kann er sein Ziel auch mit tadellosem Fahrzeug möglicherweise nicht erreichen.

Amma lehrt uns durch ihr eigenes Vorbild sehr klar, unser Leben so zu nutzen, dass wir das letztendliche Lebensziel erreichen: indem wir mit Einsatz unseres Körpers anderen helfen, mit unserer Sprache andere liebevoll trösten und in unserem Geist gute Gedanken und Gebete hegen. Amma sagt: „Derjenige ist ein wahrer Liebender Gottes, dessen Beine flink laufen, um Leidenden zu helfen, dessen Hände sich bemühen, Sorgenbeladenen Linderung zu geben, aus dessen Augen Tränen des Mitgefühls fließen, dessen Ohren sich die Klagen Verzweifelter anhören und dessen Worte Menschen in Not trösten."

Wie Amma sagt, möchte sie auch in ihrem letzten Atemzug noch jemanden an ihre Schulter ziehen und seine Tränen trocknen. Selbst für diejenigen, die Amma hassen, hat sie nur Worte der Liebe und des Mitgefühls.

Ich erinnere mich an eine Auseinandersetzung zwischen zwei Ashram-Bewohnern. Offensichtlich war einer von ihnen im Unrecht, da er einen gravierenden Fehler gemacht hatte. Der andere Bewohner beschwerte sich bei Amma, in der Hoffnung, sie würde den Schuldigen hinauswerfen. Amma tröstete zunächst den „Kläger" und rief dann den „Angeklagten". Der „Kläger" war sicher, jetzt werde eine harte Schimpfrede folgen und ein Kreuzverhör stattfinden. Zu seiner Bestürzung jedoch sprach Amma auf den anderen sehr sanft ein. Nach solch überraschender Wende erhob der „Kläger" Einspruch: „Amma, ich sehe darin keine Gerechtigkeit." Daraufhin lächelte Amma nur und sagte: „Gerichtsbarkeit existiert nicht am Hof des Meisters. Dort gibt es nur Erbarmen und Mitgefühl. Rechtsprechung waltet am Gerichtshof der Zeit."

Möglicherweise haben wir den Eindruck, ein Leben, das alle göttlichen Eigenschaften verkörpert, wie wir sie bei Amma sehen, sei ein unerreichbares Ziel. Zweifellos hat jeder in seinem Leben Probleme. Doch sollten wir das eigentliche Lebensziel trotz allem nicht vergessen. Amma wurde das, was sie heute ist, nicht aus Mangel an Problemen, sondern trotz aller Probleme.

Im Gegensatz zu uns konnte Amma frei wählen, in welche Lebensumstände sie hineingeboren wurde. Als ein Devotee Amma fragte: „Macht es dich nicht traurig, daran zu denken, welche Entbehrungen du in deinem Leben aushalten musstest?" erwiderte Amma: „Nein, war ich es doch, die das Stück schrieb, das ich jetzt spiele." Amma hätte auch wählen können nicht geboren zu werden. Sie hätte dieses Leben mit all seinen Entbehrungen nicht auf sich nehmen müssen.

Amma wählte ein derart mühevolles Leben für sich selbst, um zu verdeutlichen, dass wir trotz unserer Probleme göttliche Eigenschaften entwickeln und schließlich unser wahres Selbst verwirklichen können. Auch heute müsste Amma keineswegs Tag und Nacht Darshan geben, unsere Fragen und Zweifel beantworten oder mit uns singen und meditieren. Genügend Menschen wären überglücklich, wenn sie Amma für den Rest ihres Lebens in einem 5-Sterne-Hotel unterbringen könnten. Natürlich käme so etwas für Amma nie in Frage. Amma übernachtet auf all ihren Reisen in Häusern von Devotees, abgesehen von Orten, an denen sie einen Ashram hat. Mitunter ist die Unterkunft sehr klein und verfügt nur über wenige Zimmer für die etwa 15 Menschen, die in ihrer Gruppe mitreisen. Manche Gastgeber würden Amma nur zu gerne ein großes Haus bereitstellen oder Räume in einem schönen Hotel buchen, was Amma jedoch stets ablehnt.

Amma bleibt während ihrer jährlichen Europatour zwischen dem Morgen- und Abendprogramm meistens in der Halle und verzichtet auf den komfortablen Aufenthalt in dem für sie hergerichteten Haus. Die Fahrt nach dem Morgen-Darshan von der Halle zur Unterkunft und wieder zurück zum Abendprogramm kann eine Stunde dauern. Anstatt die Zeit mit Hin- und Herfahren zu verbringen, sagt Amma: „Ich kann diese Zeit dazu verwenden, um entsprechend mehr Menschen Darshan zu geben."

Auf der USA-Tour 2002 besuchte Amma zum ersten Mal Iowa. Die Veranstalter hatten ein Privatflugzeug organisiert, um ihr die Reise von Chicago zu erleichtern. Sie wollten Amma so wenig körperliche Strapazen wie möglich zumuten, vor allem nach einer langen Darshan-Nacht in Chicago. Auf den ersten Blick schien diese Idee ausgezeichnet zu sein. Geschäftsleute und Berühmtheiten fliegen ständig in Privatjets, sind jedoch viel weniger beschäftigt als Amma und hören nicht täglich 18 Stunden den Problemen vieler tausend Menschen zu.

Als Amma von diesem Plan erfuhr, ließ sie den Flug sofort absagen, mit der Begründung, das Leiden von Millionen von Menschen rund um den Erdball gesehen zu haben, wovon viele aus Mangel an Geld weder Nahrung, Unterkunft, oder Arznei hätten. Amma sagte, es sei ihr nicht möglich, diesen Flug anzunehmen, wer auch immer ihn bezahlt habe, im Wissen, dieses Geld hätte für Notleidende verwendet werden können, anstatt für ihre persönliche Annehmlichkeit. Noch heute trägt Amma nur einen schlichten weißen Sari, schläft auf dem Boden und isst nur eine Hand voll Reis mit etwas Gemüse. Obwohl ein Bettler auch nur von sehr wenig lebt, hat das nichts zu tun mit Entsagung; es entspricht nur dem Druck seiner Verhältnisse. Amma könnte über jeglichen Komfort dieser Welt verfügen, trotzdem nimmt sie so wenig von der Welt und gibt stattdessen so viel zurück.

Lasst uns bemüht sein, Ammas Vorbild so gut wie möglich nachzueifern. Wir wollen unseren Körper nicht einfach als Instrument des Genusses weltlicher Freuden benutzen, sondern ihn hilfsbereit beim selbstlosen Dienst am Nächsten gebrauchen. Dann wird unser Leben der Welt zum Segen gereichen und uns letztendlich zur Selbstverwirklichung führen.

Kapitel 9

Grundlegende Wandlung

Sonnenaufgang, Vollmond, Frühlingsbrise, blühender Lotus - auch wenn sich die technologische und industrielle Entwicklung einschneidend auf die Natur auswirkt, ist ihre Schönheit und Pracht unvermindert. Obgleich diese kleinen Wunder in jedem Aspekt der Welt, die uns umgibt, spürbar vorhanden sind, können wir uns gar nicht so recht an ihnen erfreuen, wie das die Menschen früherer Generationen oder wir als Kinder taten.

Depressionen und andere psychische Störungen nehmen in unvorstellbarem Maße zu. Ein Lehrer in den USA erzählte mir von einer täglichen Warteschlange vor dem Büro des Schulleiters, wo jedem Kind sein verschriebenes Medikament gegen die eine oder andere mentale Störung ausgeteilt wird.

Wir mögen daraus schließen, mit der Welt gehe es immer weiter bergab, weshalb unser Enthusiasmus und unsere Energie in den letzten Jahren immer mehr an Kraft verloren haben. In Wirklichkeit hat sich nicht so sehr die Welt verändert, sondern wir unsere Gewohnheiten und Wertvorstellungen. Was wir brauchen, ist eine völlige Umwandlung unserer Auffassung vom Sinn und Zweck des Lebens.

Um die Notwendigkeit einer individuellen Veränderung in der gegenwärtigen Welt zu unterstreichen, verweise ich auf einen Bericht zum Thema Niedergang gesellschaftlicher Werte. In einer 1958 in den USA erfolgten Befragung von Direktoren

an High-Schools (Oberschulen) über wesentliche Probleme ihrer Schüler, nannten sie:
1. Unterlassene Hausarbeiten
2. Missachtung des Schuleigentums
3. Nichtlöschen von Licht und Offenstehen lassen von Türen und Fenstern
4. Lärmen und durch die Gänge rennen

Das Ergebnis einer dreißig Jahre später erhobenen gleichen Befragung ist schockierend. 1988 werden folgende Hauptprobleme der Schüler aufgelistet:
1. Abtreibung
2. AIDS
3. Vergewaltigungen
4. Drogen
5. Mord, Gewehre und Messer in Schulen und an Universitäten
6. Schwangerschaft von Teenagern

Ich würde es nicht wagen zu lesen, was 2004 bei derselben Befragung herauskäme.

Amma erzählt folgende Geschichte:

Einem Vater war zu Ohren gekommen, dass sich sein minderjähriger Sohn in Nachtclubs herumtrieb. Er ermahnte seinen Sohn, sich an solchen Orten nicht aufzuhalten: „Wenn du in Nachtclubs gehst, siehst du Dinge, die nicht für dich bestimmt sind."

Der Junge ging daraufhin, dem väterlichen Ratschlag zum Trotz, wieder in den Nachtclub und erzählte am nächsten Tag seinem Vater: „Papa, letzte Nacht war ich im Nachtclub und sah etwas, das nicht für mich bestimmt war."

„Was sahst du denn?" wollte der Vater wissen. Daraufhin der Junge: „Ich sah dich in der vordersten Reihe sitzen!"

Wie Amma sagt, müssen zuerst die Eltern Tugenden wie Geduld, Freundlichkeit und Selbstdisziplin entwickeln. Wenn es schon den Eltern an solchen Eigenschaften mangelt, wird es ihren Kindern nicht anders ergehen und sie treten in die Fußstapfen ihrer Eltern.

Leider wird unser Gemüt nicht selbstverständlich von guten Gedanken und guten Eigenschaften angezogen. Wie sagte doch Albert Einstein: „Die Wissenschaft kann Plutonium verändern, nicht jedoch das Übel des menschlichen Gemütes." Es ist äußerst schwierig, die negativen Seiten des Gemütes zu beseitigen. Das ist kein automatischer Prozess wie die Verdauung. Wir müssen ihn sehr bewusst einleiten. Auch ein gebildeter Mensch kann sich nicht so ohne weiteres von seinen negativen Tendenzen lösen. Wir mögen uns fragen, warum das so ist. Anders, als es im Allgemeinen üblich ist, geht die natürliche Tendenz des Gemütes abwärts und nicht aufwärts.

Das hat mit unseren Vasanas zu tun, die aus der Vergangenheit herrühren. Wenn wir aufgrund einer bestimmten Handlung eine angenehme Erfahrung machen, beeindruckt das unseren Geist, so dass er auch künftig Ähnliches erfahren möchte. Wenn wir daraufhin eine Handlung mehrere Male wiederholen, wird daraus eine starke Neigung oder Gewohnheit, die nur sehr schwer wieder aufzugeben ist. So entwickeln wir - zusätzlich zu den Vasanas, die wir schon in früheren Leben erworben haben - in unserem jetzigen Leben neue Vasanas.

In dem großen indischen Epos *Mahabharata* sagt Duryodhana, der älteste Bruder der Kauravas: „Ich weiß sehr genau, was *Dharma* (Rechtschaffenheit) bedeutet, aber ich bin nicht in der Lage, mich ihm gemäß zu verhalten." Duryodhana hatte das Bewusstsein von „richtig" und „falsch", doch seine Vasanas waren so mächtig, dass er unfähig war, von seinem Wissen Gebrauch zu machen.

Wie Amma erklärt, wird unser Geist auch deshalb nicht von göttlichen Gedanken angezogen, weil unsere Eltern im Moment unserer Zeugung keine göttlichen, sondern nur lustvolle Gedanken hatten. Das beeinflusst bestimmt auf einer subtilen Ebene unseren Geist. Letztendlich ist es sinnlos, zu versuchen herauszufinden, woher unsere Vasanas kamen. Unsere kostbare Zeit auf die Erforschung ihres Ursprungs zu verschwenden, käme dem Mann gleich, der von einem Pfeil getroffen, nur wissen wollte, wer den Pfeil geschossen hatte, aus welchem Holz der Schaft geschnitzt und mit welchen Vogelfedern er geschmückt war, ohne sich um das Naheliegendste zu kümmern - den Pfeil aus seinem Körper zu entfernen und die Wunde mit Arznei zu versorgen. So ähnlich geht es uns, und wenn wir auch nicht wissen, wie wir in den Schlamassel kamen, genügt es, wenn wir wieder herausfinden.

Ein Weg, unsere Vasanas zu überwinden ist Zuflucht bei einem Satguru wie Amma zu suchen. Viele Menschen verändern sich auffallend, nachdem sie Amma begegnet sind. Alkoholiker hören auf zu trinken, Kettenraucher rauchen nicht mehr, grausame Menschen werden weicher und viele andere schlechte Gewohnheiten oder Besessenheiten lösen sich auf.

Nach meiner Schulausbildung wollte ich Arzt werden, landete jedoch als Angestellter in einer Bank. Obwohl ich eine gute Stelle hatte, wollte ich unbedingt in einen medizinischen Beruf. Da ich nun nicht Arzt werden konnte, wollte ich unbedingt Außendienstmitarbeiter in einer Firma für Medizinalbedarf werden und war ganz versessen darauf, mich beruflich zu verändern. Mein Vater und meine Freunde rieten mir ab, die lukrative Stelle in der Bank aufzugeben. Sie warnten mich, der Job als Handelsreisender entspräche nicht meiner Stellung in der Bank. Sie meinten, Handelsreisende müssten immer am Hintereingang von Arztpraxen warten und nach der Pfeife ihrer Kunden tanzen. Doch konnte ich diesen unvernünftigen Wunsch nicht aufgeben, bis ich Amma traf. Nach der Begegnung mit Amma verschwand diese fixe Idee ganz von selbst. In Gegenwart eines Mahatmas sind derartige Veränderungen häufig.

Deshalb ist es so bedeutsam, einem Mahatma zu begegnen. Genauso wie ein Mensch, der in schlechte Gesellschaft geraten ist, von dieser Gruppe negative Gewohnheiten annimmt, verändern sich unser Leben und unser Charakter positiv durch die Verbindung mit einem Mahatma. Anders gesagt: Wir werden durch schlechte Gesellschaft zu üblen Menschen; durch die Verbindung mit einem rechtschaffenen Menschen werden wir rechtschaffen, und die Verbindung mit einem spirituellen Meister kann aus uns spirituelle Menschen machen. Je empfänglicher wir sind, desto größer wird die Veränderung. Wollen wir aufnahmefähiger werden, sollten wir alles daransetzen, ständig bzw. so oft wie möglich an den Meister zu denken und seinen Anweisungen ernsthaft zu folgen. Außerdem sollten wir bemüht sein, unseren Geist durch gute Gedanken zu läutern, schlechte Gedanken zu vermeiden und negative Gedanken durch positives Denken zu ersetzen.

Vor einigen Jahren fand in Deutschland ein Programm von Amma in der Nähe einer Bar statt. Eines Abends torkelte ein betrunkener Mann aus der Bar in die Halle, in der Amma Darshan gab. Er fragte einen ortsansässigen weiblichen Devotee, was da los sei. Sie erklärte ihm freundlich und geduldig, Amma sei eine Heilige aus Indien und fragte ihn, ob er ihren Segen bekommen wolle. Er meinte, das sei ihm egal. Obwohl er offensichtlich sehr betrunken war und konfus schwafelte, brachten wir den Mann zu Ammas Darshan. Amma schaute ihn mit Liebe und Zuneigung an und kümmerte sich um ihn, trotz seines alkoholisierten und unordentlichen Zustands. Wir erwarteten nicht ihn wiederzusehen.

Als wir drei Monate später alle zurück in Indien waren, erschien er im Ashram Amritapuri. Er hatte kaum noch

Ähnlichkeit mit dem Mann, der in die Veranstaltungshalle getorkelt war - sein Kopf war geschoren, er trug saubere Kleidung und eine *Rudraksha Mala* (Indischer Rosenkranz aus den Samen des Rudraksha-Baumes). Ich erkannte ihn wieder und fragte ihn, was mit ihm passiert sei. Er erwiderte, er wisse nicht, was Amma gemacht habe; nach der abendlichen Begegnung mit Amma sei er vollkommen verändert gewesen. Obwohl ihn seine Eltern und Freunde immerzu gedrängt hatten, nicht so viel zu trinken, hatte er nie davon lassen können. Er erzählte mir, dass ihn früher die anderen in seinem stark alkoholisierten Zustand schlecht behandelt und oft sogar verprügelt hätten. An dem Abend bei Amma habe er nur Liebe und Freundlichkeit empfangen und habe danach jegliches Interesse am Trinken verloren. Er sagte, er wolle von nun an im Ashram bleiben.

Selbst Mörder wurden durch die Verbindung mit einem verwirklichten Meister zu großen Heiligen. Viele von euch kennen vermutlich die Geschichte des Weisen *Valmiki*, der das *Ramayana* gedichtet hat. Bevor er zum Heiligen wurde, lebte er als Räuber und Mörder im Wald. Eine Begegnung mit einer Gruppe von Mahatmas verwandelte ihn vollkommen. In einem Land gelehrter Weiser und Heiliger war es ein ungebildeter, unkultivierten Mann des Dschungels, welcher der Verfasser des ersten großen Sanskrit-Epos (24.000 Doppelverse) wurde, das auch nach Tausenden Jahren von unzähligen Menschen immer noch gelesen wird. Solch ein Wunder kann die Begegnung mit einer großen Seele bewirken.

Ein anderes Beispiel liefert *Angulimala*, der geschworen hatte 1000 Menschen zu töten und bereits 999 getötet hatte, als er Buddha durch den Wald gehen sah. Er nahm ihn sich als sein tausendstes Opfer vor und verfolgte den Mönch. Obwohl Buddha nur in geringer Entfernung vor ihm herlief, gelang es Angulimala nicht, ihn zu ergreifen, bis er völlig erschöpft rief „O, Mönch, halte doch inne!"

Buddha erwiderte schlicht: „Ich habe innegehalten, du jedoch hast nicht innegehalten." Völlig verwirrt fragte Angulimala Buddha, was er damit meine. Buddha erklärte ihm: „Ich sage, dass ich innegehalten habe, weil ich aufgehört habe alle Wesen zu töten. Ich habe aufgehört alle Wesen schlecht zu behandeln und habe mich verankert in universeller Liebe, Geduld und reflektiertem Wissen. Du hast nicht damit aufgehört, andere zu töten oder übel zu behandeln und bist noch nicht verankert in universeller Liebe und Geduld. Deshalb bist du derjenige, der nicht innegehalten hat." Angulimala wurde durch diese Worte verwandelt, warf seine Waffen fort, folgte Buddha und wurde sein Schüler. Da er Gutes tat und seine spirituellen Übungen gewissenhaft ausübte, konnte Angulimala sogar Gott verwirklichen. Buddha sagte später über Angulimala: „Derjenige, dessen Missetaten durch gute Taten verdeckt werden, erleuchtet diese Welt wie der nicht mehr von Wolken verdeckter Mond."

In diesem Zusammenhang erinnere ich mich an ein Beispiel in Ammas Leben. Als Amma Anfang Zwanzig war, wurde einer Gruppe von Leuten im Nachbardorf Ammas wachsender Einfluss unerträglich. Sie bestachen einen Dorfschurken, der mehrfach im Gefängnis gesessen hatte, mit Alkohol und Geld und verleiteten ihn dazu, Amma umzubringen. Der Schurke schlich sich nach Mitternacht zu Ammas Elternhaus. Amma wurde damals meistens von ihrer Mutter oder ihrem Vater bis tief in die Nacht hinein beschützt, wenn sie im Kokoshain gegenüber dem Tempel völlig versunken meditierte. In jener besonderen Nacht saß sie dort so lange, dass ihr Vater schließlich müde wurde und schlafen ging. So gelang es dem Schurken sich an sie heranzuschleichen, während sie ganz allein dort saß und meditierte, nur zwei Hunde lagen in ihrer Nähe. Als sich der Halunke Amma näherte, sprang plötzlich einer der Hunde auf und schlug ihm seine Zähne in die Hand. Infolge des Hundegebells und der gellenden Schreie des Mannes öffnete Amma ihre Augen und sah, wie er sich seine blutende Hand hielt.

Obwohl Amma die Motive des Halunken genau durchschaute, ging sie zu ihm, und sagte, er solle sich nicht beunruhigen und reinigte und verband seine Wunde. Anschließend bat sie die Nachbarn, die wegen des Lärms zusammengelaufen waren, diesen Mann nach Hause zu bringen, ohne ihm irgendetwas anzutun.

Durch dieses Erlebnis wurde der Mann, den man beauftragt hatte, Amma zu überfallen, vollkommen verändert. Er begann sogar damit, Ammas Devotees kostenlos über den Fluss zu fahren.

Die Gegenwart eines göttlichen Wesens bewirkt eine Wandlung in uns. Amma hat durch ihre Liebe und ihr Mitgefühl bei ihren Devotees schon millionenfach positive Veränderungen bewirkt. Viele von ihnen taten früher schlimme Dinge, doch durch die Berührung mit Ammas Göttlichkeit haben sie ihre Lebensweise geändert und wurden zu rechtschaffenen Menschen.

Amma hilft auf diese Weise nicht nur zahllosen Individuen, sondern stellt die verlorene Harmonie in der Familie und Gesellschaft wieder her. Wenn wir uns ändern, werden sich nach und nach auch die Menschen um uns verändern und mit ihnen wieder andere, die mit ihnen verbunden sind. Amma sagt immer wieder, dass wir keine isolierten Inseln sind, sondern Glieder einer Kette. Jede Handlung wirkt sich auf andere aus, auch wenn wir das nicht immer wahrhaben wollen. Die Gesellschaft besteht aus Individuen. Wenn sich die Individuen positiv verändern, wird die Gesellschaft als Ganzes harmonischer und friedlicher werden.

Kapitel 10

Das Verlangen, welches das Verlangen beseitigt

Wir alle haben so viele Begierden und sind beglückt, wenn sie sich erfüllen. Leider wecken viele dieser Wünsche nur immer neue Wünsche. Auch wenn man sich seine Sehnsüchte durchaus erfüllen darf, sollten wir daran denken, dass nicht alles, was wir uns wünschen, unbedingt gut für uns ist.

Dazu fällt mir die Geschichte eines Devotees von Amma ein, eines jungen Mannes, der sein Studium mit sehr guten Noten abgeschlossen hatte. Er träumte davon, Brahmachari zu werden und im Ashram bei Amma zu leben. Da seine Familie sehr arm war, wollte er zuerst seine Eltern finanziell unterstützen und anschließend in den Ashram eintreten. Er bat Amma jedes Mal, wenn er zu ihr kam, dass er ganz schnell eine gute Stelle bekommen möge, um seinen Eltern vor seinem Eintritt in den Ashram weiterhelfen zu können.

Kurze Zeit darauf wurde ihm eine Arbeit im Mittleren Osten angeboten. Es war eine gute Stelle mit einem beachtlichen Gehalt. Der einzige Haken daran war, dass er sich vertraglich verpflichten musste, mindestens 5 Jahre bei der Firma zu bleiben. Falls er den Job vor der vereinbarten 5-Jahres-Frist quittierte, müsste er das gesamte bis dahin verdiente Gehalt zurückzahlen. Dies war der Vertrag, der ihm angeboten wurde.

Er kam zum Ashram und berichtete Amma von dem Angebot, das man ihm gemacht hatte und meinte: „Sie bieten mir ein sehr gutes Gehalt an. Ich muss diese Arbeit annehmen." Amma entgegnete ihm: „Warum kannst du nicht noch etwas warten? Du wirst ein anderes Stellenangebot zu besseren Konditionen bekommen." Obwohl Amma ihm einen direkten Hinweis gab, wollte er nichts davon hören. Er war sicher, er würde kein zweites Mal einen Job angeboten bekommen, der ihm eine so große finanzielle Unterstützung seiner Familie erlauben würde.

Folglich nahm er die Arbeit an und arbeitete ungefähr zwei Jahre. Seine Eltern konnten mit dem Geld, das er nach Hause schickte, alle Schulden bezahlen. Unterdessen wurde ihre Hingabe an Amma so stark, dass sie nach Abzahlung der Schulden ihr Haus verkauften und in den Ashram zogen. Als der Sohn diese Neuigkeiten erfuhr, war er sehr aufgebracht, da er diese Stelle mit dem 5-Jahres-Vertrag nur seiner Eltern wegen angenommen hatte. Er kann noch immer nicht in den Ashram kommen, da sein Vertrag noch nicht erfüllt ist.

Hätte er auf Amma gehört, hätte er bestimmt eine andere Arbeit erhalten und wohl schon bald hätte er als Brahmachari in den Ashram eintreten können. Daraus können wir ersehen, dass uns mitunter Wünsche – auch scheinbar edle Wünsche – Ärger bescheren können.

Es heißt deshalb: „Wenn du zu einem Mahatma kommst, bitte um nichts. Erzähle ihm einfach nur deine Probleme. Du wirst bekommen, was für dich das Beste ist. Was ein Mahatma auch immer tut oder dich zu tun bittet, wird für dein spirituelles Wachstum ganz entscheidend sein."

Ich entsinne mich einer Geschichte, die veranschaulicht, wie eine scheinbar schlimme Situation sich günstig, eine augenscheinlich günstige Situation sich hingegen als leidvoll für uns erweisen kann. Eines Tages kam ein Geschäftsmann aus Mumbai zu

Ammas Darshan. Er klagte Amma, es gehe mit seinem Geschäft abwärts und bat sie um einen Sankalpa, sein Geschäft wieder florieren zu lassen. Amma erklärte dem Mann, bzw. dem übersetzenden Brahmachari: „Das, was er momentan durchmacht, ist zu seinem Besten."

Der Geschäftsmann wurde verzweifelt, als er ihre Antwort hörte und bat sie flehentlich: „Nein, Amma, sag so etwas bitte nicht. Bitte hilf mir. Ich kann nur glücklich und erfolgreich sein, wenn mein Geschäft wieder floriert."

Zum großen Erstaunen des Brahmacharis begann Amma laut zu lachen. Er konnte nicht verstehen, warum sie diesem Mann kein Mitgefühl zeigte, wie doch sonst allen gegenüber, die Kummer haben. Einige Zeit später wurde klar, warum sie gelacht hatte.

Der Mann kam nach vielen Monaten wieder in den Ashram und begann beim Darshan laut zu schluchzen. Er schilderte Amma, sein Geschäft habe schon kurz nach seiner Rückkehr nach Mumbai zu florieren begonnen. Ungefähr zur selben Zeit bekam sein jüngerer Bruder Kontakt mit der Unterwelt von Mumbai und forderte daraufhin Riesensummen von ihm. Anfangs gab der Geschäftsmann seinem Bruder nach, bis die erpressten Summen so groß wurden, dass er sich weigerte, noch mehr zu zahlen. Die Beziehung zwischen den Brüdern verschlechterte sich so, dass der jüngere Bruder das Haus demonstrativ verließ.

Ohne Wissen des Geschäftmannes begann sein jüngerer Bruder seine Ehefrau zu bedrohen, was diese aus Furcht vor möglichen Konsequenzen für sich behielt. Sie geriet dadurch unter so großen Druck, dass sie in eine Depression fiel.

Die Freude über seinen Geschäftserfolg wurde durch die häusliche Situation des Geschäftmannes gedämpft und das Glück, das er sich von seinem prosperierenden Geschäft versprochen hatte, entschwand ihm. In seiner Verzweiflung wandte er sich erneut an Amma.

Während des Darshan flehte er Amma an: „Amma, bitte nimm all meinen Reichtum von mir. Armut macht mir nichts aus. Bitte gib mir meinen Geistesfrieden wieder. Seit fast einer Woche kann ich nicht schlafen. Bitte, Amma, rette meinen Bruder und heile meine Frau!" Amma zeigte ihr volles Mitgefühl, zog ihn auf ihren Schoß und streichelte ihn liebevoll.

Einige Monate später schickte er einen Brief nach Amritapuri und bedankte sich bei Amma dafür, dass sie in seinem persönlichen und familiären Leben Frieden und Harmonie wiederhergestellt hatte. Sein Bruder und seine Frau wurden nun ebenfalls Devotees von Amma.

Der Geschäftsmann hatte die Krise seines Geschäftes als Fluch empfunden und wurde sich schließlich bewusst, dass der Frieden des Geistes viel wichtiger ist als Geld. Er hätte sich viel Leid ersparen können, wenn er beim ersten Mal auf Ammas Rat gehört hätte.

Tragen wir viele Wünsche und Erwartungen in uns, erschweren sie unsere Meditation. Wir können nicht ruhig sitzen, weil uns so vieles beschäftigt. Amma sagt: „Wenn wir spirituelle Übungen durchführen und noch immer so viele Sehnsüchte hegen, fließt ein Teil der durch die Übungen gewonnenen spirituellen Energie ab, um diese Wünsche umzusetzen. Geben wir diesen Sehnsüchten nach, verlieren wir spirituelle Energie und unser spirituelles Wachstum verlangsamt sich."

Wie Amma betont, vergeuden wir auf diese Weise das, was wir an spiritueller Energie gewonnen haben, wie jemand, der tagsüber hart arbeitet und anschließend sein Gehalt, anstatt Nützliches zu kaufen, an überflüssigen Kram verschwendet.

Jetzt fragt man vielleicht: „Swamiji, du sagst, wir sollten keine Sehnsüchte hegen, doch wie verhält es sich mit der Sehnsucht bei Amma zu sein? Wie steht es um die Sehnsucht nach Selbst-Verwirklichung?"

Diese Sehnsüchte bilden die einzige Ausnahme, unterstützen sie uns doch in unserer spirituellen Entwicklung. Die Sehnsucht nach Befreiung oder Gottes-Verwirklichung wird uns in einen Zustand jenseits aller Wünsche versetzen. In diesem Zustand fühlen wir innere Fülle und Vollkommenheit. Die Sehnsucht, bei Amma zu sein, lässt sich nicht vergleichen mit dem Wunsch nach einem großen Haus, einem teuren Wagen oder berühmt zu werden. Wenn wir das ersehnte Haus bekommen, wollen wir möglicherweise ein noch größeres oder ein zweites Haus und so führen alle weltlichen Wünsche zu immer mehr Sehnsüchten. Die Sehnsucht bei Amma zu sein oder die Sehnsucht nach Befreiung hilft uns, alle anderen Wünsche zu überwinden. Wie Amma sagt, kann es uns aus Anhaftung an sie gelingen, viele andere Dinge innerlich loszulassen, wodurch wir zu spirituellem Wachstum inspiriert werden.

Amma bringt ein Beispiel. Angenommen, wir treten in einen Dorn, der sich tief in unseren Fuß bohrt. Um ihn herauszunehmen, brauchen wir einen scharfen Gegenstand – vielleicht einen anderen Dorn. So wie wir mit einem Dorn einen anderen entfernen, können durch die Sehnsucht nach Gott oder den Meister alle anderen Sehnsüchte beseitigt werden.

Menschen kann man durch die Art, wie sie mit Wünschen umgehen, drei Typen zuordnen. Den ersten Typus nennt man *Bhogi* oder weltlichen Typus. Dieser beseitigt seine Sehnsucht, indem er sie sich erfüllt. Angenommen, er möchte ins Kino gehen. Er tut es einfach, um sich seinen Wunsch zu erfüllen und schon ist diese Sehnsucht gestillt oder „beseitigt". Wenn er am nächsten Tag Lust auf eine Pizza hat, wird er in den nächsten „Pizza Hut" (Restaurant) gehen. Obwohl diese Methode der Wunschbeseitigung allgemein üblich ist, ist sie gefährlich – so als ob man Öl ins

Feuer gießt. Wir können unmöglich unsere Wünsche drosseln, indem wir sie erfüllen.

Der zweite Typus wird *Tyagi* oder der Entsagende genannt. Der Entsagende wird sich vor jeder Wunschbefriedigung fragen: „Hilft es meinem spirituellen Wachstum, wenn ich mir diesen Wunsch erfülle?" Lautet die Antwort nein – weil diese Wunscherfüllung nur seine Vasanas vergrößern würde – wird er seinem Bedürfnis entsagen.

Der dritte Typus ist der *Jnani* oder *Mahatma* oder einer, der bereits alles Verlangen durch die Verwirklichung seines Selbst überwunden hat. Obwohl auch ein Mahatma isst und trinkt, entspringt das keinem echten Verlangen. Mahatmas tun dies nur, um den Körper zu erhalten. Genauso wie sie die Sprache des Landes sprechen, in das sie hineingeboren wurden und wo sie aufwuchsen, übernehmen sie auch beim Essen oder Trinken die in dieser Kultur übliche Ernährungsweise.

Es gibt ein wunderschönes Beispiel aus dem Leben von Sri Ramakrishna Paramahamsa. Gelegentlich bat er um etwas Süßes, das ihm dann unverzüglich gebracht werden sollte.

Einige Leute fragten erstaunt: „Er als Gott-Verwirklichter hat noch das Verlangen nach Süßigkeiten? Wie das?" Sri Ramakrishna erklärte seinen Devotees, wie schwierig es für ihn sei, seinen Geist auf der weltlichen Ebene zu halten, da es ihn von Natur her zum Zustand des Samadhi[2] hinziehe. Er erklärte weiter, sein

---

[2] Samadhi bezeichnet man einen Zustand tiefer Versenkung und vollkommener Identifikation mit dem Objekt der Meditation. Ein Mahatma ist immer verankert im Höchsten Bewusstsein, ob nun seine/ihre Augen geöffnet oder geschlossen sind. Viele Mahatmas entscheiden sich, für alle Zeiten zurückgezogen in ihrem Inneren zu bleiben, da sie keinen Anlass sehen, mit der Welt zu kommunizieren. Ein Satguru dagegen, obwohl in einem fortwährenden Zustand von Glückseligkeit, entscheidet sich, auf die Ebene normal Sterblicher hinabzukommen, um ihnen in ihrer spirituellen Entwicklung beizustehen.

Geist müsse hierher zurückkehren, wenn er sich so gewöhnliche Dinge vorstelle wie Süßes zu essen oder zu einem bestimmten Platz zu gehen. „Bevor ich meinen Geist in Samadhi gleiten lasse, entwickle ich ein so unbedeutendes Bedürfnis wie Süßigkeiten zu essen oder ich denke mir etwas anderes aus, was ich machen könnte. Mein Geist kehrt dann zurück, um es zu tun." Selbstverwirklichte Seelen fassen einen solchen Sankalpa (Entschluss), um den Geist auf die weltliche Ebene zurückzuholen. Genauso wie uns ein Wecker aufweckt, erinnern diese kleinen Bedürfnisse oder Absichten ein selbstverwirklichtes Wesen daran, auf unsere Ebene zurückzukehren.

Amma weist darauf hin, wie schwierig es für sie sei, aus dem Samadhi zurückzukommen, wenn sie beim Bhajan-Singen ihren Geist einfach ziehen lasse. Da heutzutage immer sehr viele Menschen zuhören, wenn sie singt, fasst Amma vor dem Bhajan-Singen den Sankalpa, das Lied zu Ende zu singen. Um diesen Entschluss auszuführen, muss ihr Geist zurückkehren, um jede Zeile des Liedes zu singen.

In den Anfangsjahren glitt Amma beim Bhajan-Singen oft vor Ende des Liedes in Samadhi. Die sie begleitenden Brahmacharis wiederholten dann dieselben Verse solange, bis Amma aus dem Samadhi zurückkehrte und uns das nächste Lied ansagen konnte.

Ich erinnere mich, wie wir mit Amma in dem alten Tempel das Lalita Sahasranama Archana (die Tausend Namen der Göttlichen Mutter) sangen. Als wir einige Mantras gesungen hatten, verlor sich Amma in göttlicher Ekstase, lachte und weinte abwechselnd oder saß so ruhig da wie eine Statue. Wenn sie aus ihrer ekstatischen Stimmung wieder auftauchte, ließ sie uns dort weitersingen, wo wir aufgehört hatten, um sich nach nur wenigen Mantras abermals zu verlieren. Normalerweise dauert das vollständige Archana eine Stunde, damals dauerte es fünf Stunden. Amma hat bei vielen Anlässen versucht, die Tausend

Namen von Devi selbst zu rezitieren, ohne jedoch das Archana jemals vollständig singen zu können, da sie dann stets in den Samadhi eintaucht. (Im Grunde genommen besteht für Amma keine Notwendigkeit, das Archana zu rezitieren, da sie Eins ist mit der Göttlichen Mutter. Wenn sie spirituelle Übungen durchführt, ist es nur, um anderen ein Beispiel zu geben.)

In den Anfangsjahren reiste Amma nicht viel und es gab außerhalb des Ashrams kaum Veranstaltungen, ganz zu schweigen von Ammas Institutionen und gemeinnützigen Projekten, die damals noch nicht bestanden. Wenn Amma ihren Darshan für ihre Devotees, die täglich in den Ashram kamen, beendet und ihren Brahmacharis die täglichen Anweisungen gegeben hatte, konnte sie, von allem befreit, einige Stunden in Samadhi versinken. Inzwischen hat Amma so viel zu tun und so viele Aktivitäten anzuleiten, dass sie nur sehr wenig Zeit für Sich Selbst hat. Täglich kommen Tausende zu Ammas Darshan. Ihr weites Netzwerk von Bildungsstätten und humanitären Projekten wächst ständig. Wie Amma sagt, ist Mitgefühl natürlicher Ausdruck von Liebe. Aus ihrem überfließenden Mitgefühl heraus widmet Amma jeden Moment ihres Lebens ihren Kindern, um sie zu beraten, zu trösten und ihnen zu dienen. Dabei verliert sie niemals ihren inneren Frieden.

Auch wenn es so aussieht, als hätten verwirklichte Meister Wünsche, ist dem nicht so. Falls sie überhaupt welche haben, dann nur, um ihren Geist auf dieser Ebene zu halten und um die Menschheit zu erheben.

Das selbstlose Handeln von Mahatmas zu beobachten, kann uns dazu anspornen, ihrem Beispiel zu folgen und unsere selbstsüchtigen Begierden zu überwinden. Ammas Brahmacharis sind ein gutes Beispiel. Wir kamen alle mit vielen Sehnsüchten zu Amma. Ich z.B. kam zu Amma, um meine Versetzung in eine Bank in der Nähe meines Heimatortes zu erreichen. Ein anderer kam zu Amma, um sie um ihren Segen für ein gutes Examen zu bitten.

Als Swami Purnamritananda (damals Br. Srikumar) sein Diplom als Ingenieur gemacht hatte, vermittelte ihm sein Vater eine gute Stelle beim Raman Forschungsinstitut in Bangalore, obwohl er sich die meiste Zeit schon im Ashram aufgehalten hatte. Da auch seine Eltern und der größte Teil seiner Verwandten Devotees von Amma waren, hatte er nicht damit gerechnet, dass ihn sein Vater zur Jobsuche drängen werde. Sosehr seine Eltern Amma liebten, befürchteten sie doch, ihren Sohn an ein Leben der Entsagung zu verlieren. Da sie immer noch von seinem weltlichen Erfolg träumten, hatte ihm sein Vater diesen Job in Bangalore ausgesucht.

Den Ashram zu verlassen, war das Letzte, was sich Swami Purnamritananda gewünscht hätte. Jedoch Amma drängte ihn, diesen Job wenigstens einige Tage zu erproben. Amma und einige Devotees begleiteten ihn zum Bahnhof, wo es einen tränenreichen Abschied gab. Als der Zug auslief, sah Swami Purnamritananda vom Fenster aus, wie sich Amma und die Devotees in der Ferne verloren. Er schluchzte und war ob dieser plötzlichen Trennung untröstlich. Damals schien es ihm schier unerträglich, auch nur einen Moment von Amma getrennt zu sein. Der Gedanke, nun für unbestimmte Zeit fortgeschickt worden zu sein, war kaum auszuhalten.

Er legte sich im Liegewagen in das oberste Bett, ohne zu essen oder zu trinken und fiel erst am frühen Morgen in Schlaf, um kurz darauf aufzuwachen mit dem Gefühl, eine Hand habe seine Stirn berührt. Als er seine Augen öffnete, konnte er kaum glauben, was er sah. Amma saß neben ihm auf dem Liegewagenbett. Er träumte nicht, sondern war vollkommen wach. Als er aufzustehen versuchte, konnte er sich nicht rühren und kein Wort hervorbringen. Amma blieb auch ganz ruhig, doch ihre

Augen leuchteten. So vergingen einige Minuten in stillem Darshan. Plötzlich entschwand Amma seinem Blick. Er schloss seine Augen und begann zu meditieren.

Er verbrachte den Rest seiner Reise in liebevollem Gedenken an Amma und musste aus seiner Meditation gerüttelt werden, als der Zug die Endstation Bangalore erreichte. Auf dem Bahnhof wurde er von einem Mitarbeiter des Institutes erwartet, der sich Swami Purnamritanandas Stimmung nicht erklären konnte. „Bist du nicht glücklich über diesen Job?" fragte er ihn und fügte hinzu: „Eine Anstellung im Raman Forschungsinstitut ist der Traum von vielen jungen Leuten." Swami Purnamritananda schwieg.

Nach einer Weile ging ihm die Unangemessenheit seines Betragens auf und er erzählte dem Mitarbeiter, dass er Heimweh habe. Dieser behandelte ihn sehr zuvorkommend und rücksichtsvoll, bereitete ihm mütterlich-liebevoll eine Mahlzeit und ermunterte ihn zu essen, während er neben ihm saß. Es war ganz deutlich zu spüren, wie Ammas Gegenwart diesen Mitarbeiter durchströmte.

Am nächsten Tag nahm Swami Purnamritananda seine Pflichten in dem Institut auf. Der Job war genau das, wovon er als Student immer geträumt hatte. Doch jetzt fühlte er bloß Widerwillen gegen diesen Posten, der ihm aufgrund seiner langjährigen Ausbildung angetragen worden war. Sein Vorgesetzter fasste schnell Zuneigung zu ihm und überschüttete ihn mit Lob. Swami Purnamritananda blieb davon unberührt. Er verbrachte seine Tage einsam und in stiller Zurückgezogenheit.

Amma zeigte ihm bei vielen Gelegenheiten aufgrund bestimmter Zeichen ganz deutlich, dass sie anwesend war. Im Schlaf fühlte er Blumen auf seinen Körper fallen, bisweilen hörte er Ammas Fußkettchen klirren oder der sie stets umhüllende süße Duft erfüllte die Luft und in seinen Ohren hörte er den Klang ihrer Stimme. Später erklärte ihm Amma, mithilfe dieser Zeichen sollte er begreifen lernen, dass Amma nicht auf die Grenzen ihres physischen Körpers beschränkt ist und dass sie immer bei ihm ist. Die Wochen schleppten sich quälend langsam dahin. Er erhielt von Amma viele tröstende Briefe, auch wenn er sich kaum überwinden konnte, ihre Worte zu lesen. Sehr oft war er drauf und dran, in den Ashram zurückzukehren, doch dann erschien ihm Amma im Traum und hieß ihn zu bleiben. Da er fürchtete, ihr gegenüber ungehorsam zu sein, entschloss er sich zu bleiben.

Eines Tages schüttete er sein kummervolles Herz bei dem Kollegen aus, der sich so rührend um ihn gekümmert hatte. Dieser nahm ihn noch am selben Abend mit zu einem einsamen, naturschönen, von steilen Bergen und Felsen umrahmten Platz, in der Hoffnung, dort werde Swami Purnamritananda etwas Gemütsfrieden finden. Sie kletterten gemächlich auf die Spitze eines riesigen Felsens, ließen sich dort nieder und sprachen über Amma. Darüber wurde es Mitternacht. Der Kollege legte sich zum Schlafen nieder, Swami Purnamritananda schloss seine Augen und saß einfach nur da, als ihm ein seltsamer Gedanke durch den Kopf schoss: „ Der Körper ist die Ursache meiner Trennung von Amma, deshalb will ich ihn vernichten." Er stand auf, versicherte sich, dass sein Kollege schlief, ging langsam an den Rand des Felsens und schaute herunter in eine klaffende Felsspalte. Dann schloss er seine Augen und betete zur Bekräftigung seines Entschlusses einige Sekunden. Mit gebeugten Knien setzte er zu seinem Todessprung an. Doch genau in dem Moment, als er springen wollte, wurde er zurückgezogen und fiel rücklings zu Boden. Er schaute sich um, zu sehen, wer ihn vor seinem Todessprung bewahrt hatte, aber sein Kollege schlief immer noch friedlich und sonst war niemand zu sehen. Da wurde ihm bewusst, es war Amma allein, die ihn zurückgehalten hatte. Er setzte sich hin und meditierte über Amma. Ihre Stimme erklang in seinem Inneren: „Kind, Selbstmord ist etwas für Feiglinge. Der Körper ist kostbar. Er ist das Instrument, mit dem wir Atman erkennen können, viele können durch ihn Frieden erlangen. Zerstöre ihn nicht. Dich selbst zu töten, wäre das größte Leid, das du Amma antun könntest. Stehe die Leidenszeit durch. Sei tapfer. Ich bin bei dir." Schließlich gab Amma Swami Purnamritananda die Erlaubnis, in den Ashram zurückzukehren.

Vor seiner ersten Begegnung mit Amma hatte er gehofft, Ingenieur in einem erstklassigen Betrieb zu werden. Nach dieser Begegnung konnte ihn selbst ein Traumjob nicht mehr befriedigen. Er sehnte sich nur noch danach, bei Amma zu sein. Diese Sehnsucht löschte alle anderen Sehnsüchte aus und verhieß ihm einen Zustand jenseits aller Wünsche.

In Gesellschaft eines Satguru können wir unsere Wünsche am leichtesten herunterschrauben oder überwinden, auch wenn sie noch so tief in uns verwurzelt sind. Manchmal vermag allein der Anblick eines Mahatma die stärksten Sehnsüchte zu überwinden.

Man könnte sich fragen: „Ich bin an einem Punkt, wo ich keine Wünsche mehr habe. Ich bin mit meinem Leben vollkommen zufrieden. Warum sollte ich noch irgendetwas tun, wenn ich frei von Wünschen und Erwartungen bin? Warum kann ich nicht einfach ruhig dasitzen?"

Solche Haltung ist schlicht Faulheit. Auch ohne starke Sehnsüchte oder Ambitionen haben sich mannigfach negative Vasanas in uns angestaut. Wenn wir nicht an diesen negativen Seiten arbeiten, um sie los zu werden, können sie jederzeit auftauchen und uns Probleme bescheren. Wenn negative Tendenzen hochkommen, verleiten sie uns zu falschem Handeln. Amma spornt deshalb alle an zu selbstlosem Dienst und zu spirituellen Übungen. Was uns hilft, unsere angestauten negativen Eigenschaften abzubauen, ist selbstlose Nächstenliebe, Dienst am Meister und Befolgung seiner

Anweisungen zu unseren spirituellen Übungen und zu unserem täglichen Leben.

Ein spirituell Suchender muss unbedingt seine negativen Vasanas überwinden, da sie uns an der Verwirklichung Gottes hindern. Infolge unserer negativen Seiten können wir oft nicht richtig meditieren, unsere spirituellen Übungen nicht durchführen und wir sind unfähig, Gottes Gegenwart zu spüren.

Was verursacht solche Negativität? Es ist Unwissenheit. Wir kennen unsere wahre Natur nicht. Statt uns als den Atman, das universelle Selbst zu erkennen, identifizieren wir uns fälschlicherweise mit dem Körper, dem Gemüt oder dem Intellekt und versuchen dann ohne Rücksicht auf Verluste, den Bedürfnissen von allen dreien gerecht zu werden. Wenn wir das lange genug so gemacht haben, entsteht in uns ein Vasana, wie schon früher erwähnt. Die Unkenntnis unserer wahren Natur also verursacht alles Negative in uns.

Natürlich sind Vasanas nicht grundsätzlich schlecht. Durch selbstlosen Einsatz und spirituelle Übungen und Dienst an unserem Meister entwickeln wir positive Seiten, die unseren Geist allmählich läutern und uns empfänglich machen für die Gnade Gottes.

Wie Amma so oft sagt, wird das, was wir ständig wiederholen, zur Gewohnheit und formt auf Dauer unseren Charakter. Ein guter Charakter ist Grundvoraussetzung für spirituellen Fortschritt. Bisweilen kann man beobachten, dass eine Veränderung, die durch die Begegnung mit Amma spontan hervorgerufen wurde, nicht dauerhaft ist und der Betroffene wieder in seine alten Muster zurückfällt. Das passiert dann, wenn man nicht genügend entschlossen Ammas Lehren verinnerlicht und in seinem Leben umsetzt. Mahatmas können unser Leben vollkommen verwandeln. Ob diese Verwandlung jedoch anhält, hängt davon ab, wie weit wir uns auf ihre Liebe und ihr Mitgefühl einlassen.

Sofern wir nicht bereit sind, Hand in Hand ein paar Schritte mit dem Meister zu gehen, kann er uns nicht zum endgültigen Ziel hinführen.

Kapitel 11

Die Macht der Gewohnheit

Wie Amma sagt, sollte ein spirituell Suchender unbedingt positive Gewohnheiten entwickeln, weil negative Gewohnheiten und Eigenschaften wie Ungeduld, Eifersucht und das Beurteilen anderer dem Gemütsfrieden abträglich sind. Durch ihr eigenes Vorbild inspiriert uns Amma, gute Gewohnheiten zu kultivieren. Mit der Geduld, Akzeptanz und Liebe einer Mutter für ihre Kinder hilft uns Amma, unsere negativen Gewohnheiten zu überwinden. Das macht uns frei, das Leben zu genießen und unseren spirituellen Übungen mit Hingabe und Konzentration nachzugehen.

Amma erzählt folgende Geschichte: Eines Tages kam eine Frau zu ihrem Darshan. Nachdem Amma sie umarmt hatte, lud sie die Frau ein, sich eine Weile neben sie zu setzen. Da sich diesem Devotee noch nie solch eine Gelegenheit geboten hatte, war sie glücklich, so nahe und lange neben Amma zu sitzen. Sie verbrachte den Rest des Tages damit, allen Leuten von ihrem Glück und ihren gesegneten Momenten bei Amma zu erzählen. Als sie am nächsten Tag wieder zum Darshan kam, winkte Amma sie erneut heran; überglücklich vergoss sie Tränen der Dankbarkeit und Freude.

Nach geraumer Weile sah sie, dass eine Frau zu Ammas Darshan kam, die sie nicht leiden konnte, weil sie eifersüchtig auf sie war. Als Amma diese andere Frau ebenfalls einlud, sich neben sie zu setzen, geriet die erste Frau darüber sehr in Rage, dass Amma diese Person auch so nah neben sich sitzen ließ. Sie spürte wachsende Eifersucht auf diese Frau und regte sich sogar über Amma auf. Die erste Devotee saß auf demselben Platz wie tags zuvor. Was tags zuvor eine segensvolle Erfahrung für sie gewesen war, wurde für sie jetzt zum traumatischen Erlebnis. Die Frau hatte wegen ihrer Reise zu Amma ein ganzes Jahr lang Überstunden gemacht, um das nötige Geld anzusparen und um beglückende Momente in Ammas Gesellschaft zu erleben. Sie war nach langer und mühseliger Anfahrt bei Amma angekommen und reich belohnt worden durch die Chance, in Ammas Nähe sitzen zu dürfen (was bei so großen Menschenmengen um Amma oft schwierig ist). Als sie endlich diese langersehnte Gelegenheit bekommen hatte, konnte sie den erhofften tiefen Frieden und die Freude gar nicht genießen. Sie war so erregt, dass sie diesen unschätzbaren Platz neben Amma verließ, ohne dazu aufgefordert worden zu sein – und das alles nur wegen ihrer eifersüchtigen Denkweise.

So schwierig es jetzt für uns zu sein scheint, gute Gewohnheiten zu trainieren, es wird uns ebenso hart ankommen – sobald wir gute Werte und gute Gewohnheiten entwickelt haben – in die alten Verhaltensweisen zurückzufallen. Vor einigen Jahren hatte ein Devotee von Amma einen Film in Malayalam gedreht und bevor der Film in die Kinos kam, gab er Amma eine Kopie mit der Bitte, ihn sich anzuschauen. Obwohl es kein ausgesprochen spiritueller Film war, lagen ihm sehr brauchbare moralische Wertvorstellungen zugrunde. Um dem Devotee eine Freude zu machen, rief Amma alle Brahmacharis zusammen und sagte: „Wir wollen uns diesen Film anschauen."

Voller Stolz, jegliches Interesse an Filmen verloren zu haben, sagte ich zu den anderen Brahmacharis: „Ich möchte den Film nicht sehen. Ihr könnt alle gehen und ihn anschauen." Amma bestand zwar nicht darauf, dass ich mitkäme, rief mich jedoch nach Ende des Films zu sich und schimpfte mich aus: „Hältst du dich für einen großen Asketen? Da du nicht tatest, was ich dir sagte, werde ich mir zehn Filme mit allen Brahmacharis ohne dich anschauen!" Als sie so sprach, wurde ich mir meines Fehlers bewusst: Ich sollte den Anweisungen meiner Meisterin immer Folge leisten, egal, ob ich Filme mag oder nicht.

Amma schaute sich mehrere spirituelle Filme mit den Ashram-Bewohnern an, ich jedoch blieb gemäß ihrer Anweisungen weg. Ammas Bestrafung wurde, wie es für sie typisch ist, durch ihre Süße gemildert und eines Tages rief sie mich in ihr Zimmer, und wir schauten uns gemeinsam einen spirituellen Film an.

Wir können gute Gewohnheiten entwickeln, indem wir Zeit bei Amma verbringen und unser Bestes geben, ihren Lehren und ihrem Vorbild zu folgen; diese aufzugeben wird uns dann ebenso schwer fallen wie es uns früher schwer fiel, die schlechten alten Gewohnheiten aufzugeben. Wenn wir erst einmal die vorwärts treibende Kraft guter Gewohnheiten aufgebaut haben, wird es schwierig, in unsere alten Muster zurückzufallen. Somit können wir uns die Macht der Gewohnheit nutzbar machen, um uns auf unserem spirituellen Weg vorwärts zu bewegen.

Kapitel 12

Tat versus Einstellung

Wir müssen nicht nur auf unsere Handlungen achten, sondern auch auf die Haltung, in der wir sie ausführen. Sogar Formen von Gottesverehrung können uns tiefer verstricken, wenn wir sie nicht mit der richtigen Einstellung vollziehen.

In dem großen indischen Epos Mahabharata gibt es fünf Brüder, die *Pandavas*, die sehr gewissenhaft regieren. Eines Tages beaufsichtigte *Bhima*, einer der Pandava-Brüder, die Speisung der Armen. An diesem besonderen Tag hatte er außerdem noch viele *Rishis* (Weise), die in diesem Gebiet lebten, eingeladen. Bhima bat die Weisen die Speisezeremonie zu beobachten, bevor sie sich zum Essen niederließen. Auch Lord Krishna war zugegen. Alle Rishis saßen um Krishna herum, als Bhima hereinkam und sie zum Essen bat. Die Rishis zögerten, der Einladung zu folgen, da Lord Krishna anwesend war. Lord Krishna jedoch sprach: „Geht nur, ich werde euch Gesellschaft leisten."

Als sich alle im Speisesaal versammelt hatten, begann Bhima zu servieren und alle begannen zu essen. Man hatte für diesen Tag sehr viele Speisen vorbereitet, da sich jedoch weniger Leute zum Essen eingefunden hatten als erwartet, würde vermutlich sehr viel übrig bleiben.

Bhima legte den Rishis immer wieder auf, obwohl sie schon längst gesättigt waren. Sie sagten: „Nein, nein, wir wollen nicht so viel essen," doch Bhima servierte immerzu weiter und wurde ganz ärgerlich, als die Rishis ablehnten. Er insistierte beharrlich:

„Was sollen wir denn mit so viel vorbereiteten Speisen machen? Nehmt noch etwas". Er fügte drohend hinzu: „Ihr missachtet sonst den König".

Sri Krishna hatte Bhimas Verhalten beobachtet und rief ihn zu sich. Bhima näherte sich ihm ehrfurchtsvoll. Krishna erzählte ihm von einem großen Weisen, der in dem nahegelegenen Wald lebte und fügte hinzu: „Ich war, bevor ich hierher kam, bei ihm. Geh du auch zu ihm, denn er möchte dir einige Anweisungen geben."

Bhima war Krishna gegenüber sehr gehorsam, da er wusste, dass Krishna wirklich Gott war. Deshalb begab er sich in den Wald, wie ihm geheißen war. Schon aus großer Entfernung konnte er den Weisen sehen; sein Körper erstrahlte golden. Bhima war völlig überrascht und fragte sich verwundert: „Wer ist das? Kann es denn noch einen weiteren Gott geben?" Bhima ging wie verzaubert auf den golden leuchtenden Weisen zu und bemerkte beim Näherkommen einen üblen Geruch. Obwohl dieser Gestank unerträglich war, ging Bhima aus Respekt vor dem Weisen immer näher auf ihn zu. Als er ganz nahe war, bemerkte er, dass ein fauliger Gestank dem Körper des Weisen entwich. Bhima konnte den Gestank schließlich nicht mehr aushalten, drehte sich weg und ging zurück in seinen Palast. Dort sprach er sofort bei Lord Krishna vor und fragte ihn höflich, warum er ihn zu dem stinkenden Weisen geschickt hatte.

Krishna erklärte: „Den Verwesungsgeruch von totem Fleisch kann man gerade noch aushalten, doch der Gestank des Egos ist noch unerträglicher."

Bhima fragte Krishna, wie das zu verstehen sei.

Sri Krishna klärte ihn auf: „In seinem vorherigen Leben war dies ein großer König. Er unterstützte seine Untertanen enorm, speiste die Armen, kümmerte sich um Waisenkinder, respektierte und verehrte die Weisen und Heiligen. Doch wenn er jemandem etwas schenkte, musste der andere es annehmen, ob er wollte oder nicht, andernfalls wurde er dazu gezwungen. Dieser König tat zwar Gutes, doch auf eine arrogante und egoistische Art. Immerhin wurde er aufgrund seiner Verdienste durch gute Taten als Rishi wiedergeboren, musste jedoch die Folgen seiner Arroganz mit diesem schrecklichen Geruch erleiden. Wir müssen die Konsequenzen tragen, wenn wir Menschen gegen ihren Willen Wohltaten aufzwingen."

Das zeigt, wie wichtig die innere Haltung ist. Ohne rechte Gesinnung bringen uns sogar gute Taten nicht nur um den erhofften Gewinn, sondern können uns eventuell sogar Leid bescheren.

In den Puranas gibt es eine weitere Geschichte, die verdeutlicht, dass bei fehlender rechtschaffener Haltung gute Taten schlechte Folgen nach sich ziehen können. Daksha veranstaltete ein großartiges *Yagna* (Opfer). Daksha war einer der *Prajapati* (geistigen Väter) der Menschheit, das heißt, er war dazu auserkoren, sich um das Menschengeschlecht jener Epoche zu kümmern. Daksha lud alle Götter zu dem Yagna ein, mit Ausnahme von Lord Shiva. Er mochte Lord Shiva wegen seiner Aufmachung nicht und empfand, er sähe mehr einem Wandermönch ähnlich als einem Gott, war doch sein Haar verfilzt und sein Körper bedeckt mit Asche. Um seinen Hals hingen Schlangen, um die Hüfte trug er ein Tierfell und in der Hand hielt er die Bettelschale. Dakshas Tochter Sati liebte Shiva und hatte ihn sogar geheiratet, ein Grund mehr für Daksha, ihn nicht zu mögen. Um dem Ganzen die Krone aufzusetzen: Als Daksha kurze Zeit davor zu einer Versammlung von *Devas* (himmlischen Wesen) und Weisen erschienen war und sich alle vor ihm zum Zeichen des Respekts erhoben, war Shiva als Einziger nicht von seinem Sitz aufgestanden, obwohl er ihm als Schwiegersohn hätte Respekt zollen müssen. Als Vergeltung wollte Daksha deshalb dieses große Opferfest ohne Shiva veranstalten.

Als sich herausstellte, dass Daksha Lord Shiva nicht eingeladen hatte, rieten ihm seine Minister und andere himmlische
Wesen, Shiva, dem größten unter allen Göttern, den nötigen
Respekt zu erweisen und ihn zu dem Opferfest einzuladen. Seine
Minister erinnerten ihn außerdem daran, dass Shiva der erste
und bedeutendste Guru in der Linie der großen Meister ist. Nach
indischer Tradition kann kein Werk oder Gottesdienst begonnen
werden, ohne zuerst den Guru und anschließend Ganesha anzu-
rufen. Daksha jedoch blieb unnachgiebig.

Dakshas Tochter Sati erfuhr von dem großen Opferfest und
bat Lord Shiva um Erlaubnis, daran teilnehmen zu dürfen. Shiva
entgegnete: „Er wird dich schmähen, weil du meine Frau bist, dich
lächerlich machen und mit Verachtung strafen. Außerdem hat er
dich nicht eingeladen. Es ist besser, wenn du nicht dorthin gehst."

Sati antwortete: „Ich brauche keine Einladung von ihm,
schließlich ist er doch mein Vater. Man bedarf keiner Einladung
in das Haus seines Vaters. Ich möchte ihn außerdem dazu bringen,
dir die gebührende Anerkennung zu zollen."

Sati nahm entgegen Shivas Wunsch an dem Opferfest teil und
betrat den Palast, wo alle Gottheiten und himmlischen Wesen
um ein gewaltiges Freudenfeuer gelagert saßen.

Wie von Shiva vorausgesagt, erwies Daksha, als er Sati
bemerkte, ihr nicht den geringsten Respekt und zog wüst über
Lord Shiva her: „Dein Ehemann ist nur ein Bettler und ein Ver-
rückter. Lungert er deshalb auf dem Friedhof herum, weil er außer
seinem Namen nichts als die Bettelschale hat? Er taugt lediglich
als Begleiter der Toten." Daksha beschimpfte ihren Ehemann so
lange, bis Sati es nicht mehr ertragen konnte. Sie vermochte mittels ihrer yogischen Kräfte in sich ein Feuer zu entzünden und gab
dabei ihren Körper auf. Als Shiva erfuhr, dass Sati ihren Körper
verlassen hatte, wurde er wütend. Er rief seine Armee zusammen
und schickte sie aus zu dem Opferfest. Sie töteten Daksha und

zerstörten das gesamte Yagna. Alle Devas flohen aus Angst vor Shivas Zorn, um ihr Leben zu retten.

Später, aus seinem Mitgefühl heraus, erweckte Shiva Daksha wieder zum Leben und ersetzte sein abgetrenntes Haupt durch einen Ziegenkopf. Da erkannte Daksha sein Vergehen und bat Shiva um Vergebung. Weil er sein großes Opferfest – das gemeinhin als eine der besonders rechtschaffenen Handlungen gilt – mit übler Gesinnung veranstaltet hatte, war es in Krieg und Zerstörung ausgeartet[3] Wenn Demut und Hingabe fehlen, kann selbst ein Akt der Gottesverehrung ins Elend führen.

Werfen wir noch einen Blick auf das Beispiel des Maha-bharata-Krieges. Sri Krishna riet Arjuna und den rechtschaffenen Pandavas, als alle anderen diplomatischen Möglichkeiten ausgeschöpft waren, gegen die Kauravas in den Krieg zu ziehen, da deren ungesetzliches Treiben die Harmonie des Landes zerstörte. In diesem Krieg tötete Arjuna auf Anweisung von Lord Krishna Hunderte und Tausende von Menschen, darunter auch engste Verwandte, um Recht und Harmonie in der Welt wieder-herzustellen. Obwohl Arjuna nicht in den Krieg ziehen wollte,

---

[3] Diese Geschichte hat einen hohen Symbolwert. Satis Ehe mit Shiva sym-bolisiert ihre Hinwendung zu einem Spirituellen Meister, wie sie oft bei Eltern Verachtung findet, die für ihre Kinder weltliche Erwartungen hegen. Satis Selbst-Opferung lehrt uns, dass wir uns an nichts mehr binden sollten, sobald wir unser Leben dem spirituellen Ziel widmen. Amma erwähnt als Beispiel ein Boot: Wenn wir es rudern, ohne es zuvor am Ufer loszubinden, werden wir niemals das andere Ufer erreichen. Wir sollten darüber hinaus dem Rat unseres Meisters nicht widersprechen (so wie Sati Shiva widersprach, indem sie an dem Yagna teilnahm), auch wenn das bisweilen unseren eige-nen Wünschen zuwiderläuft. Daksha repräsentiert das Ego, das von jedem Anerkennung erheischen will, auch von Selbstverwirklichten Meistern. Wenn solche Erwartung nicht erfüllt wird, stellen sich Ärger und Neid ein. Dakshas Tod symbolisiert die Vernichtung des Egos und sein neuer Kopf symbolisiert eine spirituelle Wiedergeburt. Sobald das Ego aufgelöst ist, verschwinden alle Feindseligkeiten, und jedes Wort, das aus uns tönt, wird zum Gebet.

unterwarf er sich Sri Krishna und gehorchte ihm bedingungslos. Aus Dakshas Opferfest wurde Krieg, wohingegen sich Arjunas Kriegszug in ein Yagna oder Gottesopfer verwandelte – beides entsprang der Haltung des jeweils Handelnden.

Viele von uns verehren Amma und dienen ihr, doch haben wir nicht immer die angemessene Haltung in unserer Verehrung und in unserem Dienst. Ich erinnere mich an einen ulkigen Vorfall. Während eines Darshans von Amma war es so heiß, dass eine der Devotees Amma um Erlaubnis bat, ihr Luft zuzufächeln. Amma willigte ein, und die Devotee fächelte Amma eine ganze Weile Luft zu, bis eine andere Devotee dazukam und die Erste bat, Amma auch einmal zufächeln zu dürfen. Die erste Devotee entgegnete unnachgiebig: „Nein, Amma gab nur mir die Erlaubnis, ich lasse dich nicht dran." Obwohl die zweite Devotee eine Weile wartete, gab die erste Devotee nicht nach. Schließlich nahm die zweite Devotee einen anderen Fächer und begann ebenfalls, Amma Luft zuzufächeln. Da die Erste Amma mehr Luft zufächeln wollte als die Zweite, fächelte sie stärker, bis ein Wettstreit ausbrach und jede versuchte, die andere im Luft-Zufächeln zu übertrumpfen.

Amma hatte schließlich das Gefühl zu ersticken und rief: „Stopp, stopp, ich möchte niemand, der mir zufächelt." Da hatten sie nun Amma einen persönlichen Dienst erbracht, doch dies in Konkurrenz ausarten lassen. Wegen ihrer Haltung wurde ihr Dienst für Amma zur Belästigung.

Wer eine gewisse Zeit mit Amma verbringt, bekommt Gelegenheit, ihr persönlich zu dienen, beispielsweise, wenn er Amma Prasad reicht, das sie an die Devotees austeilt oder wenn er bei der Darshan-Warteschlange mithilft. (Es gibt darüber hinaus noch endlos viele Möglichkeiten der Mithilfe an den spirituellen und gemeinnützigen Projekten des Ashrams.) Amma kreiert Gelegenheiten, die uns ermöglichen, ihr nahe zu sein und für ihre

Gnade empfänglich zu werden. Diese Chancen sind für uns ein unschätzbares Glück, das wir meistens unserer negativen Seiten wegen nicht voll ausschöpfen.

In diesem Zusammenhang erzählt Amma die Geschichte von zwei Schülern und ihrem Meister. Beide Schüler lagen in ständigem Wettstreit um ihren Dienst bei ihrem Meister. Sobald dieser einen Schüler etwas bat, wurde der andere eifersüchtig, brach einen Streit vom Zaun oder behandelte den anderen schlecht, weil der den Auftrag bekommen hatte. Obwohl der Meister sie immer wieder ermahnte, ihr Konkurrenzdenken und ihre Eifersucht aufzugeben, beachteten sie seine Worte nicht, bis der Meister entschied: „Wenn ich ihnen einen Auftrag erteile, werde ich ihn auf beide aufteilen und jeden bitten, nur die halbe Arbeit zu machen, um nicht Konkurrenzdenken und Hass zwischen ihnen aufkommen zu lassen. Wenn ich einen um etwas zu trinken bitte, werde ich das nächste mal den anderen bitten."

Eines Tages hatte der Meister Schmerzen in seinen Beinen. Er rief einen seiner Schüler und erbat eine Massage, bis ihm einfiel: „O nein, wenn ich diesen Schüler rufe, wird sich der andere ärgern. Ich rufe besser beide." So rief der Meister beide Schüler herbei und bat den einen, sein rechtes Bein und den anderen, sein linkes Bein zu massieren.

Jeder Schüler war glücklich, jeweils ein Bein des Meisters zu massieren, der daraufhin einschlief. Im Schlaf wollte er sich auf die rechte Seite drehen, und da er flach auf dem Rücken lag, hob er natürlicherweise sein linkes Bein, um es über das rechte zu legen. Der Schüler, der das rechte Bein massierte, schaute auf und sagte zu dem anderen: „Das ist mein Bereich, das Bein, das du massierst, hat hier nichts zu suchen," da er meinte, der andere habe das Bein des Meisters zu ihm hinübergeschoben.

Der zweite Schüler schwieg, im Wissen, dass der Meister selbst sein Bein bewegt hatte, und massierte das linke Bein des Meisters weiter, obwohl es in den Bereich des ersten Schülers hereinragte. Dieser schimpfte: „Ich habe dir doch gesagt, du sollst das Bein nicht hierhin legen. Das ist meine Seite. Nimm es hier weg!" sagte er, und schob das linke Bein auf die linke Seite. Daraufhin der andere Schüler: „Wie kannst du so etwas machen? Das ist doch das Bein des Meisters," und schob es zurück auf die rechte Seite. Eine ganze Weile schoben sie das Bein des Meisters hin und her, bis der erste Schüler seine Beherrschung verlor, einen Stock nahm und dem linken Bein einen heftigen Schlag versetzte.

Wer leidet wirklich in dieser Situation? Die Schüler leisteten ihrem Meister einen persönlichen Dienst, doch er musste ihre Eifersucht und Besitzgier erleiden. Amma geschah dasselbe, als sich die beiden Devotees darum stritten, Amma Luft zuzufächeln.

Der Meister gießt seine Gnade ständig über uns aus, doch müssen wir zum geeigneten Gefäß werden, um sie auffangen zu können. Mit der richtigen Einstellung kann uns beinahe jede Handlung näher zu Gott bringen, während eine noch so rechtschaffene Handlungsweise – in der falschen Haltung ausgeführt – die Aufnahme der Gnade Gottes blockieren kann.

Die Schriften sagen zum Beispiel, man dürfe eine Lüge begehen, in der Absicht die Gefühle eines Menschen dadurch zu schonen. Während der Südindientour 2004 besuchte Amma Rameshwaram in Tamil Nadu, an der südlichsten Spitze von Indien. Eine Gruppe junger Männer kam zum Darshan und ihr Gruppenführer fragte laut: „Amma, erinnerst du dich an mich?" Bevor Amma antworten konnte, fügte er hinzu: „Amma, ich war einer deiner Mitschüler in der achten Klasse!" Alle, die nahe bei Amma standen, waren sicher, dass er nicht die Wahrheit sagte, da er mindestens 20 Jahre jünger sein musste als Amma. Er drehte sich zu seinen Freunden um und fügte hinzu: „Amma und ich waren Klassenkameraden in der städtischen Oberschule." Wir alle erwarteten, Amma werde ihn korrigieren. Amma dagegen bestärkte seinen Ausruf mit „Ja, ja!" und umarmte ihn liebevoll.

Als wir anschließend Amma wegen ihrer seltsamen Antwort befragen wollten, war uns das wegen der großen Menschenmenge unmöglich. Später erklärte sie uns: „Amma ging nie in diese städtische Jungen-Oberschule. Amma besuchte die Schule von Kuzhitura (ein Dorf in der Nähe des Ashrams) nur bis zur vierten Klasse.[4] Amma mochte dem Jungen nicht sagen, er habe Unrecht. Vermutlich wollte er seinen Freunden zeigen, wie vertraut er mit Amma von Kindesbeinen an sei. Hätte ihn Amma vor seinen Freunden zurechtgewiesen, wäre ihm eine sehr tiefe emotionale Wunde zugefügt worden. Amma wollte sein Herz nicht beschweren, ihm vielmehr süße Erinnerungen an seinen Darshan mitgeben."

Wie immer handelte Amma in vollkommener Übereinstimmung mit den Schriften. Es gibt einen Spruch in den Veden: *„Satyam bruyat, priyam bruyat, na bruyat satyamapriyam."* Das heißt: „Sprich die Wahrheit; sprich nur gefällige Worte; sprich keine unfreundlichen Worte, selbst wenn sie wahr sind."

Demzufolge können wir nicht sagen, die Wahrheit auszusprechen ist immer eine gute Tat, und eine Lüge zu äußern, ist immer eine schlechte Handlung. Wollen wir jemanden verletzen, indem wir ihm die Wahrheit sagen, ist das schlecht und es ist durchaus gut, jemanden durch eine Lüge zu schützen.

Alles – ob wir gutes oder schlechtes Prarabdha Karma schaffen, ob eine Handlung unser Bemühen um Aufnahmefähigkeit der Gnade Gottes fördert oder hindert – hängt von unserer Haltung oder Intention ab.

---

[4] Amma verließ die Schule mit neun Jahren und kümmerte sich um die Belange ihrer Familie, da ihre Mutter erkrankte.

Kapitel 13

Selbstsucht und Selbstlosigkeit

Eine selbstlose Haltung bringt uns Amma immer näher. Jeden Dienstagmorgen meditieren die Ashrambewohner in Amritapuri, bis Amma in die Meditationshalle kommt, um uns das Mittagessen zu servieren. Meistens entsteht ein großes Gedränge; Amma serviert gut über 2000 Teller. Einmal fiel einem Devotee versehentlich der Teller vor Ammas Füße, während er Ammas Prasad bekam. Der Teller kippte um und Curry-Reis war auf dem Boden verschüttet.

Da noch ziemlich viele auf das Essen von Amma warteten, begann ich das verschüttete Essen wegzuputzen, damit die anderen nicht hineintraten. Doch während ich die Speisereste mit bloßen Händen wegräumte, fiel mir ein, dass ich mir wohl die Hände dabei schmutzig machen würde und sie waschen müsste, bevor ich Ammas Prasad essen könnte. Indem ich darüber nachdachte, dass ich vermutlich meinen Platz verlieren würde, wenn ich zum Händewaschen wegginge, da Amma jemand anderen an meinen Platz bitten könnte, brach ich meine Säuberungsaktion ab.

Inzwischen kniete ein anderer Brahmachari auf dem Boden und säuberte ihn ebenfalls mit bloßen Händen. Als er damit fertig war, ging er nicht weg, um sich seine schmutzigen Hände zu waschen. Er stand einfach neben Amma und schaute ihr zu beim Austeilen des Prasad. Als er an der Reihe war, nahm er den Teller und schickte sich an, wegzugehen. Amma hielt ihn zurück und lud ihn ein, sich neben sie zu setzen. Anschließend forderte Amma alle auf zu essen. Als der Brahmachari anfangen wollte zu essen, hielt Amma seine Hand fest und sagte: „Mein Sohn, deine Hände sind schmutzig." Sie nahm einen Wasserkrug, wusch seine Hände und fütterte ihn sogar eigenhändig mit ein paar Bissen. Als ich das sah, wusste ich, dass ich einen Fehler gemacht hatte. Ich hatte nur an mich gedacht, während der andere Brahmachari nur daran gedacht hatte, Amma und den anderen Devotees zu dienen und die Unordnung zu beseitigen. Obwohl ich einen selbstlosen Dienst, das Reinigen des Fußbodens, begonnen hatte, war meine Selbstsucht stärker als meine Bereitschaft zu dienen. Ich war von dem Wunsch getrieben, nahe bei Amma zu sein, wohingegen der andere Brahmachari, der keine Sekunde an sich gedacht hatte, Amma viel näher kommen konnte. Als mir diese Gedanken aufdämmerten, schaute Amma mich an und lächelte verschmitzt.

Wir erhalten viele solche Gelegenheiten, um Ammas Gnade zu verdienen. Unglücklicherweise vertun wir diese Chancen meistens aus Selbstsucht und Egoismus.

Ein Mann fiel einmal in einen Graben und konnte nicht mehr raus. Nach längerer Zeit hörte ein Passant zufällig sein Stöhnen und spähte über den Rand des Grabens. „Hilfe!" rief der Mann im Graben. „Ich bin in den Graben gefallen und kann nicht raus!" Der Passant erwiderte nur: „Das ist dein Prarabdha Karma – du musst dich den Konsequenzen aus früherem Handeln stellen" und ging seines Weges.

Nach einer Weile kam wieder jemand bei dem Mann im Graben vorbei und fragte: „Was ist passiert?" Der Mann stöhnte: „Ich ging hier entlang und fiel in den Graben." „Hast du denn nicht das Warnsignal auf dieser Straßenseite gesehen? Du solltest künftig vorsichtiger sein", belehrte ihn der Mann und ging weiter. Bald darauf kam ein dritter Passant vorbei, hörte das Stöhnen und spähte über den Grabenrand. Ohne zu fragen, was passiert war, kletterte er schnurstracks in den Graben, nahm den Mann, der heruntergefallen war, auf seine Schultern und trug ihn nach oben. Diese drei Passanten versinnbildlichen drei Möglichkeiten, wie wir auf das Leid anderer Menschen reagieren können. Wenn wir jemanden leiden sehen, können wir uns einfach auf sein Prarabdha berufen und ihn sich selbst überlassen. Als Alternative können wir ihm unseren Rat anbieten und auf seine Fehler hinweisen. Schließlich können wir sein Leiden als unser Leiden ansehen und alles daransetzen, es von ihm zu nehmen. Die meisten von uns reagieren auf die erste oder zweite Weise. Die dritte entspricht Ammas Art und Weise. Lasst uns alle danach streben, ein Herz zu entwickeln, das von Mitgefühl überströmt, damit auch wir das Leiden der anderen als unser eigenes Leiden ansehen können. Diese innere Haltung wird uns spirituell zugute kommen und kann sogar die Gesellschaft und die Welt verändern.

Amma sagt: „Wer Gott liebt, hat ganz bestimmt Mitgefühl mit den Leidenden. Hingabe und selbstloser Dienst sind nicht zwei verschiedene Dinge, sondern eins; sie sind die zwei Seiten einer Medaille."

Einmal hatte ich den Ashram-Bus (wir hatten damals nur einen) in eine Werkstatt gefahren, um ihn dort vor unserem Aufbruch zu einer Tour in Kerala reparieren zu lassen. Wider Erwarten dauerte die Reparatur länger als einen Tag, so dass ich übernachten musste. Ich legte mich in den Bus, konnte aber nicht schlafen, da die ganze Nacht über an dem Bus repariert wurde. Ich fuhr erst am Abend des zweiten Tages in den Ashram zurück. Dort angekommen, sah ich, dass Amma und die Brahmacharis schon über den Fluss gesetzt hatten und auf den Bus warteten, da wir geplant hatten, an jenem Nachmittag aufzubrechen.

Da ich weder gegessen, noch geschlafen, noch mich gewaschen hatte, seit ich am Morgen des vorherigen Tages den Ashram verlassen hatte, muss ich ziemlich erschöpft und ausgelaugt ausgesehen haben. Amma kam zu mir und erkundigte sich nach der Ursache der Verzögerung. Ich erklärte, was gewesen war und machte mich daran, den Bus anzulassen, damit wir sofort losfahren konnten. Amma rief mich zurück, kam auf mich zu und umarmte mich. Ich sagte zu ihr: „Amma, bitte fasse mich nicht an. Ich bin nicht gewaschen und stinke nach Schweiß." Amma überhörte meine Proteste, legte ihre Arme um mich und sagte: „Der Schweiß des selbstlosen Dienstes ist wie Parfum für mich." Dann bat sie einen anderen Brahmachari den Bus zu fahren und ließ mich neben ihr sitzen, bis wir anhielten, um zu Abend zu essen.

Amma begehrt für ihre Güte und Liebe von niemandem eine Gegenleistung, wäre aber glücklich, wenn wir unseren Teil dazu beitragen könnten, anderen zu helfen. Wir vermögen durch selbstloses Dienen den Kummer der Armen und Notleidenden zu lindern. Die gegenwärtige Welt braucht solche aufrichtigen und selbstlosen Menschen, sonst vermehren sich Leiden und Probleme. Ich erinnere mich in diesem Zusammenhang an die Äußerung des früheren Premierministers von Indien, Atal Behari Vajpayee, anlässlich der Einweihung von Ammas hochspezialisiertem Krankenhaus (AIMS). Er sagte: „Unsere heutige Welt braucht den Beweis für die Notwendigkeit menschlicher Werte. Eigenschaften wie Mitgefühl, Selbstlosigkeit, Entsagung und Demut können uns ermächtigen, eine großartige und wohlhabende Gesellschaft zu erschaffen. Ammas Werk liefert uns den dringend notwendigen Beweis."

Amma erwartet nichts Unmögliches von uns. Weder erwartet sie von einem Fisch, die Lasten eines Maulesels zu tragen, noch erwartet sie von einem Maulesel, im Meer zu schwimmen. Amma erwartet von uns lediglich, als mitfühlende, liebevolle und fürsorgliche Menschen zu leben.

Kapitel 14

Satsang: der erste Schritt im spirituellen Leben

Der erste Schritt im spirituellen Leben ist der *Satsang*. *Sat* bedeutet Höchste Wahrheit, *sang* bedeutet Verbundenheit. In der eigentlichen Bedeutung heißt Satsang, sich mit der höchsten Wahrheit verbinden oder im Einklang ihr sein. Den meisten von uns ist dies jedoch nicht möglich, deshalb ist die beste Form von Satsang, sich jemandem anzuvertrauen, der in der Höchsten Wahrheit verankert ist. Wenn wir nicht eine gewisse Zeit bei einem verwirklichten Meister verbringen können, sollten wir zumindest versuchen, mit spirituell ausgerichteten Menschen in Verbindung zu sein. In ihrer Gegenwart können wir an Gott denken und uns auf das Ziel menschlichen Lebens besinnen. Amma regt deshalb ihre Devotees an, sich regelmäßig zu treffen, Lieder zu Ehren Gottes zu singen, Mantren zu rezitieren, zu meditieren und zu beten, spirituelle Bücher zu lesen und spirituelle Gespräche zu führen. Auch das nennt man Satsang.

Sobald wir mit Ernsthaftigkeit und Konzentration an einem Satsang teilnehmen, können positive Schwingungen in uns entstehen. Die Welt ist voll Anziehungskraft und Zerstreuung. Wenn wir unsere Zeit damit vertreiben, uns auf diese Vielfalt an Ablenkungen einzulassen, beladen wir unser Gemüt mit unnötig vielem Tumult und wir werden gereizt und angespannt. Satsang hält uns an, unser Gemüt von all diesen Attraktionen und Vergnügungen fernzuhalten. Das hilft uns, einigermaßen ruhig und friedlich zu bleiben.

Es gibt eine volkstümliche Erzählung über den Maler Leonardo da Vinci, dessen berühmtestes Gemälde das Letzte Abendmahl ist. Der Erzählung nach ließ Leonardo da Vinci während seines Entwurfes des Letzten Abendmahls landauf und landab Ausschau halten nach jemandem, dessen Antlitz charakteristisch für Jesus wäre, da er Jesus zuerst malen wollte.

Da Vincis Abgesandte fanden die passende Person – einen hübschen, aufrichtigen jungen Mann mit guten Manieren. Da Vinci nahm den jungen Mann als Modell für Jesus und war mit dem Ergebnis sehr zufrieden. Im Anschluss daran begann er die Jünger zu porträtieren, mit Hilfe von elf weiteren Männern, die ihm gebracht wurden und Modell standen. Darüber vergingen einige Jahre, und nur ein Jünger musste noch gemalt werden. Es handelte sich um Judas, den Jünger, der Jesus für 30 Silberlinge verraten hatte.

Noch einmal schickte der große Künstler einen Suchtrupp aus. Diesmal mit dem Auftrag, jemanden zu finden, dessen grausamer Gesichtsausdruck und widerliches Auftreten dem Porträt des Judas angemessen wäre. Schließlich brachten sie ihm einen Mann, dessen Erscheinungsbild von Wut, Hass und Selbstsucht geprägt war. Da Vinci war zufrieden und begann den letzten Jünger zu malen. Da begann der Mann, den er als Modell für Judas ausgewählt hatte, hemmungslos zu schluchzen. Da Vinci hielt im Malen inne und fragte den Mann, warum er weinte. Der Mann schaute Da Vinci an und fragte ihn: „Erkennen Sie mich denn nicht?" Da Vinci schaute ihn genauer an, ohne sein Gesicht einordnen zu können. „Ich bin mir sicher, Sie nie zuvor gesehen zu haben", sagte er entschuldigend. „Schauen Sie auf Ihr eigenes Gemälde", ersuchte ihn der Mann. „Ich bin der, den Sie vor so vielen Jahren für das Jesus-Porträt auswählten."

Da Vinci betrachtete ihn eingehend und erkannte, dass es zutraf. Durch die Jahre in schlechter Gesellschaft und infolge seines rücksichtslosen und üblen Treibens war inzwischen aus dem Mann, der Jesus einst so ideal dargestellt hatte, ein perfektes Abbild des Mannes geworden, der Jesus verraten hatte.

Unsere Eigenschaften entwickeln sich zwangsläufig entsprechend der Gesellschaft, in der wir uns bewegen und entsprechend den Kontakten, die wir pflegen. Deshalb legt Amma so viel Wert auf Satsang. Amma veranschaulicht dies mit folgendem Beispiel: Es gibt in Indien Tempel, in denen Papageien göttliche Namen sprechen, z.B. „Ram, Ram, Ram, Ram" oder „Hare, Hare, Hare, Hare" oder auch das Mantra „Om namah Shivaya". Lebt ein Papagei in der Nähe eines Tempels, kann er diese göttlichen Namen und Mantren nachsprechen, weil er hört, wie die Devotees sie beim Tempelbesuch rezitieren. Lebt ein Papagei aber zufällig nahe eines Spirituosenladens oder einer Bar, wo die Leute trinken und sich wüst beschimpfen, wird er nur solche Wörter aufschnappen.

Menschen haben unterschiedlich stark ausgeprägte spirituelle Neigungen. Besucht jemand mit nur geringem Interesse an Spiritualität einen Satsang, kann sich durchaus der Funke des Interesses entzünden. Wie Amma sagt, verbreiten sich schlechte Sitten so rasch wie ein Buschfeuer, während sich gute Gewohnheiten erst nach langer Zeit auswirken. Verwöhnen wir uns drei- oder viermal mit etwas, werden wir völlig abhängig davon.

Trinken wir beispielsweise vier Tage hintereinander Kaffee, bekommen wir am fünften Tag Kopfschmerzen, wenn wir keinen trinken. Geht es jedoch um gute Gewohnheiten, wie z.B. einen regelmäßigen Zeitplan für unsere spirituellen Übungen aufzustellen oder stets nur freundliche Worte zu sagen, sind wir nicht ernsthaft bemüht, sie praktisch umzusetzen, selbst wenn wir schon hundert Mal auf deren Wichtigkeit hingewiesen wurden.

Ganz bestimmt werden wir keine Kopfschmerzen bekommen, wenn wir es nicht tun!

Unsere Sehnsüchte und Anhaftungen werden unser Gemüt immer in weltliche Angelegenheiten hinabziehen. Deshalb benötigt das Gemüt etwas, um emporgehoben zu werden. Amma erzählt häufig das folgende Beispiel:

Wenn Raumfahrttechniker eine Rakete in den Weltraum schicken, bringt die erste Stufe den Satelliten nur auf die Erdumlaufbahn. Um die Erdanziehung zu überwinden, ist eine Trägerrakete notwendig. In gleicher Weise ist unser Geist festgehalten in der Umlaufbahn um das Ego. Wollen wir uns losreißen, benötigen auch wir eine „Trägerrakete" – einen spirituellen Meister. Der Meister wird uns von der Anziehungskraft des Egos fortziehen und uns direkt zu Gott führen. Sind alle Hindernisse auf unserem Weg beseitigt, werden wir fähig sein, alle Begrenzungen zu überwinden und wahre Freiheit zu erlangen.

Viele von uns waren vor der Begegnung mit Amma überhaupt nicht an Spiritualität interessiert. Erst durch den Kontakt mit Amma wurden wir offen für spirituelle Übungen und ein spirituelles Leben. Widerfährt uns jedoch ein Missgeschick, kann unser Interesse an Spiritualität genauso rasch wieder verschwinden wie es auftauchte. Steht alles zum Besten, vergessen wir Spiritualität möglicherweise völlig, in der Meinung, Gottes Hilfe nicht weiter zu benötigen. Dann müssen wir darauf hingewiesen werden, dass es einzig Gottes Gnade zu verdanken ist, wenn alles so gut steht. Deshalb bedürfen wir des Satsang, sowohl um unser Interesse an Spiritualität zu entfachen als auch, um es über längere Zeit aufrechterhalten zu können.

Amma gibt folgendes Beispiel: Wenn wir ein Stück Eisen ins Wasser werfen, geht es unter; befestigen wir es aber auf schwimmfähigem Material, z.B. auf einem Holzklotz, wird es getragen. So ähnlich kann Satsang verhindern, dass unser Geist vollständig in den Attraktionen und Zerstreuungen der Welt untertaucht (vielleicht werden wir nass, doch wir ertrinken nicht). Alles wird einfacher, wenn wir einen Satguru haben. Durch die bedingungslose Liebe und das Mitgefühl eines Satguru, der unser Vorbild ist, können wir viele unserer selbstsüchtigen Wünsche und Anhaftungen überwinden. Wer mit Amma zusammen ist, kann diese Aussage aus persönlichem Erleben heraus verstehen. Es gibt unzählige Beispiele von Menschen, die auf ihre Anhaftung an weltliche Dinge verzichtet haben, nachdem sie Amma begegnet sind. Anstatt weltlichen Verdiensten und Errungenschaften nachzujagen, verbringen sie nun ihre Freizeit mit spirituellen Übungen und dem Dienst an anderen.

Der große Meister *Adi Shankaracharya* sagte:

satsangatve nissangatvam
nissangatve nirmohatvam
nirmohatve niscala tatvam
niscalatatve jīvan muktiḥ

Durch Satsang können wir Anhaftung überwinden.
Überwinden wir unsere Anhaftung, verlieren wir die
Illusion, durch die Dinge der Welt immerwährendes
Glück zu finden.
Wenn wir diese Illusion überwinden, wird unser Geist
still und friedlich.
Diese Geistesstille befreit uns noch zu Lebzeiten aus der
Sklaverei.

Zum Satsang gehört neben Gebet und Meditation auch das Gespräch über spirituelle Themen und Prinzipien, was uns die Natur der Welt und ihrer Objekte besser verstehen lässt. Wir beginnen die Welt rational zu analysieren; wir werden uns bewusst, mit wievielen Menschen und Dingen der Welt wir verquickt sind, und wie es uns bekümmert, wenn sich Menschen oder Dinge verändern oder wenn wir sie verlieren. Sobald wir anfangen zu verstehen, dass Gott ewig ist und dass alles andere eines Tages verschwindet, ist es uns möglich, eine Haltung des Loslassens von allem, mit Ausnahme von Gott oder Atman, zu entwickeln.

Mit dieser Haltung des Loslassens können wir Täuschungen, bzw. falsche Vorstellungen überwinden, wie diese etwa: „Ich bin nur glücklich, wenn ich ein bestimmtes Ding, einen Menschen oder eine bestimmte Errungenschaft besitze." Wenn wir uns von solchen Vorstellungen lösen, werden wir diesen Dingen nicht mehr nachrennen und somit diese Täuschung überwinden. Kommt beispielsweise ein starker Raucher zum ersten Mal zu Amma und sitzt nach dem Darshan lange Zeit neben Amma, merkt er erst beim Aufstehen, dass drei Stunden vergangen sind. Normalerweise hätte er in dieser Zeit mindestens sechs Zigaretten geraucht und wäre ganz nervös geworden, wenn sich ihm keine Gelegenheit zum Rauchen geboten hätte. Als er neben Amma saß, dachte er überhaupt nicht ans Rauchen, und eigentlich fühlte er sich viel glücklicher als sonst. So erkannte er schließlich seine irrtümliche Annahme, dass er zu seinem Glück Zigaretten brauchte. Durch Satsang bei Amma konnte er mit Rauchen aufhören und seine Illusion, Zigaretten würden ihm Glück bescheren, überwinden.

Bevor einer der Brahmacharis in den Ashram kam, wollte er unbedingt Filmstar werden. Er hatte das Gefühl, sein Leben zu vergeuden, wenn er kein berühmter Schauspieler werde. Er kam eigentlich nur zu Amma, um sich ihren Segen für dieses Ziel zu holen. Als er Amma begegnete, war er von ihrer Liebe derart überwältigt, dass er mehrere Tage im Ashram blieb. Als er nach Hause zurückkehrte, spürte er ein solches Verlangen nach Ammas Nähe, dass er wieder zum Ashram fuhr und nie mehr nach Hause zurückkehrte. Seine Sehnsucht, Filmstar zu werden, fiel vollkommen von ihm ab. Er entsagte der Welt aus Liebe zu Amma und konnte seine falschen Vorstellungen von Glück und Erfüllung überwinden. Wenn sich solche Täuschungen auflösen, wird unser Gemüt einigermaßen ruhig und friedlich. Sind wir dagegen vom Wahn befangen, ein bestimmtes Ding könne uns beglücken, setzen wir alles daran, es zu erringen. Unser Gemüt wird durch diesen Kampf völlig rastlos. Werden wir frei von unseren Täuschungen, kommt unser Geist zur Ruhe und wird still und friedlich.

Mit solch ruhigem und friedlichem Geist können wir vollkommene Konzentration in unseren spirituellen Übungen erreichen, was uns endgültig zu *Jivanmukti* führen wird (Befreiung noch zu Lebzeiten).

In einem solchen Zustand werden wir von nichts mehr beeinflusst. Unabhängig von äußeren Dingen oder von Menschen, sind wir vollkommen glücklich und zufrieden – wir haben den größtmöglichen Erfolg errungen.

Amma bringt noch ein anderes Beispiel mit einem Papagei: Angenommen, wir bringen einem Papagei bei, Mantren zu sprechen. Was geschieht jedoch, wenn wir den Papagei aus dem Käfig lassen und ihn eine Katze fängt? Dann wird er keine Mantren sprechen! Er wird auf seine ihm angeborene Weise schreien. Die Mantren sind nämlich nicht tief in sein Herz gedrungen. Dementsprechend sollten wir Satsang mit offenem Herzen in uns aufnehmen, um die ersehnte heilsame Wirkung zu empfangen. Amma sagt immer wieder: Wer in eine Parfümerie geht, den umgibt anschließend ein feiner Duft, auch wenn er dort keinen Cent ausgegeben hat. So wird niemand eine Begegnung mit einem Mahatma erleben, ohne davon nicht wenigstens ein wenig zu profitieren. Noch größer ist der Gewinn, wenn wir ganz offen und frei von Vorurteilen sein können. Auf dem Felsboden des Ego kann die Saat der Gnade nicht gedeihen, sondern nur in dem fruchtbaren Boden eines kindlichen Herzens. Dort wird sie wachsen und reiche Ernte bringen.

Als spirituell Suchender solltest du bestrebt sein, so oft wie möglich an einem Satsang teilzunehmen.

Kapitel 15

Pilgerreise oder Picknick

In Indien unternehmen viele Menschen zu einem bestimmten Zeitpunkt ihres Lebens eine Pilgerreise. In gewisser Hinsicht kann eine Pilgerreise auch als Satsang betrachtet werden, denn an einen heiligen Ort zu pilgern, fördert die Konzentration unseres Geistes auf das spirituelle Ziel.

Eine Pilgerreise ist eigentlich ganz einfach; darunter versteht man zu einem Tempel oder heiligen Ort zu reisen und wieder zurückzukommen. Heutzutage begegnen den Pilgerreisenden allerdings sehr viele Attraktionen auf ihrem Weg – gute Restaurants, schöne Hotels, Kinos, Einkaufsmeilen, bisweilen auch Zirkus oder Zauberkünste. Sind die Pilgerreisenden nicht auf der Hut, werden sie davon so abgelenkt, dass sie darüber das eigentliche Ziel ihrer Reise vergessen und ihre Pilgerfahrt schließlich zum Ferien-Picknick wird.

Einer von Ammas Devotees erzählte mir die Geschichte eines Freundes, der zu einem berühmten Shiva-Tempel in Nordindien gepilgert war. Im Anschluss daran besuchte der Devotee seinen Freund in dessen Haus zufällig und erblickte ein lebensgroßes Foto seines Gastgebers, auf dem Rücken eines Kamels sitzend. Der Devotee fragte ihn: „Was ist denn das? Wo bist du denn auf einem Kamel geritten?"

„Als ich den Shiva-Tempel besuchte", antwortete sein Freund. „Musstest du auf Pilgerschaft gehen, um auf einem Kamel zu reiten? Das hättest du doch im nächsten Dorf machen können" erwiderte der Devotee.

Es war doch eigentlich sein Ziel gewesen, Lord Shiva seine Ehrerbietung zu erweisen und heimzukehren. Statt dass der Mann sich ein Bild von Lord Shiva kaufte, brachte er ein riesiges Foto von sich selbst auf einem Kamel reitend mit nach Hause.

Beweist dies nicht, wie ablenkbar der Geist ist? Kaufleute kennen die Natur des Geistes und wissen, dass selbst Pilgerreisende nicht vollkommen auf Gott ausgerichtet sind. Deshalb können diese Leute an den heiligsten Pilger- und Kultstätten Indiens auf alle nur erdenkliche Weise Geld verdienen, mit Elefanten-, Pferde- und Kamelausritten bis hin zu Gourmet-Restaurants, 5-Sterne-Hotels, Pizzerias und Video-Läden.

Wir lassen uns zwangsläufig von solchen Angeboten verführen und denken: „O, was für eine Chance, da ich noch nie auf einem Kamel geritten bin, will ich sie nutzen!" Selbst auf Pilgerschaft können wir uns nicht auf den eigentlichen Zweck unserer Reise konzentrieren.

Vor einigen Jahren erfüllte Amma den Wunsch einiger Brahmacharis und nahm uns mit auf eine Pilgerfahrt nach Tiruvannamalai, eine heilige Stätte in Tamil Nadu. Dort befand sich der Ashram von Sri Ramana Maharshi und der heilige Berg Arunachala. Wir blieben zwei Tage dort. Am ersten Tag wachten wir wie üblich frühmorgens auf und verrichteten unsere Morgengebete und Meditation. Amma nahm uns mit zum Besuch des Tempels und auf die Spitze des Berges. Nach unserer Rückkehr ging sie in ihr Zimmer und überließ uns, und da wir von der Bergtour müde waren, uns selbst. Nach einem reichlichen Essen verbrachten wir den Nachmittag mit Plaudern und Ausruhen ohne irgendwelche spirituellen Übungen. Abends nach dem Bhajan-Singen fragte uns Amma, wie wir den Tag verbracht hätten. Da wir nichts Besonderes gemacht hatten, konnten wir keine wirklich befriedigende Antwort geben. Als Amma sie vernommen hatte, ging sie wortlos in ihr Zimmer.

Am nächsten Morgen standen wir zur gewohnten Zeit auf. Normalerweise nehmen wir nach dem Aufwachen zuerst ein Bad, gemäß der Tradition, vor den morgendlichen Gebeten zu baden. Einige von uns konnten sich aus Trägheit nicht zu einem Bad bequemen und redeten sich selbst wider besseres Wissen ein, es sei draußen zu kalt.

In diesem Moment rief jemand, Amma sei draußen. Wir schauten raus und sahen, dass Amma in Richtung Mount Arunachala ging, begleitet von Swami Paramatmananda. Er drehte sich nach uns um und rief uns zu, Amma wolle den Berg umwandern. Obwohl einige von uns eben noch ziemlich träge gewesen waren, nahmen wir rasch eine kalte Dusche, als wir gewahrten, dass Amma sich bereits aufgemacht hatte, und eilten hinter ihr her.

Beim Wandern um den Berg blieb Amma bei jedem Schrein und vor jeder Höhle stehen und wies uns an, dreimal „Om" zu singen. An manchen Stellen ließ sie uns niedersitzen und meditieren. Meistens braucht man zur Umrundung des Berges anderthalb Stunden, wir jedoch brauchten sechs Stunden. Den Rest des Tages verbrachten wir in Meditation und mit Bhajans.

Amma erklärte uns später, wir hätten den zweiten Tag unserer Pilgerreise ebenso vergeudet, wenn sie nicht an jenem Morgen herausgekommen wäre. Amma zeigte uns durch ihr eigenes Vorbild die bei einer Pilgerreise gebührende Verhaltensweise. Wir sollten selbst bei scheinbar so einfachen Übungen wie die einer Pilgerreise behutsam und achtsam sein, kann doch selbst die kleinste Unaufmerksamkeit ihren Zweck vereiteln; ganz zu schweigen von noch subtileren Übungen wie Meditation. Wir müssen äußerst wachsam sein. Für spirituell Suchende ist es besser, sich wenn immer möglich von Attraktionen und Zerstreuungen fernzuhalten.

In Kerala gibt es mitten im Wald einen berühmten Tempel, der Sabarimala heißt. In dem Wald leben Wildtiere wie Tiger,

Elefanten und Bären und noch vor dreißig Jahren war diese Gegend sehr gefährlich. Inzwischen führt eine Straße hindurch, so dass man den Wald weniger gefahrvoll durchqueren kann. Der Tempel ist Lord Ayyappa gewidmet. Es gehört zum Brauchtum dieses Tempels, dass Devotees, die dorthin pilgern wollen, sich 41 Tage vorher einem strengen Gelübde unterziehen. Während dieses Zeitraums gilt das Gebot der Keuschheit, man darf weder rauchen, Alkohol trinken, noch Fleisch essen. Früher machte man diese Pilgerschaft zu Fuß. Die Pilger kochten sich ihr Essen am Straßenrand und schliefen auch dort. Sie waren der Natur auf Gnade und Verderb ausgeliefert. Regnete es, wurden sie nass bis auf die Haut; an heißen Tagen wurden sie von der Sonne gebraten. Auf ihrem Kopf trugen sie ein Bündel mit Kokosnüssen, Ghi und Reis, als Opfergabe für den Gott im Tempel. Wenn sie kein Bündel oder Irumudi bei sich hatten, wurden sie nicht in den Tempel eingelassen. Mit ihrem Tapas (Askese) drückten sie ihre Hingabe an Gott aus. Wenn sie dann zurückkehrten, hatten sie eine gewisse spirituelle Energie erworben, da sie all ihre Bequemlichkeiten aufgegeben und eine strenge Disziplin befolgt hatten.

Heutzutage beachten die meisten Leute solche Disziplinen nicht mehr so streng. Viele Menschen unterziehen sich nicht mehr dem 41-Tage-Gelübde. Die meisten nehmen den Bus, statt zu Fuß dorthin zu gehen. Wer kein Irumudi mitbringt, darf zwar nicht die 18 heiligen Stufen zum Haupteingang des Tempels emporschreiten, kann jedoch durch einen Seiten- oder Hintereingang hineinkommen. Viele Menschen bevorzugen inzwischen solche Abkürzungen, wodurch vom eigentlichen Sinn einer Pilgerfahrt viel verloren geht. Zusätzlich zum Ziel sind sowohl unser Einsatz als auch die Beachtung der Regeln auf dem Weg von großer Bedeutung. Diese verschaffen uns spirituelle Kraft und verhelfen uns dazu, Gottes Gnade zu erlangen. Wir können nicht einfach nach Sabarimala fahren, durch die Hintertüre hereinkommen und hoffen, denselben Segen zu erhalten, wie diejenigen, die solche eine Pilgerreise gewissenhaft unternehmen.

Amma erzählt in diesem Zusammenhang folgenden Ulk: Ein Junge kam eines Tages breit grinsend aus der Schule. Sein Vater fragte ihn: „Was war heute in der Schule los? Warum siehst du so fröhlich aus?" Der Junge antwortete: „Wir hatten heute in der Schule Wettkampf in Leichtathletik. Ich bin den 400-Meter-Lauf in 20 Sekunden gelaufen." „Was? Selbst der Weltrekord ist zweimal so hoch. Wie konntest du denn 400 Meter in nur 20 Sekunden laufen?" „Ich nahm eine Abkürzung", sagte der Junge.

Wenn der Junge eine Abkürzung genommen hatte, wie konnte er dann noch von einem 400-Meter-Lauf sprechen? So handeln auch wir dem wahren Geist einer Pilgerreise entgegen, wenn es uns an der gebotenen Disziplin mangelt. Der Sinn einer Pilgerreise liegt darin, Gottes Gnade zu gewinnen; doch selbst dafür wollen wir eine Abkürzung nehmen. In Wahrheit gibt es keine Abkürzung, um Gottes Gnade zu empfangen.

Einst hatte ein Devotee eine Gottesvision. Als er Gott angesichtig wurde, dankte er ihm und sang ihm Loblieder. Gott zeigte sich ihm eine ganze Weile. Der Devotee vermochte all seine Glaubenszweifel auszuräumen. Da Gott seinem Blick noch immer nicht entschwand, wollte der Devotee etwas über das Reich Gottes erkunden und fragte ihn: „O Herr, welche Zeiteinheit gibt es im Himmel?" Gott lächelte und antwortete:

„Eine Million Jahre auf der Erde entsprechen einer Minute im Himmel." Der Devotee war erstaunt und stellte eine weitere Frage: „O Herr, wie ist der Währungskurs im Himmel?" „Ein Dollar in meinem Reich entspricht einer Million Dollar auf Erden", erläuterte Gott dem Devotee. Dieser konnte seinen Ohren nicht trauen und fügte eine weitere Frage an: „O gnadenvoller Herr, wenn dem so ist, würdest du mir bitte einen himmlischen Dollar schenken?" „Gewiss", antwortete Gott. „Warte nur eine Minute."

Amma betont immer, dass die Gnade Gottes nur durch aufrichtiges Bemühen zu gewinnen ist. Für viele Menschen bedeutet eine Reise in Ammas Ashram eine lange Anfahrt mit Flugzeug, Eisenbahn und Auto, und das Leben im Ashram bietet vermutlich nicht den gewohnten Komfort wie zu Hause. Heutzutage kann man sich im Ashram mit dem täglichen Grundbedarf versorgen und sogar Emails senden. In den Anfangsjahren des Ashrams war die Situation total anders. Wir hatten oft keinen Strom. Es gab kein fließendes Wasser; wir mussten Wasser vom Dorfbrunnen herbeischleppen. Manchmal gab es aber auch dort tagelang kein Wasser, so dass wir unser Trinkwasser in dem Dorf auf der anderen Seite des Flusses holen mussten. Anfangs fehlten sogar Schlafplätze. Ammas Eltern ließen die Brahmacharis nicht in ihrem Haus übernachten, weil Ammas Schwestern dort wohnten. Wir schliefen draußen im Sand. Wenn es nachts regnete, saßen wir im Tempel. Angesichts unserer Notlage weigerte sich Amma im Haus zu schlafen. In vielen Nächten schlief sie überhaupt nicht oder dann draußen vor dem Haus, in einiger Entfernung von den Brahmacharis.

Als einige Zeit später Swami Paramatmananda (damals Br. Nealu) in den Ashram kam, brachte er das notwendige Geld zum Bau einer kleinen Hütte mit. Sie hatte Platz für eine Küche, einen Vorratsraum und bot Platz für vier oder fünf von uns, drinnen zu schlafen. Obwohl wir bereits über eine Küche verfügten, hatten wir meistens nicht genügend Lebensmittel zum Kochen.

Manchmal brachten uns Devotees von Amma Speisen, doch wenn mehr Devotees kamen, dann gab Amma ihnen diese Speisen. Sie bestand darauf, dass Besucher-Devotees im Ashram etwas zu essen bekamen, selbst wenn sie und die Brahmacharis dann ohne Essen blieben. Amma ging manchmal in die Nachbarhäuser, um *Bhiksha* (Essens-Opfergaben) für uns zu erbitten.

Obwohl unser Leben, gemessen am Standard, karg war, litten wir nie darunter. Wir waren so auf Amma konzentriert, dass wir den üblichen Komfort der Welt nicht vermissten, nicht einmal die Grundbedürfnisse wie Essen, Wasser und ein Dach über dem Kopf.

Als wir später über die notwendigen Mittel verfügten, ließ Amma im Ashram nur ein Minimum an Komfort zu. Sie möchte jedem, der in den Ashram kommt, den Geist der Entsagung einprägen und sagt: „Wenn Menschen in den Ashram kommen, entsagen sie zumindest einigem Komfort und werden schon dadurch spirituellen Gewinn erlangen." Amma legt sehr viel Wert darauf, dass ihr, wenn ihr in ihren Ashram kommt – was viel Zeit, Geld und Energie beansprucht – etwas spirituelle Kraft und spirituellen Gewinn mit nach Hause nehmt.

Deshalb ist der Ashram, wohin inzwischen Menschen aus der ganzen Welt kommen, bis heute kein Urlaubsort. Ihr werdet ein gewisses Opfer aufbringen müssen, um euch dort aufzuhalten.

Somit kann für Ammas Kinder eine Reise nach Amritapuri zur großartigen Pilgerreise werden. Wenn wir uns dorthin auf den Weg machen, dann in dem Bemühen, diese Pilgerfahrt im richtigen Geist auszuführen. Warten dort Unbequemlichkeiten und kleinere Opfer auf uns, wollen wir sie als Weg zur Entfaltung spiritueller Kraft ansehen und bereit werden, Ammas göttliche Gnade zu empfangen.

Kapitel 16

Das einzigartige Unterscheidungsvermögen

Bestimmte Dinge sind für den Menschen ebenso üblich wie auch für alle anderen Lebewesen. Dazu gehören Nahrung, Schlaf, Fortpflanzung und das Bedürfnis nach Sicherheit. Die Menschen besitzen jedoch eine Eigenschaft, die sie von allen anderen Wesen abhebt, und das ist nicht ihre Intelligenz. Tiere besitzen bis zu einem gewissen Grad auch Verstand. Das, was Menschen einzigartig macht, ist ihre Fähigkeit, Unterscheidungskraft zu entwickeln[5]. (Anm: Im Deutschen entspricht diese begriffliche Differenzierung in etwa der Unterscheidung zwischen „Verstand" und „Vernunft".) Der Alltagsmensch versteht darunter die Fähigkeit, zum Beispiel zwischen richtig und falsch zu unterscheiden oder zwischen Nützlichem und Schädlichem. Ein spirituell Suchender versteht darunter dies alles und noch mehr. Ein spirituell Suchender sollte seine Unterscheidungskraft einsetzen können, um zwischen dem Ewigen (Gott) und dem Nicht-Ewigen, Unbeständigen zu unterscheiden.

Derselbe Verstand, welcher der menschlichen Rasse zu Wohlstand verhilft, ist auch Ursache von Elend und Leid, und zwar deshalb, weil wir unsere Unterscheidungskraft nicht angemessen einsetzen. Verstand ohne Unterscheidungsvermögen (Vernunft)

---

[5] Gemäß vedantischer Auffassung besteht wahre Unterscheidung in der Fähigkeit, das unveränderliche, ewige Selbst von der wandelbaren, vergänglichen Welt zu trennen. (*nitya-anitya viveka*)

kann zu Zerstörung führen. Wenn Menschen Vergewaltigung, Mord, repressive oder terroristische Handlungen begehen oder Bedingungen schaffen, die andere Menschen in Hunger und Armut treiben, dann geschieht das unter anderem durch Ausschaltung ihres Unterscheidungsvermögens. Würden die Leute genau diese Potenziale ihres Körpers, Gemütes und Verstandes zur Nächstenliebe nutzen, um anderer Menschen Tränen zu trocknen und Leiden zu lindern, hätten wir den Himmel auf Erden. Dazu bedürfen wir des Unterscheidungsvermögens.

Wenn wir unser Unterscheidungsvermögen, gepaart mit Verstand, einsetzen, verwenden wir unsere menschlichen Möglichkeiten, um im Miteinander Harmonie und gegenseitiges Wohlwollen zu fördern, das heißt liebevolle, mitfühlende und selbstlose Handlungsweisen. Das unterstützt nicht nur die Weltgemeinschaft, sondern auch jeden einzelnen in seinem Handeln. Nutzen wir unser Unterscheidungsvermögen zu guten Taten, wird unser Geist geläutert und weit.

Amma sagt, viele Dinge unterstehen nicht unserer Kontrolle, obwohl die Menschheit bereits derartig viel Macht errungen hat. Wir können beispielsweise nicht entscheiden, wo wir geboren werden, wer unsere Eltern sind oder welche Talente und Begabungen wir haben werden. Die Welt sähe völlig anders aus, wenn wir das selbst entscheiden könnten. Da derartige Voraussetzungen nicht in unserer Macht liegen, werden wir alle mit unterschiedlichen Talenten und Fähigkeiten, aber auch mit einigen Schwächen und Mängeln geboren. Unter diesen Voraussetzungen sollten wir uns auf unsere Stärken konzentrieren und gleichzeitig unsere Schwächen erkennen, um Erfolg im Leben zu haben. Leider machen viele Menschen das genaue Gegenteil: Anstatt sich auf ihre Stärken und Begabungen zu konzentrieren, fixieren sie sich unter Verkennung ihrer Stärken auf ihre Schwächen. Deshalb verlassen viele Menschen diese Welt wieder, ohne ihre wunderbaren inneren Schätze gehoben zu haben. Psychologen sagen, die Menschen würden nur 10-12 Prozent ihres Potenzials nutzen. Man sagt, selbst Einstein habe nur 25 Prozent seiner intellektuellen Fähigkeiten genutzt. Wenn dem so ist, heißt das, dass wir alle ein großes brachliegendes Potenzial in uns tragen. Wenn wir unsere Unterscheidungsfähigkeit einsetzen, können wir mehr von unserem inneren Potenzial nutzen, indem wir unsere Schwächen in Stärken verwandeln.

Eine Frau in USA verlor ihren Sohn durch einen betrunkenen Autofahrer. Sie hätte leicht Hass auf diesen Mann entwickeln können, der ihren Sohn getötet hatte. Sie entschied sich anders und bekämpfte nicht den alkoholisierten Autofahrer, sondern nahm den Kampf gegen Alkohol am Steuer auf. 1980 gründete sie in Kalifornien zusammen mit einer Gruppe von Frauen die Organisation MADD (Mothers Against Drunk Driving, Mütter gegen Alkohol am Steuer). Die Organisation hat inzwischen in ganz USA mehr als 600 Zweigstellen. Ihre Aktivitäten bereiteten den Weg zu einem Gesetz gegen Alkohol am Steuer, mit dem Erfolg, dass der Prozentsatz an alkoholisierten Autofahrern in den USA drastisch zurückgegangen ist. Was hätte die Frau erreicht, wenn ihr Zorn sich nur gegen einen einzelnen Menschen gerichtet hätte? Sie hatte stattdessen ihr Unterscheidungsvermögen eingesetzt und ihren Zorn so fokussiert, dass die Gesellschaft davon profitierte.

Ein ähnlicher Fall ereignete sich in Indien in einem Eingeborenendorf. Da die Einwohner sehr arm waren, hatten viele von ihnen keine ordentlichen Behausungen. Manche Häuser hatten nicht einmal Türen. Eines Nachts drang ein Landstreicher in eine Hütte ein und versuchte dort eine schlafende Frau zu vergewaltigen. Die Frau konnte sich zwar verteidigen und den Eindringling abwehren, wurde dabei jedoch schwer verletzt. Als sie, das Opfer, von ihren Verletzungen genas, brannte sie noch vor Zorn. Dennoch nutzte sie ihren Zorn kreativ und versuchte nicht, sich an einem einzelnen Menschen zu rächen. Sie brachte stattdessen entschlossen ihre Stammesmitglieder dazu, gegen ihre Lebensbedingungen vor der Gemeindeverwaltung zu protestieren, damit niemandem dasselbe Schicksal widerführe. Zu guter Letzt bewilligte die Regierung dem gesamten Stamm den Bau ordentlicher, sicherer Häuser. Zusätzlich wurde eine spezielle Polizeitruppe zum Schutz dieser Gegend aufgestellt.

Amma erzählte in ihrer Ansprache 2002 bei der Welt-Friedens-Initiative religiöser Frauen und Spiritueller Führerinnen die wahre Geschichte einer Frau, deren Mann von Terroristen getötet wurde. Ihr Sohn war noch jung, als er seinen Vater verlor, und er schwor, eines Tages Rache zu nehmen. Er plante, einer rivalisierenden militanten Gruppe beizutreten, zur Vergeltung an der Gruppe, die seinen Vater getötet hatte. Als er seiner Mutter davon erzählte, riet sie ihm: „Mein Sohn, sieh doch, in welch elender Verfassung unsere Familie ist. Schau doch, wie uns dein Vater überall fehlt und sieh dich selbst an, wie traurig du bist, ohne die Liebe eines Vaters aufzuwachsen. Bist du nicht niedergeschlagen, wenn du siehst, wie andere Väter ihre Kinder zur Schule bringen und hättest du nicht auch gerne einen Vater? Wenn du dich an denen rächst, die deinen Vater getötet haben, was erreichst du anderes als noch mehr Leid und Not? Soll sich noch mehr Leid in den Gesichtern unserer Gesellschaft spiegeln? Das, wofür wir uns wirklich einsetzen sollten, ist die Entwicklung von Liebe und Brüderlichkeit, denn das ist der einzige Weg zum Frieden für uns und andere. Deshalb, mein Sohn, ist es das Beste, zu unterscheiden und aus dem Herzen heraus zu handeln."

Der Junge nahm sich die Worte seiner Mutter zu Herzen und verwarf seinen Plan, einer terroristischen Gruppe beizutreten, auch als sie versuchten, ihn anzuheuern. Als er Jahre später Amma traf, brachte er ihr ein Gebet dar: „Bitte gib diesen Terroristen, die voller Hass und Gewalt sind, das richtige Verständnis. Und bitte fülle die Herzen derer, die schweren Gräueltaten und Leiden ausgesetzt waren, mit dem Geist der Versöhnung. Sonst wird die Situation nur noch schlimmer und die Gewalt nimmt kein Ende.“

Amma sagt, das lebensrettende Gegengift gegen Schlangenbisse wird eigentlich aus genau demselben Gift gewonnen, das auch im Schlangenbiss enthalten ist. Genauso können unsere negativen Gefühle und Schwächen umgewandelt werden in Stärken, wenn wir mit Unterscheidungsfähigkeit und guter Motivation handeln.

Handeln wir andererseits ohne Unterscheidungssinn, verkehren sich sogar unsere Stärken oder Talente in Schwächen. Es gibt beispielsweise Leute, die sich wegen ihres Redetalents in der Verkaufsbranche hervortun. Wenn sie jedoch zu sehr auf ihren Kunden einreden, wird der sich nicht überreden lassen, das Produkt zu kaufen, sondern lieber das Weite suchen. Somit kann ihr Redetalent, das beim Verkauf eines Produktes durchaus nützlich ist, den Kunden vom Kauf abhalten, wenn es ununterbrochen eingesetzt wird. Aus einem übertrieben eingesetzten Redetalent wird dann ein Nachteil.

Zur Illustration dieses Sachverhaltes fällt mir eine Scherzgeschichte ein. Während der Französischen Revolution wurden drei Männer zur Guillotine geschleppt. Ein Priester begleitete sie, um ihnen die Letzte Ölung zu geben. Dem ersten Mann wurde befohlen, seinen Kopf auf den Block zu legen. Als das Fallbeil ausgelöst werden sollte, fiel es nicht auf seinen Hals, sondern blieb stecken. Der Priester deutete es als Zeichen Gottes, gab den Mann frei mit den Worten, Gott habe ihm seine Sünden vergeben. Dasselbe passierte dem zweiten Mann. Der dritte Mann war zufällig Ingenieur. Als er zur Guillotine gebracht wurde, schaute er hoch und erklärte: „Oh, ich sehe das Problem!“ und gab Anweisungen zur Reparatur der Guillotine. Sie wurde sofort instandgesetzt, und der Ingenieur verlor seinen Kopf. Der Ingenieur hatte hier seine Talente gebraucht ohne Unterscheidungsvermögen. Unser Unterscheidungsvermögen (Viveka) ist erforderlich bei der Wahl der Werte, die unser Leben bestimmen sollen, andernfalls werden selbst die besten Dinge und Möglichkeiten im Leben nutzlos und führen uns ins Elend. Viele Leser werden die Redewendung kennen: „Alles, was er anfasst, wird zu Gold", worunter man die Fähigkeit versteht, enorm viel Geld mit scheinbar geringem Einsatz zu verdienen. Dieses geflügelte Wort ist dem griechischen Mythos von König Midas entlehnt, dessen größter Ehrgeiz es war, Reichtümer anzuhäufen. Eines Tages erschien vor ihm eine Göttin und versprach ihm die Erfüllung eines Wunsches; er könnte bitten, um was immer er wollte. Der König war überglücklich. Er bat sie um die Gabe, alles, was er berührte, in Gold zu verwandeln. Obwohl ihn die Göttin vor den Folgen einer solchen Fähigkeit warnte, war seine Gier so groß, dass er ihre Worte in den Wind schlug. Er wollte sich nichts anderes wünschen. Schließlich gewährte es ihm die Göttin und von diesem Augenblick an wurde alles, was der König berührte, zu Gold.

Nicht lange und der König verspürte ernsthafte Schwierigkeiten. Als er sich zum Frühstück niederließ, verwandelten sich alle Speisen, die er berührte, in Gold. Da er keine Schüssel voll goldenen Getreides essen konnte, rief er seine einzige Tochter um Hilfe. Sie kam in seinen Raum geeilt und er umarmte sie liebevoll. Hei! Schon erstarrte sie zu einer goldenen Statue. Der König war geschockt und unglücklich. Er begann laut zu weinen und betete zu der Göttin, die ihn mit dieser Fähigkeit bedacht hatte. Die Göttin erschien vor ihm und fragte den König, ob er mit seiner vergoldenden Berührung glücklich sei. Der König flehte die Göttin an, seine Tochter wieder zum Leben zu erwecken und seine „vergoldende Berührung" wieder von ihm zu nehmen.

Diese Geschichte zeigt, dass entstellte Werte zur Tragödie führen. Manchmal ist es segensvoller, wenn wir nicht bekommen, was wir uns wünschen, als wenn sich unsere Wünsche erfüllen. Unterscheidungsfähigkeit kann uns helfen, positive Werte zu entwickeln, womit unser Leben friedlich und nutzbringend wird für uns und unsere Mitmenschen.

Von einem weiblichen Amma-Devotee hörte ich eine wundervolle Geschichte. Bevor sie Amma begegnete, verbrachte sie einige Zeit in einem anderen Ashram. Sie kam dort eines Nachts sehr spät an und machte in dem ihr zugewiesenen Schlafraum Licht, um ihren Schlafplatz zu finden. Als für einen Moment der Raum erhellt wurde, hörte die Frau eine ärgerliche Stimme rufen „Mach das Licht aus!"

Die Frau löschte schüchtern das Licht, tastete sich an der Wand entlang zu ihrem Schlafplatz und machte im Dunkeln ihr Bett. Kaum war sie ins Bett gekrochen, kam noch jemand an und schaltete ebenfalls beim Hineinkommen das Licht an. Wieder rief die ärgerliche Stimme: „Mach das Licht aus!" Als das Licht kurz im Raum brannte, erkannte die erste Frau in der neuangekommenen Person eine Japanerin, die zum Zeichen ihres erstmaligen Besuchs in diesem Ashram einen orangefarbenen Punkt (auf der Stirn) trug. Die erste Frau war zwar sehr müde, dachte sich jedoch, die andere müsse noch viel erschöpfter sein und zudem orientierungslos. Sie stand deshalb auf und begrüßte die Frau. Sie verneigte sich vor ihr auf traditionelle japanische Art, nahm ihr die Bettlaken ab und ging voraus, um ihr das Bett zu machen.

Abschließend verneigte sie sich noch einmal vor der dankbaren Frau und ging zu ihrem Bett zurück. Vor ihrem Einschlafen öffnete sich die Schlafsaaltüre nochmals und wieder wurde das Licht angemacht. Wie ein Uhrwerk ertönte erneut das Kommando: „Mach das Licht aus!" Als die erste Frau sich anschickte, aufzustehen, sah sie die Japanerin aufstehen und die dritte Ankommende in dieser Nacht begrüßen. Die Japanerin verneigte sich vor der dritten Frau, nahm deren Bettlaken und machte ihr das Bett. Die Japanerin war einfach der Meinung, das sei in diesem Ashram so Sitte.

Diese Geschichte zeigt, dass wir durch Beispiele lernen, jedoch mithilfe unserer Unterscheidungsfähigkeit wählen können, welchem Beispiel wir folgen und welches wir ignorieren. Die Japanerin hätte einfach das Kommando „Licht ausmachen!" übernehmen können. Stattdessen war sie so klug und unterscheidungsfähig, dem selbstlosen Beispiel der Frau zu folgen, die ihr hilfreich zur Seite gestanden hatte.

Mir fällt eine andere Geschichte ein, die den wahren Wert von Unterscheidungsfähigkeit veranschaulicht. Vermutlich erinnert sich manch einer an das verheerende Erdbeben, das im Januar 2001 den indischen Staat Gujarat heimsuchte. Tausende von Menschen kamen um und noch viel mehr wurden verletzt oder verloren ihre Lieben, ihre Häuser und wurden all ihrer Hoffnungen und Träume beraubt. Ammas Ashram nahm sich ihrer an und baute drei der am schlimmsten zerstörten Dörfer wieder auf. Nach dem Wiederaufbau besuchte Amma das Gebiet und die dortigen Bewohner. Ein Mann erzählte Amma, er sei nun noch entschlossener als zuvor, ein erfolgreicher Geschäftsmann zu werden, obwohl er bei dem Erdbeben seine gesamte Familie und alles Hab und Gut verloren hatte. Ein anderer Mann, der vor dem Erdbeben ebenfalls als Kaufmann tätig war und dasselbe Schicksal erlitten hatte, erzählte Amma, dieses Unglück habe ihm die unbeständige Natur weltlichen Besitzes und aller Anhaftungen vor Augen geführt, und er habe nur noch die eine Sehnsucht, in Gott aufzugehen. Obwohl beiden Männern dasselbe Schicksal widerfahren war, versuchte der eine noch immer unter Aufbietung all seiner Kräfte weltliches Glück zu erhaschen, das doch jeden Moment dahinschwinden konnte. Der andere vermochte mithilfe seiner Unterscheidungsfähigkeit nach dauerhaftem Frieden und Glück zu suchen.

Das erste Kapitel der *Bhagavad Gita* heißt *arjuna-vishaada-yogah* oder „Arjunas Yoga der Verzweiflung". Vielleicht fragt man sich verwundert, wie Verzweiflung zu Yoga (als ein Prozess der Vereinigung mit Gott) werden könne. Wenn Eltern ein Kind verlieren, können sie auf zweierlei Weise darauf reagieren: Entweder mit dem Gefühl, alles verloren zu haben und keinen Ausweg mehr zu finden, oder sie können über die Wahrheit der veränderlichen Natur der Welt nachdenken und sich selbst fragen: „Was ist jetzt? Ich dachte, mein Kind werde lange leben und mir viel Glück schenken. Nun ist es gegangen. Was ich als dauerhaft vermutete, war nur von kurzer Dauer. Wenn ich meine Hoffnungen auf solch vergängliche Dinge richte, bin ich verurteilt zu verzweifeln. Lass mich stattdessen von etwas Dauerhaftem abhängen, das mich niemals verrät." Wenn wir uns auf diese Weise besinnen, können wir uns Gott zuwenden. Somit kann uns jede schmerzliche Erfahrung Gott näher bringen.

Die Hindu-Schriften lehren, dass jedem Menschen zwei Wege offen stehen. Der eine wird *Preyo Marga* genannt oder das Streben nach materiellem Glück, wie Reichtum, Macht, Ruhm usw. Dieser Pfad ist ein nicht endender Kreis, der uns fortwährend an *Samsara* gebunden sein lässt, an den Kreislauf von Geburt und Tod. Der zweite Pfad wird *Shreyo Marga* genannt oder das Streben nach dem höchstmöglichem Glück, d.h. der Erkenntnis unseres eigenen Göttlichen Selbst. Dieser Pfad wird uns aus dem Kreislauf von Geburt und Tod hinaus in die ewige Freiheit führen.

Das heißt nun nicht, dass wir im Bestreben nach dem höchstmöglichen Glück materiell nichts besitzen dürften, doch wir sollten uns der Begrenzungen weltlicher Dinge bewusst sein. Dieses Bewusstsein sollte uns anspornen, nach dem zu streben, was grenzenlos ist. Das ist nur Gott, unsere eigene wahre Natur. Amma erzählt oft die Geschichte vom Sterben des griechischen Herrschers Alexanders des Großen, um uns daran zu erinnern, dass wir weder auf diese Welt etwas mitbringen noch irgendetwas mitnehmen, wenn wir sie wieder verlassen.

Wie allen bekannt ist, war Alexander ein großer Krieger und Herrscher, der nahezu ein Drittel der damals bekannten Welt erobert hatte. Er wollte sich zum Herrscher über die ganze Welt aufschwingen, wurde dann aber sterbenskrank. Wenige Tage vor seinem Tod rief Alexander seine Minister zusammen und erklärte ihnen, wie er seinen Leichnam bei der Beerdigungsprozession getragen wünschte. Er erläuterte ihnen, dass er sich Öffnungen auf jeder Seite seines Sarges wünschte, aus denen seine Hände mit offenen Handflächen heraushängen sollten. Die Minister fragten ihren Herrn, warum er das so wollte.

Er erklärte, auf diese Weise würde jeder erkennen können, dass „Alexander der Große", der sein Leben lang um Besitztümer und um die Eroberung der Welt gekämpft hatte, diese Welt mit völlig leeren Händen verlassen hatte. Dann würden sie wohl begreifen, wie vergeblich es ist, sein Leben damit zu verbringen, der Welt und ihren Dingen nachzujagen. Viveka ist die Fähigkeit, zwischen Beständigem und Unbeständigem zu unterscheiden, sich nur an das Beständige zu halten und zu versuchen, es zu erlangen. Im spirituellen Verständnis ist einzig der Atman beständig. Alles andere ist unbeständig. Dazu heißt es in den Schriften: „Atman war in der Vergangenheit da, er ist jetzt hier und er wird in Zukunft sein." Deshalb wird Er die eigentliche Wahrheit genannt. Im Verständnis der Hindu-Schriften ist Wahrheit nur das, was in allen drei Zeiten (Vergangenheit, Gegenwart und Zukunft) existiert, ohne je zu wachsen, zu vergehen oder sich zu verändern. Wenn irgendjemand oder irgendetwas, das einem im Leben begegnet, diesen Test besteht, kann jene Person oder jener Gegenstand mit Fug und Recht die höchste Wahrheit genannt werden – andernfalls ist es nicht Wahrheit im vollen Sinne. Wenn wir *Viveka* (unterscheidende Vernunft) üben, wird uns deutlich, dass nichts diesen Test bestehen kann, kein Ding, kein Mensch, kein Ort. Dann endlich wird uns aufgehen, wie viele Dinge, an die wir uns klammerten oder die wir unbedingt erlangen wollten, nicht der Mühe wert sind.

Amma wünscht sich von uns, dass wir die Unbeständigkeit der Welt und ihrer Dinge begreifen. Sie alle sind nur vorübergehend und können uns niemals über den Tod hinaus begleiten.

Es ist ersichtlich geworden, dass Unterscheidungskraft sehr wichtig ist. Wir können sie nutzen, um unsere Schwächen in schöpferische Kraft umzuwandeln und diese Kraft dann auch so kompetent wie möglich einzusetzen. Das wird uns in unseren lebenslangen Bestrebungen um Erfolg unterstützen, darin eingeschlossen unser Bemühen um den letztendlichen Erfolg, die Selbst-Verwirklichung.

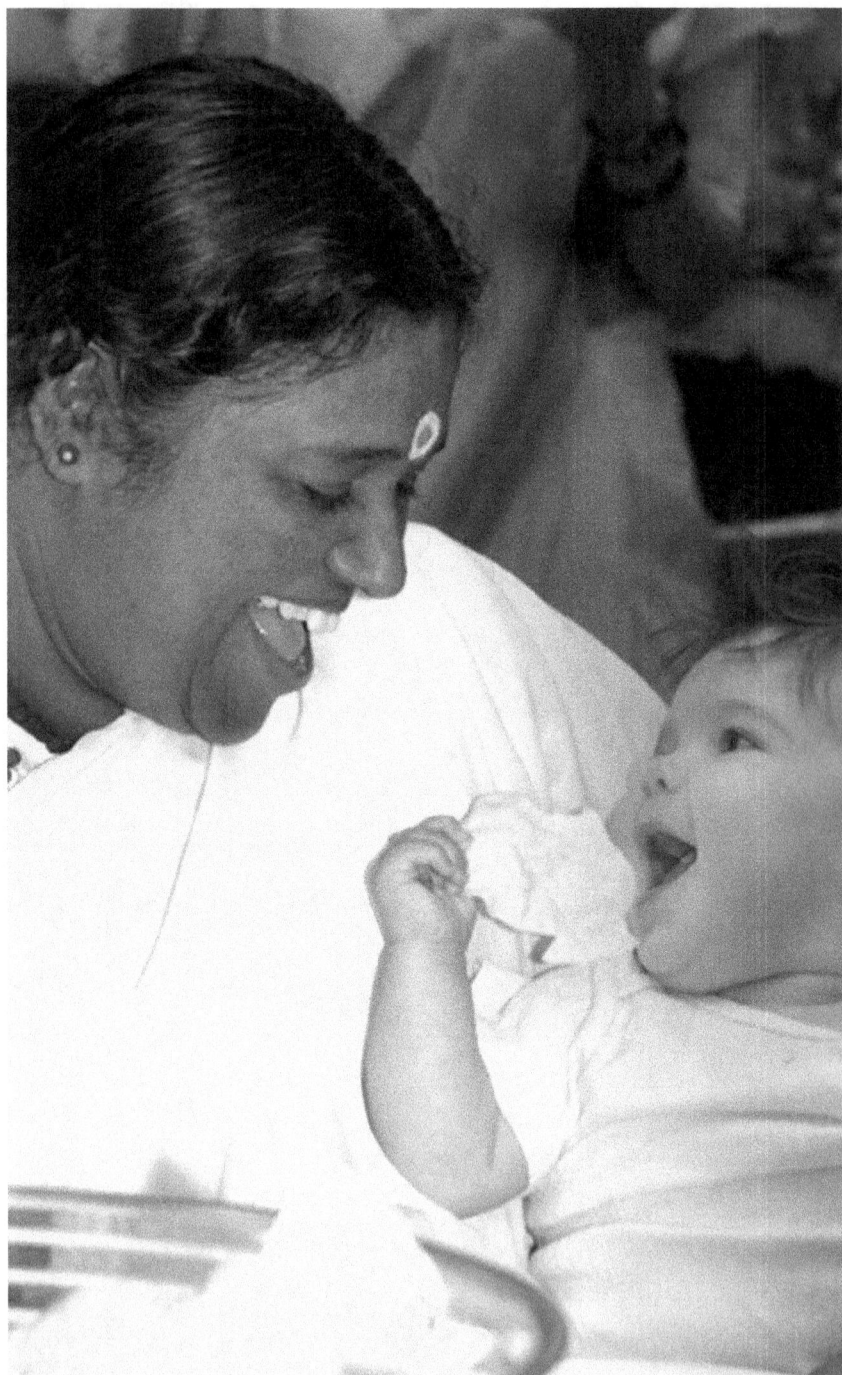

Kapitel 17

Vom Unterscheidungsvermögen zur Nicht-Anhaftung

W enn wir unser Viveka (Unterscheidungsvermögen) angemessen einsetzen, entsteht in uns Vairagya. Vairagya bedeutet Loslösung von allem Unwahren oder Vergänglichen. Mit der Einsicht, dass Menschen und Dinge in unserem Leben nicht die Höchste Wahrheit sind, werden wir automatisch unabhängig von ihnen. Das heißt nun nicht, dass wir sie nicht mögen oder uns nicht um sie kümmern, sondern einfach, dass wir nichts von ihnen erwarten. In einer normalen Beziehung hängt die Liebe zu einem anderen sehr davon ab, wieviel wir von ihm bekommen. Unsere Zuneigung verringert sich, wenn wir vom anderen nicht bekommen, was wir uns von ihm wünschen. Um ein Beispiel von Amma zu zitieren: Wir kümmern uns um die Kuh, solange sie Milch gibt; gibt sie dann keine Milch mehr, verkaufen wir sie bedenkenlos an den Metzger. Dies entspricht der Natur normaler weltlicher Liebe.

Sobald in uns Nicht-Anhaftung entsteht, hängt die Liebe für andere nicht mehr davon ab, was wir von ihnen bekommen. Wir lieben sie einfach um der Liebe willen. Diese Nicht-Anhaftung bezieht sich auch auf Dinge und Besitztümer, d.h. wir können das Beste aus den Dingen machen, die uns zur Verfügung stehen. Verlieren wir etwas oder können wir es nicht bekommen, beunruhigt uns dieser Verlust oder Mangel nicht weiter.

Es wird erzählt, dass Aristoteles einst zu seinem Schüler, Alexander dem Großen, sprach: „Solltest du jemals nach Indien kommen, dann bringe einen Yogi mit nach Griechenland." Als sich Alexander der Große viele Jahre später im Himalaja aufhielt, begegnete er einem Yogi, der auf dem Boden saß. Alexander erinnerte sich an den Wunsch seines Lehrers und ging auf den Yogi zu mit den Worten: „Wenn du mit mir kommst, werde ich dich vermögender machen als einen König. Du wirst dein eigenes Anwesen besitzen und beliebig viele Diener, die darauf warten, dir jeden Wunsch zu erfüllen."

Der Yogi hörte sich Alexanders Angebot an und lehnte höflich ab: „Es gibt nichts in der Welt, das ich benötige oder begehre. Falls du mir einen Gefallen tun möchtest, gehe doch bitte zwei Schritte zur Seite, damit ich mich der Sonnenstrahlen erfreuen kann." Der Yogi war vollkommen losgelöst von den Dingen der Welt. Es war für ihn belanglos, ob er in einer Höhle oder auf einem Landsitz saß. Er erfreute sich innerer Glückseligkeit.

Vielleicht meinen wir, es sei für einen Yogi im Himalaja einfach, losgelöst zu sein, doch für uns, mit all unseren Verpflichtungen und unserem Besitz sei das unmöglich. Schaut doch auf Amma. Sie hat wesentlich mehr Verpflichtungen als wir, und obwohl sie ihnen mit äußerster Sorgfalt nachkommt, ist sie vollkommen losgelöst. Jemand fragte Amma einmal: „Du hast so viele Einrichtungen und Ashram-Zentren. Wie fühlt sich das für dich an?"

Amma erwiderte: „Obwohl die Erdnuss in der Schale steckt, ist sie nicht mit der Schale verbunden. So wie eine Schlange ihre Haut abwirft, kann Amma dies alles jederzeit loslassen. Sie ist von nichts abhängig."

Wir bekommen manches im Leben und verlieren manches auch wieder. Nichts bleibt uns für immer. Dinge und Menschen verlassen uns eines Tages und wenn nicht sie uns, dann werden wir sie verlassen – spätestens im Augenblick unseres Todes. Gelingt es uns, losgelöst zu leben, wird unser Gemüt ruhiger und wir lassen uns in unseren spirituellen Übungen nicht von Schwierigkeiten und Herausforderungen des Lebens beeinträchtigen. Nur wenn wir auf etwas fixiert sind, kann uns das unglücklich machen. Wird beispielsweise das Auto unseres Nachbarn mutwillig beschädigt, nehmen wir daran vielleicht Anteil, aber vermutlich ohne uns darüber zu ärgern oder aufzuregen. Sollte jedoch dasselbe mit unserem Auto passieren, gerieten wir in Rage und wenn wir sehr an dem Auto hängen, würden wir gar mit Gott hadern und ihn fragen, wie er das zulassen könne. Das Maß an Leiden, das wir empfinden, wenn ein Gegenstand sich verändert oder verloren geht, hängt unmittelbar davon ab, wie sehr wir an diesem Gegenstand haften.

Es gab einst einen Geizigen, der sogar den Pfennig im Abflussrohr aufhob. Eines Tages rief ihn sein Nachbar bei seiner Arbeitsstelle an, um ihn zu informieren, dass sein Haus abgebrannt sei. Bevor er das dem geizigen Mann berichtete, bat er ihn jedoch, sich hinzusetzen, in der sicheren Meinung, der Mann werde in Ohnmacht fallen, wenn er von seinem Verlust hörte. Der Geizige begann aber nach dem Bericht seines Nachbarn zu lachen, was diesen erstaunte. Der Nachbar dachte, der Mann sei wegen der schockierenden Nachricht übergeschnappt und fragte ihn deshalb: „Warum lachst du? Hast du deinen Verstand verloren?"

„Nein", erwiderte der Geizige, „ich habe das Haus vor drei Tagen verkauft."

Er konnte über diese Nachricht lachen, da das jetzt nicht mehr sein Haus war. Bei derselben Nachricht vier Tage vorher hätte er sicher so reagiert, wie sein Nachbar erwartete. Diese Freiheit erwächst aus Losgelöstheit, wir haben das Gefühl, die Dinge der Welt, selbst diejenigen, die sich in unserem Besitz befinden, gehören uns nicht. Deshalb empfinden wir keine Anhaftung den

Dingen (oder Menschen) gegenüber und es bekümmert uns nicht, wenn sie sich verändern oder wenn sie weggehen.

Es gab einmal einen Hütejungen, der täglich die Kühe zum Grasen auf die Weide brachte. Wenn sie genug gefressen hatten, band er sie an Bäumen oder Pflöcken fest, damit sie ruhen konnten. Abends, wenn die Sonne tief stand, löste er ihre Stricke und die Kühe begannen nach Hause zu laufen. Eines Tages brachte er die Kühe nach dem Grasen zu ihrem üblichen Rastplatz, machte jedoch keine Anstalten, sie festzubinden, da er wusste, dass sie als Gewohnheitstiere nicht weglaufen würden.

Als er am Abend zurückkam, ließen sich die Kühe nicht dazu bewegen, nach Hause zu laufen, so sehr er sich auch bemühte. Die Tiere standen alle einfach nur da – diejenigen, die vorher gelegen hatten, waren aufgestanden – ohne sich vom Fleck zu rühren. Der Hütejunge, der sehr intelligent war, begriff, worin das Problem bestand. Er ging in die Nähe der Bäume und tat so, als wolle er die Stricke lösen, obwohl die Tiere diesmal nicht an den Bäumen festgebunden waren. Da die Kühe nicht gemerkt hatten, dass sie nicht angebunden waren, dachten sie: „Wohin können wir denn laufen, wenn er nicht unsere Stricke löst?" Erst als der Junge vorgab, die Stricke zu lösen, setzten sich die Kühe in Bewegung.

Unsere Anhaftungen entsprechen genau dem Zustand unseres Gemütes. Wenn ich sage, ich bin ans Fernsehen gebunden, so heißt das nicht, dass mich ein Seil am Fernsehen anbindet. Unsere Anhaftungen – seien es unser Fernsehgerät, Haus, Auto, unsere Verwandten oder Freunde – sind mentale Projektionen. Demzufolge können wir unsere Anhaftungen mit der nötigen geistigen Entschlusskraft überwinden. Amma sagt: „Die Dinge sind nur kurze Zeit bei euch. Sie gehörten jemand anderem, bevor ihr da wart, und sie werden wieder jemand anderem gehören, wenn ihr gegangen seid. Würden eure Besitztümer euch tatsächlich gehören, blieben sie für immer bei euch. In Wahrheit gehört euch nichts wirklich."

Da wir wissen, dass uns eines Tages alles verlassen wird, sollten wir uns lediglich als von Gott berufene vorübergehende Hüter unseres Besitzes verstehen. Dann trifft es uns nicht zu sehr, wenn uns Dinge abhanden kommen oder Menschen von uns gehen. Da alles Gott gehört, werden wir begreifen, dass Er alle Dinge und Menschen nach Belieben von uns nehmen kann. Problematisch wird es nur, wenn wir meinen: „Das gehört mir." Besitzdenken ist eine der Hauptursachen unseres Elends.

In Wirklichkeit sind wir an nichts gebunden. Die Schriften sagen: „Alles gehört dem Atman, doch Er gehört zu nichts und niemandem – er ist völlig frei, und du bist dieser Atman."

Kapitel 18

Die Natur der Welt verstehen

Wollen wir uns vor Enttäuschungen bewahren, müssen wir auf alle möglichen Folgen unserer Handlungen gefasst sein. Amma gibt uns dazu ein sehr praktisches Beispiel. Beim Berühren einer Flamme mit unserem Finger verbrennen wir uns, doch wir werden uns weder über die Flamme ärgern noch sie hassen. Wir sind stattdessen beim nächsten Mal vorgewarnt und achten darauf, nicht direkt ins Feuer zu fassen, da wir uns nicht wieder die Finger verbrennen wollen. Das Feuer, an dem wir uns anfangs verbrannt haben, kann für uns nützlich werden, indem wir nun anders damit umgehen. Wir alle haben entsprechende Erfahrungen gemacht. Wenn die Dinge nicht den von uns gewünschten Gang nehmen, sollten wir unsere Einstellung ihnen gegenüber ändern.

Vor ein paar Jahren verließen einige Leute den Ashram, was uns sehr aufbrachte. Amma war keineswegs aufgebracht. Sie erklärte uns: „Ich erwarte von niemandem, bis zu seinem Tod bei mir zu bleiben. Jeder kann jederzeit, wenn er möchte, wieder gehen. Ich erwarte nie etwas. Selbst wenn alle Swamis den Ashram verlassen, werde ich weiterhin das tun, was ich tun muss."

Amma lebt in derselben Welt, in der wir leben, doch die Art und Weise, wie wir auf die Welt bezogen sind, ist anders als Ammas Beziehung zur Welt. Wenn wir glücklich und voller Friede sein wollen, bleibt uns nichts anderes übrig als unsere Beziehung zur Welt zu ändern.

Eine Stadt wurde von einer Rattenplage heimgesucht. Die Bürger waren erbost, dass die Ortsverwaltung das Problem nicht in den Griff bekommen konnte. Der Bürgermeister initiierte daraufhin unter dem Druck seiner Wähler ein neues Projekt: „Ausrottung von Ratten", um dann nach einigen Monaten angestrengter Bemühungen feststellen zu müssen, dass dies kein einfaches Unterfangen war. Die wegen mangelnden Erfolgs frustrierten Bürger protestierten erneut. In der Hoffnung die Erwartungen der Leute runterzuschrauben, gab der Bürgermeister seinem Projekt einen neuen Namen: „Rattenkontrolle." Bald schon musste er feststellen, dass die Ratten weder kontrolliert noch ausgerottet werden konnten. Als die Leute erneut auf die Straße gingen, verkündete der verzweifelte Bürgermeister sein neuestes Projekt: „Koexistenz mit Ratten".

Es ist nicht möglich, alle Probleme der Welt und unseres Lebens zu lösen. Wir bekommen vielleicht bis zu einem bestimmten Grad unsere Probleme in den Griff und müssen lernen, das zu akzeptieren, was sich unserer Kontrolle entzieht.

Einst ging ein Mann, der viele Probleme zu bewältigen hatte, zu einem vedischen Astrologen und befragte ihn nach seiner Zukunft. Der Astrologe sagte ihm: „O, Sie gehen durch eine sehr schlechte Periode. Sie sind seit 15 Jahren unter dem Einfluss von Rahu und das geht noch drei weitere Jahre so. Es wird weiterhin sehr schwierig für Sie werden."

„Was passiert danach?"

Der Astrologe sah ihn voll Mitgefühl an. „Anschließend werden Sie 12 Jahre lang unter dem Einfluss von Jupiter stehen. Für die meisten Menschen würde das eine Verbesserung bedeuten, doch in Ihrem besonderen Fall ist das anders. Jupiter ist bei ihnen so schlecht platziert, dass Ihnen daraus nur Probleme entstehen werden."

„Und nach Jupiter?"

„Nach Jupiter stehen Sie 19 Jahre lang unter Saturn. Das gibt sogar noch mehr Probleme als in den Jahren zuvor."

Der Mann fragte: „Was kommt dann? Werden meine Probleme dann endlich aufhören?"

Der Astrologe erwiderte: „Danach werden Ihre Probleme keine mehr für Sie sein, da Sie inzwischen an alle nur erdenklichen Probleme gewöhnt sind."

Amma rät uns, in Krisenzeiten und bei Enttäuschungen lieber unsere Segnungen zu zählen als unsere Probleme. Es gibt immer viele Dinge, für die wir Gott dankbar sein können. Amma sagt, wir sind derart fixiert, über Dinge zu klagen, die wir nicht besitzen, dass wir die guten Dinge, die wir bereits besitzen, aus dem Blick verlieren.

Wer gibt uns abends, wenn wir schlafen gehen, eine Garantie dafür, dass wir am nächsten Morgen wieder aufwachen? Wir wissen nicht einmal, was im nächsten Moment passieren wird. Das menschliche Leben ist stets gefährdet. Alles kann jederzeit passieren. In Gujarat war 2001, wenige Minuten vor Ausbruch des zerstörerischen Erdbebens, alles ganz ruhig. Fünf Minuten später waren viele Häuser, Hoffnungen und Leben vernichtet. So ist unser Leben, es ist so zerbrechlich. Wenn ein bestimmter Nerv reißt, kann ich meinen Arm nicht mehr heben. Das ist eine Sache von Sekunden.

Was können wir in solch einer Welt tun? Wir sollten versuchen glücklich zu sein mit dem, was wir haben. Es ist natürlich nicht verwerflich, nach mehr zu streben. Es gibt keine Garantie, dass es uns gelingt, und falls doch, sollten wir Gott dafür danken. Wir sollten Gott sogar morgens beim Aufwachen danken. Jeder Tag, jeder Augenblick unseres Lebens ist ein Segen Gottes.

Mir fällt eine Fabel ein. Eines Tages versammelten sich alle Insekten vor Gott, um ihrem Kummer über das Leben auf der Erde Luft zu machen. Die Moskitos ließen sich aus: „Herr, du gabst uns einen Rüssel zum Stechen und zum Aufsaugen von Menschenblut, du hast Menschen geschaffen mit Fleisch und viel Blut und hast uns einen dünnen Körper und Flügel gegeben, um bei Gefahr wegzufliegen. Du warst uns gegenüber so gütig und freundlich. Und doch haben wir ein Problem: Warum hast du unseren Feind, den Wind erschaffen? Immer wenn wir unser köstliches Mahl genießen wollen, weht der Wind und wir müssen um unser Leben fliegen. Warum kannst du den Wind nicht von der Erde entfernen?"

Der Herr antwortete: „Meine Kinder, ihr alle seid mir teuer. Ich kann den Fall nicht ohne Anwesenheit des Angeklagten entscheiden. Bringt den Wind her, und dann will ich entscheiden."

Da die Moskitos wussten, dass sie sich davon machen müssten, sobald der Wind käme, luden sie ihn nicht ein, sondern wandten sich stattdessen an einige Freunde.

Ein Moskito sagte zu den Wanzen: „Liebe Brüder und Schwestern, ihr alle seid glücklich. Ihr trinkt das Blut der Menschen nach Herzens Lust. Doch unser Fall ist wirklich beklagenswert. Sobald der Wind kommt, müssen wir fliehen. Habt ihr irgendwelche Vorschläge oder Tipps für uns?"

Eine der Wanzen erwiderte: „Wenn ihr meint, wir hätten es gut, dann hört euch mal unsere Situation an. Wir sind Bettwanzen. Wir haben keine Flügel zum Fliegen, wie ihr. Wir möchten den Herrn bitten, uns Flügel zum Fliegen zu verleihen. Andernfalls bitten wir den Herrn, Menschen ohne Augen zu erschaffen, da die Menschen uns selbst in der hintersten Bettecke finden und zerdrücken oder mit Ungezieferspray töten."

Da schaltete sich die Stechfliege ein: „Unsere Leiden sind unbeschreiblich. Wir setzen uns auf einen Menschen, um sein Blut zu saugen und er versetzt uns einen harten Schlag. Wir sind erledigt, unser Leben ist aus. Irgendwie können wir dennoch oft entkommen, müssen dann aber tagelang darben. Obwohl wir so auf Blut aus sind, bekommen wir keinen einzigen Tropfen. Wir möchten Gott bitten, Menschen ohne Hände zu erschaffen." Der Herr hörte ihren Klagen sehr geduldig zu und schwieg. Was hätte er sagen sollen? Selbst Gott kann über solche Fälle nicht entscheiden; er muss einfach schweigen, da er die Natur der Schöpfung kennt. Könnt ihr euch vorstellen, wie es den Menschen erginge, wenn sich die Wünsche von Moskitos, Wanzen und Fliegen erfüllen würden?

Amma sagt, nicht alle Schwierigkeiten können aus der Welt geräumt werden. Wir sind auf diese Welt gekommen, ob wir das wollten oder nicht. Das Beste, was wir tun können, ist zu versuchen, die Natur der Welt zu verstehen. Ein solches Verständnis, gepaart mit unserem Glauben an Gott oder einen Satguru wie Amma, verleiht uns die Stärke, unseren Problemen positiv ins Auge zu schauen.

Unsere Probleme entstehen vor allem unseres Geistes wegen. Man sagt, nur dem Gemüt sei das Gefühl von Freiheit oder Gebundenheit, Kummer oder Glück zuzuschreiben.

Die meisten Informationen sind nicht wesentlich für unser Dasein. Es wird einen nicht unglücklich machen, wenn man nicht gelernt hat, Differentialrechnungen auszuführen. Es bleibt einem unbenommen, je nach Neigung Botanik zu studieren, und es wird sich nicht negativ auf das Leben auswirken, wenn man keine Neigung dazu hat. Es gibt viele unglückliche Botaniker und Mathematiker. Jeder Mensch allerdings sollte sich die spirituellen Grundgedanken vergegenwärtigen, um ein glückliches und friedliches Leben zu führen. Aus diesem Grund war in der alten indischen Tradition spirituelles Lernen ein wichtiger Aspekt der Erziehung. Heutzutage erachtet man die Shastras (heiligen Schriften) als unzeitgemäß. Wir meinen, es erübrige sich, etwas über Spiritualität zu wissen, um im Leben erfolgreich zu sein. In Wirklichkeit bedürfen wir mehr denn je eines geistigen

Verständnisses – sind doch unsere moralischen Werte aufgrund dieses mangelnden Verständnisses dramatisch abgenommen. Dieser Wertemangel verursacht für die Gesellschaft im Ganzen ebenso wie für das einzelne Individuum Probleme, wie sie bis vor kurzem noch undenkbar waren. Ohne Verständnis für eine spirituelle Grundlage werden wir immer unzufrieden sein und deprimiert, und es wird in unserer Gesellschaft keine Harmonie geben.

Wenn wir die wesentlichen Grundgedanken der Spiritualität begriffen haben, bekommen wir Stärke, nicht körperliche, sondern emotionale Stärke. Vielleicht sind wir körperlich so stark wie Herkules, doch wenn wir Lebensprobleme zu bewältigen haben, wird unsere Körperkraft uns kaum weiterhelfen. In den meisten Krisen hilft uns nur unsere eigene emotionale, aus einem wahren Verständnis der Natur der Welt erwachsende Stärke.

Amma sagt: „Wenn wir unserem Körper minderwertiges Essen vorsetzen, wird unser er krank. Wenn wir unseren Geist mit negativen Gedanken füttern, wird unser Geist ähnlich krank. Genauso wie unser Körper täglich nach guter Nahrung verlangt, braucht unser Gemüt positive spirituelle Gedanken, um stark und gesund zu sein."

Damit soll nicht gesagt werden, Wissen über Spiritualität allein reiche schon aus. Viele von uns verfügen bereits über viele spirituelle Informationen, die jedoch als reine Information nicht wirklich nutzbringend sind. Nur wenn wir unser Wissen praktisch umsetzen, trägt es Früchte. Wie können wir Nährstoffe aufnehmen, wenn wir essen, ohne zu verdauen? Kraft ziehen wir nicht aus den Lebensmitteln, die wir essen, sondern aus dem, was durch die Verdauung der Nahrung umgesetzt wird. Wenn wir vergleichsweise viele spirituelle Bücher lesen und viele Satsangs (spirituelle Vorträge) hören, ohne ihre Lehren ins praktische Leben übertragen zu können, hat das für uns keinen geistigen Nährwert.

Amma betont deshalb den Wert spiritueller Übungen und Anwendung spiritueller Prinzipien in unserem täglichen Leben. Wenn wir uns gewissenhaft mit dem Leben auseinandersetzen, können schwierige Lebensumstände, denen wir ausgesetzt sind, unseren Geist stärken. Unser Geist ist wie ein Muskel, der sich ausdehnt oder schrumpft, je nachdem ob wir ihn viel oder wenig trainieren.

In den Schriften heißt es: „*Panditaha na anusochanthi*" oder: „Weise sorgen sich nicht." Die Schriften erklären uns, dass Sorgen durch Weisheit aufgelöst werden. Weisheit ist Gyana oder die Erkenntnis: „Ich bin weder Körper, Gemüt und Verstand, noch mein Ego. Ich bin eins mit dem Höchsten Bewusstsein." Nur Menschen, die tief in dieser Weisheit verankert sind, können sich freimachen von Sorgen.

Je tiefer wir dies in uns aufnehmen und die Höchste Wahrheit verstehen, desto weniger Kummer werden wir haben. Wenn wir unser Einssein mit dem Göttlichen Bewusstsein realisieren, schwinden all unsere Sorgen dahin –selbst wenn wir Probleme haben, beeinträchtigt uns das nicht mehr.

Anders als unser Glück ist der Glückszustand eines selbstverwirklichten Wesens an keine Voraussetzungen gebunden. Amma benötigt in dieser Welt nichts für ihr Glück, ihre Zufriedenheit oder ihren Gemütsfrieden – sie sind bedingungslos. Ist nicht unsere Situation ganz anders? Unser Gemütsfrieden hängt von so vielen Dingen der Welt ab. Unter bestimmten Voraussetzungen sind wir glücklich und werden unglücklich, wenn diese fehlen. Wir meinen uns wirklich glücklich zu fühlen, wenn wir eine brauchbare Arbeit bekommen oder eine gute Familie haben oder wenn wir heiraten. All dies ist selbstverständlich notwendig für uns, doch es gibt keine Garantie, dass solche Dinge uns für immer beglücken.

Amma sagt, viele Menschen glauben, erst eine Ehe mache sie „komplett" und später sagen sie: „Seitdem ich verheiratet bin, bin ich ‚komplett'." Nimmt man das genauer unter die Lupe, wird offensichtlich, dass eine derartige Einstellung dem Leben gegenüber, nämlich unsere Hoffnungen auf äußere Ziele, Dinge oder Menschen zu fixieren, uns niemals wirklich glücklich und zufrieden machen kann.

Nur die Wissenschaft der Spiritualität kann uns da weiterhelfen. Wer spirituell gebildet ist, verfügt über ein Rüstzeug an Wissen, das ihn davor bewahrt, von den Höhen und Tiefen des Lebens negativ berührt zu werden. Vergleicht man das Leben mit einem Schlachtfeld, ist spirituelles Wissen die Rüstung, die uns vor Verletzungen schützt. Selbst wenn uns verschiedene Pfeile treffen, können sie nicht in die Rüstung eindringen. Die Angriffe können uns nichts anhaben. Selbst im Leben eines Satguru gibt es Probleme, und zwar mehr Probleme als unsereiner sie hat. Für uns ist es oft schon mehr als genug, uns um eine kleine Familie zu kümmern. Man schaue sich Ammas Situation an. Sie hat sich um Tausende, ja um Millionen Familien zu kümmern. Viele Devotees bitten Amma, Partner für ihre Kinder zu finden, einen Familienstreit zu schlichten oder ein Problem zwischen Eheleuten zu lösen. Amma unternimmt sehr oft Schritte, um die Wünsche ihrer Devotees zu erfüllen, selbst wenn sie nicht ausdrücklich darum gebeten wurde.

Als meine jüngere Schwester in das richtige Alter kam, fand Amma einen jungen Mann für sie und richtete ihr die Hochzeit aus. Eines Tages rief mich Amma in Australien an, wo ich gerade Seminare leitete und sagte: „Amma hat die Hochzeit deiner Schwester vorbereitet; sie wird dann und dann im Ashram stattfinden." Ich machte mir überhaupt keine Sorgen um meine Familie und hatte keinen Gedanken darauf verschwendet, ob meine Schwester einen Mann finden würde. Amma kümmerte sich darum. Dies nur als Beispiel; sie sorgt auf ähnliche Weise für Tausende von Familien in der ganzen Welt.

Ein Satguru hat ersichtlich sehr viel mehr Verantwortung zu tragen als wir und wird doch von nichts überfordert oder gestresst, und zwar deshalb, weil ein Satguru das richtige Lebensverständnis besitzt. Nur spirituelle Weisheit schenkt uns eine dauerhafte Lösung unserer Probleme – und zwar die nötige Entschiedenheit, um jedes Problem zu lösen, das gelöst werden kann und die Stärke, mit Gelassenheit jedes Problem anzunehmen, das nicht gelöst werden kann. Es steht uns frei, Mathematik, Botanik oder was uns sonst gefällt zu studieren, doch wenn wir wirklich glücklich werden wollen, bleibt uns keine andere Wahl als spirituelle Weisheit zu erlangen.

In den Schriften heißt es:

kasya sukham na karothi viragaḥ

Wer wird, wenn er losgelöst ist, nicht glücklich sein?

Bei sorgfältiger Analyse unseres Lebens bemerken wir, dass uns viele Dinge, die zu erlangen wir so viel Zeit aufbrachten, mehr Unglück als Glück beschert haben. Wir müssen uns gewaltig ins Zeug legen, um überhaupt etwas Glück von der Welt zu ergattern.

Angenommen, wir möchten uns einen teuren Sportwagen kaufen. Wir glauben damit wirklich glücklich zu werden, sobald er uns gehört. Zuerst müssen wir hart schuften, um das nötige Geld zu verdienen, und wenn wir das Auto erstanden haben, müssen wir hart für die Finanzierung seines Unterhalts arbeiten. Nach einiger Zeit wird er nicht mehr so recht funktionieren und seine Reparaturkosten sind möglicherweise höher als der Kaufpreis, falls der Wagen zuvor nicht schon durch einen Unfall ruiniert wurde. Wenn wir bedenken, wieviel Glück und Zufriedenheit uns der Besitz dieses Wagens brachte und dagegen halten, wieviel Ärger er uns bescherte, fragt man sich, ob es wirklich der Mühe wert war.

Aber selbst wenn wir begreifen, dass uns solche Ambitionen mehr Probleme als Glück einbringen, jagen wir weiterhin weltlichen Dingen hinterher. Wir sind einfach unfähig, unsere Faszination an diesen Dingen zu überwinden. Noch bevor unser Auto mit Totalschaden abgeschleppt wird, denken wir bereits nach, welches neue Modell wir anschließend erwerben wollen.

Es entbehrt jeglicher Logik, sich dauerhaftes Glück von unbeständigen Dingen zu versprechen. Amma sagt: „ Der Versuch, von der Welt dauerhaftes Glück zu erlangen, kommt dem Versuch gleich, den Himmel zusammenzurollen und unter der Achselhöhle zu verstauen, das wird nie geschehen. Solange wir uns nicht nach innen wenden, erreichen wir niemals dauerhaftes oder ewiges Glück."

Möglicherweise glauben wir glücklich zu werden, wenn wir uns bestimmte Sehnsüchte erfüllen. Wir meinen vielleicht, nur zehn Wünsche zu haben und sobald wir diese erfüllt haben, werden wir glücklich und zufrieden sein. Sollte es uns tatsächlich gelingen, alle zehn zu erfüllen, werden wir erstaunt feststellen, dass die Wunschliste von 10 auf 15 angewachsen ist. Nun sind wir sicher, endgültig Frieden zu finden, wenn wir genau diese 15 Wünsche erfüllen. Und falls es uns irgendwie möglich ist, alle 15 zu erfüllen, müssen wir feststellen, dass die Wunschliste bereits auf 20 angewachsen ist. Es braucht Zeit, um all diese Sehnsüchte zu erfüllen. Darüber werden wir schließlich alt und womöglich sterben wir mitten in diesem Prozess. Sich von der Welt Glück zu versprechen, kommt dem Versuch gleich, den Fuß des Regenbogens zu erreichen. Egal, wie weit wir auch reisen, wir werden merken, dass er immerzu noch weiter weg ist.

Woher kommt es, dass alle Menschen instinktiv Freude suchen? Dieser angeborene Drang rührt daher, dass wir Menschen vom Höchsten Sein abstammen, dessen Natur unendliche Glückseligkeit ist. Diese Erfahrung ist tief im menschlichen

Bewusstsein verwurzelt, auch wenn wir uns dessen nicht voll bewusst sind, und so sehnen wir uns alle zutiefst danach, es nochmals zu erfahren. Die Sehnsucht nach Freude ist also in jedem Menschen eingepflanzt, und bewusst oder unbewusst strebt die Menschheit nur diesem Ziel entgegen. Genauso wie das Wasser immer zum Meer hinabfließt und ein Vogel stets seinem Käfig zu entkommen sucht, liegt es in der Natur aller Dinge, danach zu streben, zu ihrem ursprünglichen Zustand zurückzukehren. Der Sinn der Schriften und das Lebensziel eines Satguru liegen darin, den Menschen den Pfad zu zeigen, um heimzukehren in ihren ursprünglichen Zustand grenzenloser und ewiger Freude.

Wir alle halten jedoch am falschen Ort Ausschau nach dauerhaftem Glück. Es kommt uns einfacher vor, zunächst in der äußeren Welt danach zu suchen, da unser Geist außenorientiert ist. Äußerliche Dinge vermitteln nur einen Widerschein vom wahren Glück, wir jedoch nehmen den Widerschein als das wirkliche Ding. Wir meinen, dieses sei außen leuchtend hell und innen düster, Amma jedoch weiß, dass es genau umgekehrt ist. Sie bringt uns behutsam dahin, unseren Blick nach innen zu kehren, um wirklich erfolgreich zu werden.

Nur wenn wir das Ungenügen, das dem Traum vom weltlichen Glück innewohnt, erkennen, können wir uns dem entziehen. Unser Maß an Bewusstheit ist jedoch so gering, dass wir uns selbst dann nicht, wenn wir Bescheid wissen über die Nachteile eines Dinges, von ihm abwenden können. So muss beispielsweise in jeder Zigarettenwerbung darauf hingewiesen werden, dass Rauchen der Gesundheit schadet. Früher wurde das nur ganz klein auf die Zigarettenpackungen gedruckt, doch heutzutage wird im Westen in dicken Großbuchstaben quer auf die Packungen gedruckt: RAUCHEN TÖTET. Noch immer kaufen viele Leute solche Zigarettenpackungen. Dazu ein Witz über einen Kettenraucher. Er erzählt seinem Freund von einer sehr hübschen neuen Werbung für seine bevorzugte Zigarettenmarke in der Tageszeitung; die Wirkung sei allerdings vollkommen verhunzt wegen der gesetzlich vorgeschriebenen Warnung, dass Rauchen der Gesundheit schadet. „Ich war schließlich so genervt, dass ich es aufgab", sagte der Raucher zu seinem Freund. Der Freund war überrascht. „Du hast das Rauchen aufgegeben?" „Nein", erwiderte der Kettenraucher. „Ich habe aufgeben, die Tageszeitung zu lesen."

Selbst wenn der Nachteil offen auf der Hand liegt, sind wir unfähig, von etwas Abstand zu nehmen. Und was wäre noch zu sagen über all die Nachteile weltlichen Glücks, für die es keine Warnhinweis gibt?

Ich möchte hier kein pessimistisches Bild des Lebens an die Wand malen. Die Sichtweise der Schriften, die Sichtweise der Spiritualität, ist weder pessimistisch noch optimistisch – sie ist realistisch. Wenn wir einmal die wahre Natur der Welt verstanden haben, wird es für uns einfach, Nicht-Anhaftung zu entwickeln. Wir werden dann nicht zum Spielball der Launen und Entbehrungen des Schicksals, selbst wenn wir völlig eingetaucht sind in weltliche Verpflichtungen und Beziehungen. Wir wissen dann, dass die wirkliche Quelle des Glücks nicht außerhalb von uns, sondern in uns selbst liegt, und wir werden Zuflucht allein im DAS suchen. Es gab einmal ein Königreich mit einem ganz ungewöhnlichen Regierungssystem. Wer König werden wollte, konnte das nur unter einer Bedingung: Nach fünf Jahren Regierungszeit würde er auf eine einsame Insel gebracht werden, die nur von giftigen Schlangen und wilden Tieren bewohnt wurde, was den sicheren Tod bedeutete. Viele waren von einem fünfjährigen Luxusleben so angezogen, dass es eine lange Warteliste auf das Amt des Königs gab. Unmittelbar nach der Krönung jedoch wurde offensichtlich, dass jeder neue König depressiver und mürrischer als sein Vorgänger wurde. Im Bewusstsein, dass ihre Tage als Könige gezählt waren und danach nur Leid und Tod auf sie warteten, vermochte keiner der Könige, auch nur eine Stunde seiner fünfjährigen Regierungszeit als Herrscher über das Land zu genießen. Als die Bürger des Landes erwogen, diese Regierungsform zu ändern, fiel ihnen auf, dass ihr gegenwärtiger König ganz anders war. Er lächelte und scherzte stets, verteilte Geschenke, begnadigte Verbrecher und veranstaltete großartige Feste. Selbst als die Jahre vergingen und das Ende seiner Regierungszeit bevorstand, blieben der Enthusiasmus des Königs und sein guter Mut ungebrochen. Schließlich kam der Tag, an dem er seinen Thron aufgeben und allein auf die einsame Insel gehen musste. Die Palastwachen stürmten das Königsgemach und waren auf Kampf eingestellt, der normalerweise stattfand an solch einem Tag der Verbannung des Königs ins Exil. Dieser König dagegen stand an der Tür bereit und lächelte übers ganze Gesicht, als er aus der Stadt hinaus auf das Schiff zuschritt, das ihn auf das verlassene Eiland bringen sollte.

Als der König an Bord ging, fragte ihn einer der Palastwachen: „Warum lächelt Ihr noch immer, da Ihr doch Euer Schicksal kennt? Wie könnt Ihr sogar jetzt noch so glücklich aussehen?"

Er bekannte daraufhin: „Als ich König wurde, habe ich gleich am ersten Tag Schiffe mit Mannschaften losgeschickt, um die Insel von allen gefährlichen Tieren und der unwegsamen Vegetation zu befreien. Als das bewerkstelligt war, schickte ich noch mehr Männer dorthin, um einen Palast mit wundervollen Gärten zu bauen, neben dem sich der Palast, den ich soeben verlasse, wie ein Kerker ausnimmt. Ich lächele stets, da ich weiß, dass auf mich, auch wenn ich von hier fortgeschickt werde, ein sehr viel besseres Leben wartet."

Wir sollten wie der König in der Geschichte unsere Energie nicht damit vergeuden, indem wir grübelnd über die Tatsache nachsinnen, nur für eine kurze Weile hier zu sein. Wir sollten vielmehr all unsere Kräfte daransetzen, zu erlangen, was dauerhaft ist –den Zustand von Gottesverwirklichung oder Verwirklichung unseres Wahren Selbst.

Kapitel 19

Ganzheitliches Wachstum ist wirkliches Wachstum

Wenn wir von Wachstum sprechen, beziehen wir uns gewöhnlich auf die körperliche Entwicklung. Alle Lebewesen sind zu Beginn ihres Lebens klein und werden mit der Zeit größer und kräftiger. Bei allen Lebewesen mit Ausnahme des Menschen beschränkt sich Wachstum auf die körperliche Ausformung. Tiere können sich nicht anders verhalten als ihre Vorfahren, es sei denn, der Mensch trainiert ihnen eine bestimmte einfache Fähigkeit an. Die Katze miaut heute noch so wie schon vor Jahrtausenden ihre Vorfahren. Affen schreien genauso wie ihre Ahnen. Ein Affe kann nicht singen wie ein Mensch, ein Mensch dagegen könnte wie ein Affe schreien. Die Menschen haben sich weiterentwickelt. Am Uranfang konnten wir nur gestikulieren und primitive Laute ausstoßen, bis wir in einer einfachen Sprache kommunizierten. Irgendwann begannen wir zu singen und zu schreiben und sogar zu „e-mailen".

Die Geschichte der menschlichen Evolution ist die Entwicklung des Menschen auf vier verschiedenen Ebenen, der physischen, psychischen, intellektuellen und spirituellen. In früheren Zeiten galt Muskelkraft als eine allen anderen menschlichen Eigenschaften überlegene Qualität. In der heutigen Welt mit ihrer technischen Revolution und Entwicklung von Bildung und Zivilisation wird dem Intellekt höchste Priorität zugemessen. Die Menschen benutzen heutzutage eher ihren Intellekt als die pure Körperkraft, um sich in der Welt zurechtzufinden. Ist das ein Zeichen wirklichen Wachstums? Wir können erst dann den Anspruch erheben, uns wirklich zu entwickeln, wenn wir gleichmäßig und kontinuierlich auf allen vier Ebenen heranreifen. Amma sagt oft: „Unser Körper dehnt sich nach allen Seiten aus, nicht jedoch unser Geist." Körperlich wächst nämlich jeder bei ausreichender Ernährung und Schlaf, ohne sich selbst anstrengen zu müssen. Es ist nicht möglich, die unbewussten Wachstumsprozesse des Körpers zu steuern, da sie keine bewussten Prozesse sind. Wir können nicht etwa unsere Leber intensiver nutzen, unser Kreislaufsystem verfeinern oder unsere neuronale Motorik verbessern. Solche Funktionsweisen können wir nur indirekt verbessern, wenn wir uns gesund erhalten. Wird eine Funktion jedoch bewusst gesteuert, können wir sie verbessern.

Wir können beispielsweise mit bewusster Anstrengung geduldiger, unterscheidungsfähiger und mitfühlender werden. Bewusstheit ist demzufolge das Schlüsselwort für geistiges, intellektuelles oder spirituelles Wachstum. Physisches Wachstum ist begrenzt, unbegrenzt dagegen ist das Wachstumspotenzial der anderen drei Ebenen. Obwohl in uns allen ein unendliches Potenzial des Selbst gegenwärtig ist, manifestiert es sich in jedem unterschiedlich intensiv. Dazu ein Vergleich: Obwohl eine 100-Watt-Birne und eine 10-Watt-Birne von derselben Elektrizitätskraft erhellt werden, leuchtet die 100-Watt-Birne wegen ihrer technischen Voraussetzung heller als die 10-Watt-Birne.

Wachstum auf diesen Ebenen ist kein naturhafter Prozess. Er setzt bewusstes und unablässiges eigenes Bemühen voraus. Wir können beispielsweise sagen, dass Butter in Milch schon latent angelegt ist. Milch kann jedoch nur zu Butter werden, wenn sie lang genug gequirlt wird. Auf ähnliche Weise sind unserer Entfaltung von Nächstenliebe und Mitgefühl keine Grenzen gesetzt, wenn wir uns unablässig bemühen. Wir können allumfassende

Liebe und Mitgefühl entwickeln und somit die gesamte Schöpfung umarmen. Amma ist das lebende Beispiel, wie weit unser Herz werden kann. Das ist gemeint, wenn man von geistigem Wachstum spricht.

Es ist daran zu erinnern, dass nach vedantischer Auffassung *Manas* (Gemüt) der Sitz der Gefühle ist und *Buddhi* (Vernunft) die Entscheidungsinstanz ausmacht. Wenn wir von mentalem Wachstum sprechen, bedeutet das sowohl emotionale Reife als auch die Entfaltung von Tugenden wie bedingungslose Liebe, Mitgefühl, Freundlichkeit, Geduld usw. Alle diese Eigenschaften zeugen von einem entwicklungsfähigen, gesunden Gemüt.

Auch auf intellektueller Ebene bleibt Raum zu enormem Wachstum. Wir können das Universum immer genauer vom kleinsten subatomaren Teilchen bis hin zu den endlos weiten Galaxien erforschen. Dem Menschen stehen derartig viele Forschungsbereiche offen, dass ein einzelner sie nicht einmal alle zu benennen vermag. Allein im Bereich der Physik ist das inzwischen verfügbare Wissen derart angewachsen, dass sich ein einzelner Student schon aus Zeitgründen nicht alles Wissenswerte aneignen könnte. Jeder muss sich stattdessen in einem begrenzten Fachgebiet spezialisieren. Unser intellektuelles Wachstumspotenzial ist also prinzipiell unbegrenzt – begrenzt wird es nur durch unsere eigene Lebensspanne.

Eigentlicher Prüfstein unseres verstandesmäßigen Wachstums jedoch ist die Entwicklung unserer Unterscheidungsfähigkeit. Schon während unserer Schulzeit entwickelt sich unser Verstand bemerkenswert, ob diese Entwicklung allerdings in die richtige Richtung verläuft, hängt davon ab, wie viel unterscheidende Vernunft wir gleichzeitig entwickeln. Die Kenntnis der Atomspaltung lässt sich entweder zur Erzeugung gewaltiger Elektrizitätskraft nutzen oder zur Herstellung von Sprengköpfen, mit denen die ganze Erde in Schutt und Asche gelegt werden kann. Bei gut entwickelter Unterscheidungsfähigkeit werden wir unser intellektuelles Potenzial nicht dazu missbrauchen, Leid zu vermehren, sondern es einsetzen, um Leid zu vermindern. Wir verringern das Leiden anderer, wenn wir in unserem Lebensumfeld nach Mitteln und Wegen suchen, einzelnen Mitmenschen zu helfen und nutzbringend für die Gesellschaft im Ganzen zu sein. Wenn wir unsere Unterscheidungsfähigkeit dazu gebrauchen, zwischen Dauerhaftem und Unbeständigem zu unterscheiden, verringern wir auch Leid im eigenen Leben.

Die vierte Wachstumsebene bedeutet spirituelles Wachstum. Wenn positive Charaktereigenschaften auf mentales Wachstum und Unterscheidungsfähigkeit auf intellektuelles Wachstum hinweisen, darf man die Ausweitung unseres „Ich-Gefühls als Zeichen spirituellen Wachstums ansehen. Gegenwärtig sind die meisten von uns so konditioniert, dass sie sich selbst als physischen Körper mit mentalen und intellektuellen Fähigkeiten verstehen. Unsere weitestmögliche Selbst-Definition schließt unsere Familie, unseren Beruf und unser Land mit ein. Es wäre gut, wenn wir uns der Begrenztheit dieser gegenwärtigen Konditionierung bewusst werden könnten und dann versuchten, uns immer mehr aus diesen Einengungen zu befreien, bis wir die gesamte Schöpfung als unser Selbst umarmen können. Eigentlich ist unsere wahre Natur Brahman, unendlich, allwissend, allmächtig und alles durchdringend, womit unserem spirituellen Wachstum keine Grenze gesetzt ist. Wenn wir die Natur unseres Wahren Selbst erkennen, wird uns bewusst, dass wir tatsächlich unendlich sind.

Ein Satguru ist jemand, der dieses Ziel erreicht hat und anderen beistehen kann, um es ebenfalls zu erreichen. Wir alle tragen das natürliche Potenzial in uns, denselben Zustand wie Amma zu erreichen, da wir alle von der Essenz her ein und dasselbe Höchste Bewusstsein sind. Deshalb begrüßt Amma all ihre Kinder mit „Omkara divya porule", das heißt „die Essenz von

Om". Ein Satguru arbeitet an uns zunächst auf der Ebene unserer Emotionalität und unserer Vernunft und geleitet uns allmählich in unsere ewige Heimat immerwährender Glückseligkeit. Auf der emotionalen Ebene (Manas) hilft uns der Satguru, negative Seiten zu überwinden und Tugenden zu entwickeln. Auf der Ebene von Buddhi, der erleuchteten Intelligenz, hilft er uns, zu begreifen, was ewig und was vergänglich ist und wie zwischen beiden zu unterscheiden ist (Nitya-Anitya Viveka). Auf spiritueller Ebene befreien seine grenzenlose Liebe und sein Mitgefühl unser Ego und befähigen uns das Einssein mit ihm und der gesamten Schöpfung zu erkennen.

Es ist vorrangiges Anliegen des Meisters, uns in unserem psychischen und spirituellen Wachstum beizustehen. Zahlreiche Beispiele gibt es von wohlhabenden Leuten, die darauf konzentriert waren, ihr Vermögen und das ihrer Familie zu mehren, bis sie Amma erlebten. Nach der Begegnung mit Amma gaben sie von ihrem gewohnten Komfort viel auf. Inzwischen führen sie ein Leben im Geist der Entsagung und schenken ihre Zeit und Möglichkeiten bedürftigen Menschen. Dies als Beispiel für psychisches Wachstum. Es gibt außerdem Beispiele von Menschen, die früher von heftiger Gemütsart waren und sich über jede Kleinigkeit aufregten. Seit ihrer Begegnung mit Amma verhalten sich dieselben Leute selbst unter schwierigen Bedingungen ruhig und beherrscht.

Es gab einen Arzt, der regelmäßig in den Ashram kam, um die Leute medizinisch kostenlos zu betreuen. Er war jedoch sehr unbeherrscht und beschimpfte die Leute oft heftig. Die Ashram-Bewohner beschwerten sich bei Amma, er sei grausam, und sie fürchteten sich, von ihm behandelt zu werden, selbst wenn sie krank waren. Amma teilte dem Arzt diese Vorwürfe mit. Er gestand sein zorniges Temperament ein und erklärte Amma, wie oft er sich schon bemüht habe, es zu überwinden, bisher jedoch seien all seine Versuche fehlgeschlagen. Amma erwiderte ihm: „Mein Sohn, Amma kann dir helfen, deinen Ärger zu überwinden, doch du musst ihr etwas versprechen." Der Arzt schaute sie unschlüssig an. Amma sagte ihm, er solle sich keine Sorgen machen, denn was sie von ihm erbäte, läge ganz gewiss in seiner Macht. Ammas beschwichtigenden Worte beruhigten ihn und er willigte ein, alles zu tun, was Amma von ihm verlange. Daraufhin überreichte ihm Amma ein unter Glas gerahmtes Bild von ihr mit den Worten: „Mein Sohn, Amma möchte, dass du immer, wenn du über jemanden verärgert bist, so fest wie möglich auf Ammas Bild schlägst." Den Arzt schockierten Ammas Anweisungen, und doch war er entschlossen, sein Bestes zu tun, da er es ihr versprochen hatte.

Am nächsten Tag ertappte sich der Arzt dabei, dass er wie üblich über seine Patienten wütend wurde. Nach jedem Wutanfall wartete er, bis der Patient weg war und gab dann Ammas Bild einen sehr sanften Schlag. Nach ein paar Tagen fragte ihn Amma, wie er denn mit seinem Ärger zurechtkomme. Er erzählte, dass er zwar gewisse Fortschritte mache, aber immer noch seine Beherrschung verliere. Amma fragte ihn, ob er denn auf ihr Bild so heftig wie möglich einschlage. Der Arzt gestand, immer nur sanft auf das Bild zu schlagen, da er es nicht über sich bringen könne, auf ein Bild von Amma wirklich einzuschlagen. Amma erinnerte ihn an sein Versprechen und wies ihn an, beim nächsten Wutanfall so fest wie möglich auf das Bild zu schlagen.

Der Arzt ging zurück in die Klinik mit dem Entschluss, achtsam zu sein und nicht ärgerlich zu werden. Er erinnerte sich daran, dass er im Falle eines Wutanfalls sehr hart auf Ammas Photo einschlagen müsse, was er sich überhaupt nicht vorstellen konnte. Aus Gewohnheit schimpfte er am nächsten Tag schon wieder auf einen Patienten, weil er seine Anweisungen nicht befolgt hatte. Als der Patient weg war, ging er zu Ammas Bild, das an der Wand hing, überwand seinen Widerstand und schlug so heftig auf Ammas Bild ein, dass das Glas zerbrach. Augenblicklich wurde er sich seines Tuns bewusst und verzweifelte. Sein Gewissen quälte ihn so, dass er drei Tage nichts essen konnte. Im Anschluss daran geschah mit dem Arzt eine große Verwandlung. Seine Patienten lobten jetzt sogar seine auffallende Freundlichkeit und Geduld. Nach einigen Monaten entließ Amma ihn aus seinem Versprechen, mit dem warnenden Hinweis, acht zu geben auf seine Launen. Es könnte der Eindruck entstehen, Amma habe in seinem Fall zu einem außergewöhnlichen Mittel gegriffen, doch Amma wusste, nur auf diese Weise konnte sie den Arzt darin unterstützen, seine Übellaunigkeit zu überwinden. Amma hatte ihm somit in seinem emotionalen Wachstum beigestanden.

Spirituelles Wachstum bedeutet ein Verinnerlichen solcher Prinzipien wie Loslösung, Ichlosigkeit und Überantwortung. Amma verkörpert all diese Eigenschaften vollkommen. Wir können sie selbst entwickeln, wenn wir Amma beobachten und uns bemühen, ihrem Beispiel und ihren Anweisungen zu folgen.

Vor vielen Jahren luden mich die Vorsteher eines Tempels in eines der Nachbardörfer des Ashrams ein, um dort ein Seminar abzuhalten. Bevor ich ihnen antwortete, bat ich wie üblich Amma um Erlaubnis. Amma stimmte zu und wir vereinbarten den Satsang für die folgende Woche.

An dem vereinbarten Tag erschien ich nachmittags um 4.30 Uhr im Tempel. Niemand war da. Es beunruhigte mich nicht weiter, da das Programm nicht vor 5.00 Uhr beginnen sollte und ich wartete geduldig. Als jedoch um 5.00 Uhr kein Mensch zum Satsang kam, beschloss ich, den Anfang noch hinauszuzögern. Darüber wurde es 5.15 Uhr, 5.30 Uhr, 5.45 Uhr und noch immer war niemand erschienen.

Um 6.00 Uhr kamen zwei Leute, einfach nur, um im Tempel zu beten, sahen mich dort sitzen und setzten sich hin, um zu hören, was ich zu sagen hätte. Als sie sich hinsetzten, begann ich mit der Rezitation der Eröffnungsgebete. Normalerweise dauern diese Gebete nur ein bis zwei Minuten, doch in der Hoffnung, es würden mehr Leute zum Satsang kommen, fügte ich immer weitere Verse hinzu und schaute zwischendurch verstohlen, ob noch mehr Leute gekommen seien. Auf diese Weise dehnte ich die Eröffnungsgebete auf zehn Minuten aus.

Schließlich sah ich eine Gruppe von Leuten näherkommen und beendete die Gebete. Als ich mit meinem Vortrag begonnen hatte, merkte ich, dass auch sie nicht wegen meines Satsang-Vortrags gekommen waren. Sie standen einen Moment in der Halle und gingen dann zum Beten in den Tempel. Ich hatte eine lange Ansprache vorbereitet, doch unter diesen Umständen sprach ich nur wenige Minuten. Dann schloss ich meine Augen und begann Bhajans zu singen. Während ich mit geschlossenen Augen sang, hörte ich, wie die Tempelpriester das Arati (Gebetsform, bei der brennender Kampfer vor dem Bild Gottes geschwungen wird) vorbereiteten. Inzwischen waren etwa 20 Leute in der Halle – ich wusste nicht, ob wegen des Vortrags oder einfach wegen des Tempel-Arati. Nach dem Ende des Tempel-Arati sang ich Ammas Arati und fuhr zurück zum Ashram.

Über den Verlauf der missglückten Veranstaltung war ich ziemlich verärgert und ging mit langem Gesicht zu Amma. Mir war klar, dass Amma natürlich gewusst hatte, wie viel Leute kommen würden. Ich sagte ihr, unter diesen Umständen hätte sie mir nicht die Erlaubnis geben sollen, dorthin zu gehen. Sie entgegnete: „Amma erteilte dir den Auftrag, Satsang zu halten und nicht die Teilnehmer zu zählen. Auch wenn die Leute zum Satsang nicht in den Tempel kamen, wurde er von den Tempellautsprechern übertragen. Du weißt nicht, wie viele Menschen in ihren Häusern zu gehört haben. Viele waren darauf eingestellt, den Satsang zu hören. Du hättest das Programm zur vorgesehenen Zeit beginnen und den Satsang vollständig halten sollen." Amma fügte dem hinzu: „Du solltest lernen, das, worum Amma dich bittet, auszuführen, ohne um das Resultat bekümmert zu sein." Als Amma mir das sagte, wurde ich mir meines Fehlers bewusst. Wann immer uns der Satguru eine Anweisung gibt, liegt ein ganz bestimmter Sinn dahinter, selbst wenn das in diesem Moment für uns nicht erkennbar ist.

Viele Jahre später war während eines meiner Besuche in Kolumbien vorgesehen, dass ich eine Devi Puja in Bogota durchführte. Mittags ging ich in die Halle, um bei den Vorbereitungen für das Programm behilflich zu sein. Obwohl ich nicht vor 18.00 Uhr beginnen sollte, trafen die ersten Leute schon um 14.00 Uhr ein. Als wir um 15.00 Uhr mit den Vorbereitungen fertig waren, ging ich zurück in meine Unterkunft. Beim Hinausgehen sah ich bereits eine ziemlich große Menschenmenge in der Halle. Ich vermutete dort für den Nachmittag eine andere Veranstaltung. Als ich kurz vor 18.00 Uhr zurück in die Halle kam, sah ich zu meinem Erstaunen draußen eine lange Warteschlange. Im ersten Moment vermutete ich ein Problem in der Halle, auf Grund dessen wohl alle hatten draußen warten müssen. Als ich dann die Halle betrat, sah ich, wie überfüllt sie war und dass die Leute draußen standen. Ich befürchtete, es sei bei der Ankündigung des Programms ein Fehler unterlaufen und alle würden erwarten, Amma selbst sei hier.

Ich erkundigte mich sofort bei einem der Organisatoren, ob etwas falsch angekündigt worden sei. Dieser verneinte das und fügte hinzu, ebenso überrascht zu sein über diese Entwicklung. Ich wurde nervös – wie sollte ich, falls all diese Menschen erwarteten, Amma zu sehen, diese einigermaßen zufrieden stellen können? Ich konnte doch nur eine Ansprache halten, einige Bhajans singen und eine Puja zelebrieren. Ich fühlte mich total hilflos. Ich begann zu beten: „Amma, wie kann ich diese Menschen beglücken? Ich kann das nicht aus eigener Kraft. Nur durch Deine Gnade können diese Menschen mit diesem Programm zufrieden sein." Während ich so betete, begann ich wie vorgesehen. Ich hielt eine Ansprache, sang einige Bhajans und führte die Puja durch. Ich hatte dabei nicht das Gefühl, etwas zu tun – mir war so, als ob jemand anderes durch mich hindurch all diese Handlungen ausführte. Das Programm dauerte drei Stunden, obwohl es mir nur wie fünf Minuten vorkam. Währenddessen verließ nicht einer die Halle. Am Ende der Veranstaltung wurde ich umringt. Die Leute strömten nach vorne, um mich mit ihren Händen oder ihrem Schmuck zu berühren und sagten, sie wollten etwas von der spirituellen Energie aufnehmen, die von mir ausstrahle. Ihr Verhalten erstaunte mich. Wie konnten sie so etwas von mir spüren? Dann erkannte ich, dass das ausschließlich Ammas Gnade war.

Als ich Amma von diesem Erlebnis erzählte, sagte sie: „Wenn du dich völlig leer machst, kann Amma vollkommen in dich hineinströmen. Weil du dich so fühltest, konntest du dich vollkommen Amma ergeben. Das erlaubte Ammas Energie, durch dich zu fließen." Wenn es uns gelingt, all unser Tun im richtigen spirituellen Verständnis auszuführen, können wir ein vollkommenes Instrument werden, um die göttliche Gnade zu empfangen.

Wenn ich das Programm in Bogota mit demjenigen vergleiche, das ich im Nachbardorf des Ashrams durchführte, kann ich sehen, dass Amma mir über die Jahre hinweg half, ein besseres Verständnis für spirituelle Grundsätze zu entwickeln.

Wenn wir keine intellektuelle Reife haben, fehlt uns möglicherweise die Erkenntnis, um das Richtige zu tun; wenn wir keine emotionale Reife haben, mangelt es uns vielleicht am inneren Antrieb, um angemessen zu handeln. Erst spirituelle

Reife ermöglicht uns zu handeln, ohne auf das Ergebnis fixiert zu sein. Spirituelle Reife ist somit die Basis für alle anderen Formen unseres Wachstums. Wenn wir uns vom Ergebnis unseres Tuns abhängig machen, können wir selbst mit intellektueller und emotionaler Reife frustriert und deprimiert werden und dabei unseren Enthusiasmus, der Welt zu dienen und unsere spirituellen Übungen stetig fortzusetzen, verlieren. Deshalb ist ganzheitliches Wachstum so wichtig.

Wir sollten uns bemühen, nicht einfach nur körperlich zu wachsen, sondern ebenso auch unser Gefühlswesen, unsere Intelligenz und – am allerwichtigsten – den unvergänglichen Geist (Atman) zu entfalten. Nur dann wird es uns gelingen, den Zweck dieser menschlichen Geburt zu erfüllen.

Kapitel 20

Warum Venus heißer ist als Merkur: die Bedeutung von Aufnahmebereitschaft

Der Grund unseres Bestrebens, Amma zu begegnen, sollte nicht einfach darin liegen, unsere weltlichen Wünsche zu erfüllen – das hieße einen König, der bereit ist, uns sein gesamtes Königreich zu schenken, um eine Karotte zu bitten. Amma ist bereit, uns zum höchsten Ziel des Lebens zu geleiten, und wir sollten nichts Geringeres anstreben. Das setzt allerdings voraus, dass wir aufnahmebereit werden für das, was Amma uns darbringt.

Amma geleitet uns unablässig und schenkt uns alles Notwendige, doch da es uns an Aufnahmebereitschaft mangelt, kommen wir nicht in den wahren Genuss dessen, was sie uns schenkt. Physische Nähe zum Meister reicht noch nicht aus; am wichtigsten ist unsere Aufnahmebereitschaft.

Da im Sonnensystem der Planet Merkur der Sonne am nächsten steht, meint man logischerweise, er sei der heißeste Planet. De facto jedoch ist Venus der heißeste Planet. Warum ist das so? Es gibt in der Atmosphäre um Venus etwas ganz Spezielles, aufgrund dessen sie mehr Hitze von der Sonne aufnehmen kann. Genauso zählt nicht einfach nur die Nähe des Schülers zum Meister, sondern ebenso seine Aufnahmebereitschaft. Wenn es uns an uneingeschränkter Offenheit mangelt, nehmen wir die Worte unseres Meisters nicht so auf wie sie gemeint sind. Wir färben sie dann durch unsere eigene Sichtweise und entstellen sie. Jeder Mensch interpretiert die Worte des Meisters auf seine Weise. Wenn Amma z.b. Darshan gibt, flüstert sie jedem unterschiedliche Sätze ins Ohr, entweder in dessen Muttersprache oder in ihrer eigenen Muttersprache, Malayalam. So sagt sie beispielsweise „mon kutta", das heißt „mein lieber Sohn" oder „mutte, mutte, mutte", das heißt „mein kostbares Kind, mein kostbares Kind".

Unabhängig davon, in welcher Sprache Amma spricht, werden zehn Leute zehn verschiedene Dinge hören. Jemand kam zu mir und sagte, er habe Amma ihm ins Ohr flüstern gehört: „morgen, morgen, morgen". Er hoffte nämlich, am nächsten Tag bei einem Vorstellungsgespräch Erfolg zu haben. Eine Frau fühlte sich wegen schlechter Angewohnheiten schuldig und meinte, als Amma zu ihr sagte: „Tochter, Tochter, Tochter" („daughter, daughter, daughter") stattdessen gehört zu haben: „unerzogen, unerzogen, unerzogen" („naughty, naughty, naughty"). Ein Mann hatte einen Bund Bananen für Amma gekauft und sie dann im Zimmer vergessen. Beim Darshan flüsterte Amma ihm ins Ohr: „ponnu mone, ponnu mone", das heißt „geliebter Sohn", doch für ihn klang das so wie „Banane, Banane, Banane". Da diese Leute alle im Geist mit etwas beschäftigt waren, war es ihnen nicht möglich zu hören, was Amma ihnen zu sagen versuchte.

Eines Tages kam ein 92 jähriger Mann zur Untersuchung in die Praxis eines Arztes. Wenige Tage darauf sah ihn der Arzt mit einer wunderschönen jungen Frau am Arm. Der Arzt war erschrocken und sprach ihn an: „Wow, Sie machen aber Sachen, oder?" Daraufhin der alte Mann: „Ich mache nur das, was Sie sagten: `Nehmen Sie sich eine warmherzige Mama (Get a hot mama) und seien Sie fröhlich (and be cheerful)', stimmt das nicht?"

Der Arzt erwiderte: „Nein, das habe ich nicht gesagt! Ich sagte: `Sie haben Herzasthma (You've got a heart murmur), seien Sie also vorsichtig (so be careful).'"

Auch wir entstellen oft, so wie in diesem Beispiel, die wahre Bedeutung der Worte des Meisters durch eigenes Gutdünken, Ängste und Sehnsüchte.

Wenn es so um uns bestellt ist, kann der Meister uns nicht wirklich helfen. Wollen wir wirklichen Gewinn aus den Worten des Meisters ziehen, müssen wir so offen und aufnahmebereit wie möglich werden – so offen und empfänglich wie ein unschuldiges Kind – für das, was der Meister wirklich sagt.

Dazu die Geschichte von vier Freunden. Drei von ihnen bezogen ständig mit unterschiedlichen Argumenten gegen den vierten Freund Stellung. Eines Tages brachte der Vierte im Verlauf eines Gesprächs ein sehr überzeugendes Argument vor. Wie üblich werteten die drei anderen seine Ideen verächtlich ab. Der vierte Freund wurde dadurch so frustriert und traurig, dass er begann laut zu Gott zu beten: „O Herr, bitte gib meinen Freunden ein Zeichen, dass ich Recht habe." Sofort zogen dunkle Wolken an dem zuvor kristallklaren Himmel auf. Der vierte Freund deutete auf den Himmel und sagte: „Seht doch, Gott hat ein Zeichen gesandt, dass ich Recht habe!" Die drei Freunde verspotteten ihn und sagten, das sei reiner Zufall. Das frustrierte den vierten Freund noch mehr und er flehte Gott an, ein deutlicheres Zeichen zu schicken, um seine Freunde zu überzeugen. Sofort erfüllte sich die Luft mit Donner, und helle Blitze zuckten über den dunklen Himmel. Der vierte Freund rief glücklich aus: „Jetzt gibt es keinen Zweifel mehr. Gott ist auf meiner Seite!"

Die drei Freunde blieben weiterhin unbeeindruckt. „Oh, das ist doch nichts. Blitz und Donner sind nichts Besonderes, wenn sich dunkle Wolken zusammenbrauen," meinten sie achselzuckend. Der vierte Freund schrie verzweifelt zu Gott: „ O Herr, bitte gib ihnen ein unwiderlegbares Zeichen, dass du auf meiner Seite bist!" Als Antwort erschallte eine tiefe Stimme von oben: „Seht, ihr müsst auf euren Freund hören! Sein Standpunkt ist richtig."

Als die drei Freunde die Stimme Gottes hörten, sagten sie: „Wenn Gott auf deiner Seite ist, steht es immer noch drei gegen zwei."

Diese Erzählung zeigt, wie manche Leute auf ihren Ideen beharren, auch wenn sie noch so lächerlich oder unbrauchbar sind. Diese Menschen sind alles andere als offen oder empfänglich. Selbst wenn Amma ihnen etwas rät, haben sie ihren eigenen Kopf. Amma sagt deshalb, es sei einfach, einen Schläfer zu wecken, jedoch sehr schwierig, jemanden aufzuwecken, der nur zu schlafen vorgibt. Wir wollen uns bemühen, nicht so zu sein wie die drei Freunde in der Geschichte. Wir sollten immer versuchen, offen und empfänglich zu sein für das, was Amma uns lehren möchte. Wenn wir meinen, alles zu wissen, ist es uns nicht möglich, irgendetwas zu lernen.

Kapitel 21

Wie wahre Hingabe zu entwickeln ist

Für unseren spirituellen Werdegang ist es unabdingbar, Hingabe an Gott, an unseren Meister oder an unser spirituelles Ziel zu entwickeln und zu vermehren. Hingabe an Gott und Hingabe an den Meister ist ein und dasselbe. Ein Satguru ist Eins mit Gott. Er empfindet sich nicht als abgetrennte Individualität in dem Sinne: „Ich bin so und so und habe das und das gemacht", selbst wenn er eine menschliche Form angenommen hat. Die universelle Kraft Gottes wirkt durch den Satguru, so dass alles, was von ihm kommt, von Gott ist. Wann immer Amma oder jeder andere Mahatma „Ich" sagen – wie beispielsweise Lord Krishna in der *Bhagavad Gita*: ‚Ich bin der Grund von allem'– beziehen sie sich nicht auf ihren Körper oder ihre jeweils spezielle Form, sondern auf das Höchste Bewusstsein, in dem sie verankert sind.

Amma sagt, wir sollten uns in unserer Entwicklung von Hingabe sicher sein, dass sie *Tattva Bhakti* ist, d.h. eine auf richtigem Verständnis und Erkenntnis beruhende Hingabe. Andernfalls wird unsere Hingabe nicht beständig: Dann werden wir nur, wenn es um unsere Dinge gut steht, ein starkes Gefühl von Hingabe entwickeln und sobald uns Schlechtes widerfährt, wird unsere Hingabe abnehmen. Gründet unsere Hingabe dagegen auf wirklicher Erkenntnis, werden wir zu Gott beten, weil wir Gott lieben und die höchste Wahrheit verwirklichen möchten.

177

Wir betrachten dann Gott nicht als einen „Wunscherfüllungs-Agenten".

Tattva Bhakti heißt zu erkennen, dass alles, was uns widerfährt, ob gut oder schlecht, unseren eigenen vergangenen Handlungen in diesem oder einem der vorherigen Leben entspringt. Es heißt, zu begreifen, dass uns Schlechtes nicht etwa widerfährt, weil es Gott an Mitgefühl mangelt und dass wir Gutes nicht deshalb erfahren, weil Gott uns begünstigt. Das geschieht so nicht. Alles, was geschieht, entspricht dem Prarabdha Karma der jeweiligen Person. (Anmerkung: Prarabdha Karma = „das fruchtbringende Karma". Es handelt sich dabei um Karma-Resultate aus früheren Existenzen, die dazu bestimmt sind, sich in diesem Leben auszuwirken.) Gott ist in diesem Prozess nur Zeuge. Amma sagt: „Macht eure Hingabe nicht abhängig von dem, was euch widerfährt. Alle eure Erfahrungen wurden von euren eigenen früheren Handlungen erschaffen. Gott hat nichts damit zu tun. Er hat eine ganze Reihe kosmischer Gesetze niedergelegt. Wenn ihr diese Gesetze befolgt, macht ihr gute Erfahrungen und wenn ihr diese Gesetze überschreitet, werdet ihr entsprechend schlechte Erfahrungen machen. Es gibt natürlich manche Schwierigkeiten, die durch aufrichtiges Beten beseitigt werden können. Andere Erfahrungen hingegen können nicht umgangen werden. In diesem Fall sollten wir um die Stärke bitten, ihnen mit Gelassenheit zu begegnen."

Das soll nun nicht heißen, wir könnten unser Prarabdha Karma für alles verantwortlich machen. Angenommen, ich verprügele jemanden. Wenn dann die Polizei kommt und mich ins Gefängnis steckt, kann ich das nicht meinem Prarabdha Karma in die Schuhe schieben. Ich weiß sehr genau, dass ich niemanden verprügeln darf und bestraft werde, wenn ich es dennoch tue. Wie kann ich es meinem Prarabdha Karma ankreiden, dass ich ins Gefängnis muss, weil ich jemanden verprügelt habe? Das ist nicht Prarabdha Karma; das ist unmittelbare Konsequenz dessen, was ich getan habe.

Unser Prarabdha Karma ist verantwortlich für das, was trotz unseres Bemühens passiert. Klettern wir z.B. auf einen Baum und wollen hinunterspringen, wissen wir, dass wir uns dabei wohl ziemlich sicher ein Bein brechen werden. Springen wir trotzdem und brechen uns ein Bein, können wir nicht behaupten, es gehöre zu unserem Prarabdha, uns ein Bein zu brechen. Falls wir uns dagegen kein Bein brechen, können wir das unserem guten Prarabdha Karma zuschreiben. Es gibt mit anderen Worten gewisse Grundregeln für das Leben auf der Erde. Tritt in einer bestimmten Situation eine Grundregel nicht in Kraft, können wir dies durchaus unserem guten Prarabdha Karma zuschreiben. Wir können allerdings unser Prarabdha nicht für alles verantwortlich machen. Wenn wir in einem Examen schlecht abschneiden, obwohl wir ernsthaft und hart dafür gearbeitet haben, können wir sagen, das sei unser Prarabdha. Wenn wir uns dagegen aufs Examen nicht vorbereiten, können wir schlechte Ergebnisse nicht unserem Prarabdha anlasten.

Ich erinnere mich an einen Devotee, der viele Jahre mit Amma verbunden war. Amma schenkte ihm wundervolle Erfahrungen. Trotz dieser unvergesslichen Erlebnisse gelang es ihm nicht, Amma gegenüber unerschütterliche Hingabe zu entwickeln, bis er schließlich sogar ganz wegblieb. Aus seiner Geschichte können wir eine Menge lernen.

Als Amma begann, sich im Krishna Bhava zu manifestieren, erkannten manche Menschen Ammas Göttlichkeit sofort. Andere waren sehr skeptisch. Sie fragten sich, wie Lord Krishna sich in einem menschlichen Körper manifestieren könne.

Einer dieser Skeptiker war kein Atheist. Er war eigentlich Devotee von Sri Krishna. Bei besonderen Anlässen wie Geburtstagen oder Hochzeiten wurde dieser Devotee von den Leuten nach Hause eingeladen, um aus der *Srimad Bhagavatam*, einem heiligen Text vom göttlichen Spiel Sri Krishnas, vorzutragen.

Seine Freunde, die Amma schon im Krishna Bhava erlebt hatten, rieten ihm, er als Devotee Sri Krishnas, solle doch zu ihr gehen. Er lehnte es jedoch ab, da er keineswegs glauben mochte, dass sich Sri Krishna im Körper dieser jungen Frau manifestierte. Seine Freunde bestanden weiterhin darauf, er solle zu Amma gehen. Schließlich willigte er ein, sagte aber, um glauben zu können, wolle er einen Beweis dafür, dass Amma Sri Krishna manifestierte.

An einem Krishna Bhava-Tag gab Amma im Ashram ihren Devotees Darshan. Plötzlich kam sie aus dem Tempel heraus und ging fort, ohne irgendjemandem zu sagen, wohin. Die Devotees waren über ihren plötzlichen Weggang sehr erstaunt. Viele Leute liefen einfach hinter ihr her. Amma ging weiter und immer weiter, so rasch, dass alle rennen mussten, um mithalten zu können.

Amma lief direkt auf das Haus des Krishna-Devotees zu, obwohl sie dort nie zuvor gewesen war und ihr auch niemand Hinweise gegeben oder sie dorthin gebeten hatte. Sie lief die gesamte Strecke von sieben oder acht Kilometern. Amma betrat den Gebetsraum, nahm vom Altar ein Gefäß mit süßem Pudding und begann ein wenig davon zu essen.

Der Mann war sprachlos als er sah, was Amma tat. Es gehörte zu seinen täglichen Gepflogenheiten, süßen Pudding zu kochen und ihn als Opfergabe für Sri Krishna in seinen Gebetsraum zu stellen. Nun sah er mit eigenen Augen, dass Amma gekommen war und diese Opfergabe annahm. Von diesem Tag an wurde er eifriger Devotee von Amma.

Später erzählte er, er habe an jenem besonderen Tag zu sich selbst gesagt, während er den süßen Pudding vor Krishnas Bild auf den Altar stellte, dass er nur dann glauben könne, dass

Amma Sri Krishna sei, wenn Amma käme und seine Opfergabe für Krishna annähme.

Ein anderes Mal ging dieser Devotee zum Baden in einen See und geriet in eine für ihn zu tiefe Stelle. Da er nicht schwimmen konnte, ging er langsam unter. Dank Ammas Gnade vermochte er sich auf sie zu besinnen, während er um sein Leben kämpfte. Er begann laut zu schreien: „Amma! Amma!" Plötzlich sah er Amma direkt vor sich über dem Wasser stehen. Amma zeigte ihm, wie er seine Hände und Beine bewegen sollte, um nicht unterzugehen und um aus dem Wasser herauszukommen. Obwohl er sich nicht zutraute, Ammas Anweisungen folgen zu können, fühlte er, wie eine von außen kommende Kraft seine Gliedmaßen bewegte und ihn über Wasser hielt. Dadurch wurde sein Leben gerettet. Er kam anderen gegenüber immer wieder auf diese tiefen Erfahrungen zu sprechen.

Dieser Devotee hatte einen Waisenjungen adoptiert. Amma erlaubte dem Jungen, auf dem Ashram-Gelände einen kleinen Teeladen zu errichten. Damals gab es beim Ashram weder Restaurants noch Hotels. Sein Geschäft florierte, da Hunderte von Devotees auf ihrem Weg zu Amma den Teeladen aufsuchten. Er verdiente viel Geld und gab sogar einen Großteil seines Gewinns seinem Adoptivvater. Der Devotee brauchte wegen des Verdienstes seines Adoptivsohnes nicht einmal zu arbeiten. Beide waren mit dieser Situation sehr glücklich.

So vergingen die Jahre und es kamen immer mehr Menschen zu Amma. Der Ashram war oft übervoll, und es gab nicht genug Einrichtungen für die Unterbringung der ständig wachsenden Zahl von Devotees. Amma wollte mehr Räume für sie bauen und außerdem eine Gebetshalle und einen Speisesaal. Amma erklärte dem Jungen diese Situation und bat ihn, seinen Teeladen woanders hin zu verlegen, da das von ihm genutzte Ashram-Gelände zum Ausbau weiterer Unterkünfte für die Devotees gebraucht werde. Der Junge erzählte seinem Vater, was Amma ihm gesagt hatte. Als der Mann diese Neuigkeit hörte, geriet er außer sich: „Warum verlangt Amma denn, dass mein Sohn seinen Laden verlegt?" Da beide so gut an dem Laden verdienten, passte es ihm nicht, dass Amma ihn zu verlegen wünschte.

Es muss an dieser Stelle erwähnt werden, dass damals die meisten Leute ein ganz anderes Bild von Amma hatten als heutzutage, vor allem die Bewohner der Nachbardörfer des Ashram. Die Dorfbewohner wussten zwar, dass Amma an bestimmten Tagen der Woche Devi Bhava und Krishna Bhava[6] manifestierte, meinten jedoch, Amma werde nur an diesen Tagen Gott, Devi oder Krishna. Sie glaubten, Amma werde dann von äußeren göttlichen Kräften besetzt und an den anderen Tagen sei Amma ein ganz normaler Mensch. So war ihr Glaube. Als nun diesem Devotee zu Ohren kam, dass Amma seinen Sohn gebeten hatte, den Laden zu verlegen, war seine erste Frage: „Wann hat Amma das gesagt?" Er wollte wissen, ob beim Devi Bhava oder zu einer „normalen Zeit" und fügte hinzu: „Ich muss Devi dazu befragen."

---

[6] Amma gibt regelmäßig einen speziellen darshan, bei welchem sie in der Stimmung und der Kleidung Devis erscheint. Während dieser Zeit ist sie völlig mit Gott in der Form der Göttlichen Mutter identifiziert. Früher pflegte sie auch darshan im Krishna-Bhava zu geben. Über diese besonderen bhavas (Stimmungen) sagte sie einst: „Alle Gottheiten des Hindu-Pantheons, die die zahllosen Aspekte des Einen Höchsten Wesens repräsentieren, existieren in uns. Jemand, der göttliche Macht besitzt, vermag jede von ihnen durch bloße Willenskraft zu manifestieren - zum Segen der Welt. Hier ist ein verrücktes Mädchen, das das Kostüm von Krishna und etwas später das von Devi anzieht, doch in eben diesem verrückten Mädchen existieren beide. Warum schmückt man einen Elefanten? Warum trägt ein Polizist eine Uniform und eine Mütze? Alle diese äußeren Hilfsmittel sind dazu gedacht, einen bestimmten Eindruck hervorzurufen. In ähnlicher Weise Amma das Kostüm von Krishna und Devi, um der Hingabe der Menschen, die zum Darshan kommen, Stärke zu verleihen."

Beim Devi Bhava bzw. Krishna Bhava wurde Amma von den Leuten Amma bzw. Krishna genannt. An den sonstigen Tagen nannten sie Amma „kunju", „Kind" oder „mol", „Tochter" oder bei ihrem ursprünglichen Namen Sudhamani. Auch etliche Brahmacharis dachten, Amma und Devi seien verschieden, betrachteten Amma jedoch als ihre Meisterin und nannten sie zu gewöhnlichen Zeiten Amma und beim Devi Bhava „Devi Amma". Manchmal kamen wir tagsüber zu Amma, ohne dass sie Notiz von uns genommen hätte. Sie war entweder im Gespräch mit anderen Devotees oder versunken in Meditation. Wenn das der Fall war, gingen wir beim Devi Bhava zu Amma und beschwerten uns: „Devi Amma, Amma hat mich heute überhaupt nicht angeschaut. Sag' ihr bitte, sie soll mich künftig mehr beachten." Amma (in Devi Bhava) sagte dann: „Mach dir keine Sorgen, ich spreche mit Amma." Da wir uns so verhielten, als ob Amma und Devi getrennt seien, reagierte Amma, als sei dem wirklich so. Aus diesem Grund nun ging dieser Devotee beim Devi Bhava zum Darshan und fragte Amma: „Devi, ist es wahr, dass Kunju meinem Sohn gesagt hat, er solle seinen Laden vom Ashram-Gelände verlegen?"

Amma erklärte ihm: „Weißt du, Kunju bat deinen Sohn um Verlegung des Ladens, weil der Ashram dringend Baufläche benötigt. Viele Devotees haben nicht einmal einen Schlafplatz. Manche sind alt und krank und brauchen eine ordentliche Unterkunft."

Als er Ammas Worte vernahm, vergaß der Devotee, dass er soeben mit Devi sprach. Er wurde so zornig, dass er den Ashram unverzüglich verließ und nie mehr zu Amma zurückkehrte. Da seine Hingabe nicht auf Erkenntnis beruhte, wusste er all seine wunderbaren Erfahrungen mit Amma nicht zu nutzen. All sein Glauben und seine Hingabe schwanden augenblicklich dahin, als Amma ihm etwas sagte, das ihm nicht passte.

Er sah in Amma nur eine Vollstreckerin seiner Wünsche. Amma nennt diese Art von Hingabe „Geschäfts-Bhakti". Solche Hingabe ist niemals stetig und fest. Wenn wir lediglich „Geschäfts-Bhakti" entwickeln, nehmen unsere Liebe und Hingabe an Gott nur solange zu wie unsere Gebete erhört werden und nehmen entsprechend wieder ab, wenn wir meinen, unsere Gebete seien nicht erhört worden.

Wahre Hingabe bleibt unberührt von dem, was im Leben geschieht. Wenn wir Ammas Lebensgeschichte lesen, sehen wir, dass ihre Hingabe an Gott unerschütterlich blieb, unabhängig von allen Erfahrungen, die sie durchzustehen hatte. Sie wurde in jungen Jahren von ihrer Familie, ihren Nachbarn und den nächsten Dorfbewohnern nur übel behandelt, doch ihre Hingabe geriet über all diesen widrigen Umständen niemals ins Wanken. Amma dachte immer, wenn sie Ablehnung erfuhr: „Gott gibt mir eine Gelegenheit, Durchhaltevermögen und Duldsamkeit zu entwickeln." Dies ist die Haltung eines wahren Devotees.

Wenn wir solch eine Haltung entwickeln können, gibt es keinen Grund, jemals auf Gott ärgerlich zu werden, selbst wenn die Dinge unseren Wünschen völlig zuwiderlaufen. Wir vermögen stattdessen unangenehme Erfahrungen als Chance anzunehmen, um spirituelle Eigenschaften wie Geduld, Akzeptanz und Gelassenheit zu entwickeln.

Wenn die Brahmacharis Fehler begehen, ist Amma sehr streng mit ihnen, da sie zu Amma gekommen sind, nur mit dem Ziel, Gott zu verwirklichen. Sie wünscht deshalb, dass die Brahmacharis ihren Geist in all ihrem Tun auf dieses Ziel ausrichten. Als ein Brahmachari sich einmal im Ashram etwas zu Schulden kommen ließ, sagte Amma zu ihm: „Ich werde nicht mit dir sprechen." Er reagierte zutiefst betroffen, denn das ist die schlimmste Strafe, die man von Amma bekommen kann. Wenn Amma uns ausschimpft, trifft uns das vielleicht nicht so sehr, doch wenn Amma nicht mit uns spricht, ist das sehr schmerzlich für uns. Dieser Brahmachari versuchte nun jeden Morgen, sich bei Amma zu entschuldigen, doch Amma wollte ihn nicht hören. Darüber verging mehr als eine Woche. Schließlich konnte er es nicht mehr aushalten. Eines Morgens nach dem Darshan folgte er Amma auf dem Weg in ihr Zimmer dicht auf den Versen. Bevor die Türe zuklappte, schlüpfte er unbemerkt von Amma hinein. Als Amma die Türe schloss, bemerkte sie den Brahmachari in ihrem Rau. Wortlos nahm Amma ihn am Arm und wies ihm die Tür. Der Brahmachari wartete draußen eine ganze Weile und kam dann die Treppe hinunter. Ich stieß mit ihm zusammen, als er gerade wegging. Er erzählte mir, was gerade vorgefallen war und fügte hinzu: „Ich bin aber nicht unglücklich. Eigentlich bin ich jetzt sehr glücklich."

Ich fragte ihn: „Wie kannst du glücklich sein, wenn Amma noch immer nicht mit dir gesprochen hat?"„Amma hat mich wenigstens berührt", entgegnete er. „Obwohl sie mir die Tür gewiesen hat, hat sie doch meinen Arm gehalten. Das genügt mir." Als ich Amma später erzählte, was der Brahmachari mir gesagt hatte, war Amma glücklich zu hören, wie er sich verhalten hatte. Am nächsten Tag redete Amma wieder mit ihm. Sie erklärte ihm, dass sie mit niemandem wirklich ärgerlich werden könne und dass sie sich ihm gegenüber nur deshalb so verhalten habe, um ihn auf seinen Fehler aufmerksam zu machen.

Wenn wir wahre Hingabe besitzen, werden wir niemals an Gott oder an unserem Meister etwas auszusetzen haben. Um sicher zu gehen, dass unsere Hingabe niemals schwankt oder verlöscht, sollte sie auf einem soliden Fundament von Erkenntnis beruhen. Eine solch unerschütterliche Hingabe wird unser spirituelles Wachstum ganz gewiss beschleunigen und unser Verbundensein mit Gott oder dem Meister verstärken.

Kapitel 22

Die Sichtweise der Schriften

Es ist vor allem für den spirituell Suchenden hilfreich, sich eine Grundkenntnis der Schriften des Sanatana Dharma anzueignen. Die Schriften vermitteln uns eine klare Sichtweise vom Ziel menschlichen Daseins und den Möglichkeiten, dieses Ziel zu erreichen. Mit einer gewissen Kenntnis der Schriften vermögen wir bis zu einem bestimmten Grad auch Mahatmas zu verstehen.

Selbst wenn wir uns nicht in die Schriften versenken können, lässt sich unser spirituelles Ziel auch dann erreichen, wenn wir sehr aufmerksam beobachten, wie ein Satguru handelt und spricht und seinen Anweisungen unmittelbar folgen. Da Mahatmas im Höchsten Wissen verankert sind, entspricht alles, was sie sagen, den Worten der Schriften. Mahatmas wie Amma werden deshalb „lebende Schriften" genannt.

Als wir Brahmacharis uns für ein Emblem für den Ashram entschieden, diskutierten wir über das Motto. Da wir zu keinem Ergebnis kamen, wandten wir uns an Amma: „Amma, wir brauchen deine Hilfe. Gib uns bitte ein Motto für das Ashram-Emblem." Amma sagte ermunternd: „Nehmt doch einfach ein Zitat, das euch gefällt." Wir suchten weiter, ergebnislos. Eines Tages unterhielten wir uns zufällig mit Amma, als sie unerwartet sagte: „Kinder, Befreiung erreicht man durch Entsagung." Sie sagte so etwas natürlich nicht in Sanskrit, sondern in Malayalam. Einem Brahmachari fiel sofort ein sehr ähnlicher Satz aus der Kevala Upanishad ein: „*Tyagenaike amrtatvamanashuh.*" Obwohl

Amma nie die Schriften gelesen hatte, entsprach ihre Bemerkung genau dem obigen Zitat.

Der Veda als älteste Schrift wurden von keinem menschlichen Autor verfasst, sondern wurden den alten Rishis oder Sehern „enthüllt". Die Mantren, aus denen die Veden bestehen, existierten schon als natürliche feine Schwingungen im Kosmos. Die Rishis vermochten sich so tief zu versenken, dass sie diese Mantren empfangen konnten.

Die Lehren des Veda gliedern sich in zwei Teile. Der *Karma Kanda* (Handlungsteil) enthält eine Fülle von Ritualen zur Erfüllung besonderer Wünsche. Es gibt beispielsweise ein Ritual, wenn man sich ein Kind wünscht und ein anderes, wenn man in den Himmel kommen möchte. Schon vor Tausenden von Jahren vollzogen Menschen diese Rituale, um ihre Wünsche erfüllt zu bekommen. Soll sich ein bestimmter Wunsch erfüllen, muss man eine Menge besonderer Vorschriften beachten. So soll man beispielsweise morgens beim Aufstehen in eine bestimmte Richtung schauen, bestimmte Mantren vor, während und nach dem Bad singen oder vor dem Essen usw. Während des Rituals selbst sind außerdem viele Schritte zu befolgen, begleitet von jeweils ganz bestimmten Mantren und Gebeten. Manche Rituale dauern mehrere Tage. Die Mantren erfüllen nicht nur bestimmte Wünsche, sondern wirken sich auch positiv und subtil auf denjenigen aus, der die Mantren singt. Wer auch nur einige dieser Rituale ausführt, dessen Geist wird reiner und eingestimmt auf Gott. Dank dieser positiven Einflüsse kann er sogar zum spirituell Suchenden werden. Karma Kanda verhilft einem normal Sterblichen zur Erfüllung normaler Wünsche und entzündet gleichzeitig sein Interesse an Spiritualität.

Der zweite Teil des Veda wird *Gyana Kanda* (Erkenntnisteil oder Teil, der Erkenntnisse enthält) genannt. Dieser Teil der Veden konzentriert sich ausschließlich auf Brahman, die Höchste

Wahrheit. Der Gyana Kanda ist, verglichen mit dem rituellen Teil, der aus Tausenden von Seiten besteht, sehr schmal. Darin drückt sich schon aus, dass es viele Wünsche gibt, wohingegen die Höchste Wahrheit als Grundlage von allem nur das Eine ist.

Obwohl Amma eine selbstverwirklichte Meisterin ist, fragen die meisten Leute sie nicht nach spirituellem Wissen. Wir gehen lieber mit unseren alltäglichen Sorgen und Belangen zu Amma. Angenommen, ich hätte im Examen statt einer „Eins" nur eine „Zwei" bekommen, so ist das für mich derart weltbewegend, weil ich der Beste sein wollte. In Wirklichkeit gerät mein Leben wegen einer „Zwei" nicht aus den Fugen. Amma wird mir, falls ich ihr davon erzähle, sicherlich ihre Sympathie zeigen und mir Mut und Segen für die Zukunft zusprechen.

Oder manchmal kommen Leute zu Amma und erzählen von ihrer Kuh, die nicht genug Milch gibt und bitten Amma, diese zu segnen, damit sie mehr Milch gibt. Mitunter sagt jemand: „In meinem Brunnen ist nicht genug Wasser, Amma. Bitte hilf mir." Sie wird ihnen etwas *Vibhuti* (gesegnete Asche) geben und ihnen raten, etwas in das Kuhfutter bzw. den Brunnen zu geben. Obwohl derartige Dinge vom Standpunkt einer Gott-Verwirklichten Seele bedeutungslos sind, weiß Amma um die konkreten Probleme dieser Menschen in ihrer Situation und hört deshalb sehr aufmerksam zu und bietet Problemlösungen an.

Hätte Amma uns bei unserer ersten Begegnung gesagt: „Alles, was ihr begehrt, ist *mithya* (unbeständig). Nur Gott ist beständig. Bittet einzig um Gott-Verwirklichung – ich kann euch beistehen, dass ihr Das erreicht," wären wohl die meisten von uns weggelaufen. Wir alle haben so viele Wünsche und möchten, dass sie sich erfüllen. Da wir weiterhin Amma aufsuchen werden, damit sich unsere Wünsche erfüllen, werden wir zugleich auf subtile Weise von Ammas bedingungsloser Liebe und spiritueller Energie berührt. Allmählich werden wir uns der Spiritualität zuwenden.

Somit erkennen wir, dass Amma tatsächlich die Schriften lebendig verkörpert – sie verhält sich genauso wie es im Veda steht. Amma wird denjenigen, die einzig nach Erkenntnis der Höchsten Wahrheit streben, helfen, DAS zu erreichen. Denjenigen mit weltlichen Wünschen, wird sie helfen, diese zu erfüllen (vorausgesetzt, Absichten und Ziele sind rechtmäßig).

Um den höchstmöglichen Gewinn aus den Schriften zu ziehen, mahnt uns Amma, die darin beschriebenen Pflichten zu erfüllen. Es genügt nicht, die Schriften zu lesen wie eine Tageszeitung. Wir sollten möglichst den uns von den Schriften auferlegten Verpflichtungen und Verantwortungen nachkommen. Da wir alle Vorlieben und Abneigungen haben, ist es uns nicht immer angenehm, diesen Aufgaben nachzukommen. Die Schriften bestehen aber darauf, dass wir Pflichten und Verantwortung übernehmen. Worin liegt der Vorteil, diesen Anweisungen zu folgen? Wir können nach und nach unsere Vorlieben und Abneigungen überwinden, wenn wir den Geboten gläubig folgen, die die Schriften so nachdrücklich fordern oder die unsere Meisterin uns auferlegt.

Der Veda sagt uns: *„Satyam vada"*, das bedeutet: „Sprich die Wahrheit." Wir mögen nicht immer die Wahrheit sagen wollen, doch wenn wir den Lehren der Veden folgen wollen, werden wir versuchen wahrhaftig zu sprechen, auch wenn uns nicht immer danach zumute ist. Auf diese Weise gelingt es uns, unsere Neigung, aus Bequemlichkeit Unwahres zu sagen, zu überwinden. Wir vermeiden gerne Dinge, die wir nicht mögen oder von denen wir meinen, sie nicht zu mögen. Es kann uns dann passieren, dass wir Dinge umgehen, die nützlich oder gut für uns wären, weil wir kein wirkliches Verständnis besitzen. Es ist daher zu unserem Besten, den Anweisungen der Schriften zu folgen. Die Schriften haben die möglichen Handlungsweisen in fünf Haupttypen unterteilt und jeweils spezielle Anweisungen formuliert.

Der erste Handlungstypus wird *Kamya Karma* genannt oder Handlungen zur Erfüllung unserer vielen Wünsche. Die Schriften verbieten diesen Handlungstypus nicht, erinnern uns jedoch daran, dass er uns nicht zum höchsten Ziel der Selbst-Verwirklichung führen wird. (Die im Karma Kanda zusammengestellten Rituale gehören in diese Kategorie des Kamya Karma.) Amma sagt mit Bezug auf Kamya Karma, es sei keineswegs verwerflich, sich Wünsche zu erfüllen, solange man rechtmäßig handelt, wir sollten uns nur bewusst sein, dass diese Sehnsüchte uns kein dauerhaftes Glück verleihen, und dass wir nicht alles bekommen können, was wir möchten.

Der zweite Handlungstypus heißt *Nitya Karma* und bezieht sich auf unsere täglichen Aktivitäten, unsere üblichen täglichen Verrichtungen. Es werden Mantren selbst für so gewohnheitsmäßige Verrichtungen wie Zähneputzen, sich baden und essen vorgeschrieben, damit wir uns einfacher darauf besinnen können, dass wir nicht aus eigener Kraft, sondern aus der Kraft von Brahman handeln, der das gesamte Universum trägt. Wenn wir so denken, fällt es uns leichter, uns auf das spirituelle Ziel des Lebens zu besinnen. Für diejenigen, die einen Meister haben, ist die Befolgung der Anweisungen des Meisters für die täglichen Übungen ihr Nitya Karma. Amma empfiehlt uns, jeden Tag unser Mantra zu rezitieren und zu meditieren. Hingebungsvoll veranlagte Menschen können außerdem die 108 Namen oder die 1000 Namen der Göttlichen Mutter (oder der von ihnen bevorzugten Gottheit) singen.

Handlungen zu bestimmten Anlässen werden *Naimithika Karma* genannt. Es gibt beispielsweise eine bestimmte Namenszeremonie für ein Neugeborenes, ein bestimmtes Ritual, wenn es zum ersten Mal feste Kost bekommt, eines an seinem ersten Geburtstag usw. Wir sollen jedes Jahr unseren Vorfahren, den von uns gegangenen Seelen, Opfergaben darbringen. Brahmanen haben jedes Jahr eine Zeremonie, während der sie ihre alte heilige Schnur durch eine neue ersetzen. Es gibt viele solche Rituale zu bestimmten Anlässen; dies sind nur einige Beispiele.

Amma bittet uns, wann immer sich uns die Gelegenheit bietet, anderen zu helfen und zu dienen. Sie sagt, wir sollten uns sogar selbst etwas ausdenken, wie wir anderen dienen können, wenn wir keine andere Gelegenheit haben. Obwohl wir natürlich nicht jeden Tag die Möglichkeit haben, anderen beizustehen, finden sich ganz bestimmt Wege, wenn wir uns darum bemühen. Wir können je nach Bedarf in regelmäßigen Abständen in Krankenhäusern, Altersheimen, Waisenhäusern und ähnlichen Einrichtungen helfen.

Viele Menschen haben außerdem keine Gelegenheit zum täglichen Archana-Singen in der Gruppe. Sie könnten sich in diesem Fall mit anderen Devotees zusammenfinden, um einmal pro Woche oder einmal im Monat an einem Archana in der Gruppe, an Meditationen und Bhajans teilzunehmen. Eine solche Form des Satsang, in Verbindung mit aktiver Nächstenliebe, kann man als Naimithika Karma von Ammas Kindern ansehen.

Außerdem gibt es Handlungsweisen (*Nishiddha Karma*), die man unbedingt vermeiden sollte. Die Schriften halten uns an, weder zu lügen noch zu stehlen, weder zu streiten noch jemanden zu hassen, niemanden zu betrügen oder schlecht über ihn zu sprechen. Nehmen wir daraufhin unser Leben einmal unter die Lupe, sehen wir, dass wir zumindest gelegentlich doch einige dieser verbotenen Handlungen vornehmen: Das heißt, wir verstärken unsere negativen Seiten, und anstatt gute und positive Schwingungen zu bekommen, wenn wir unseren Verpflichtungen so nachgingen, wie die Schriften uns auftragen, ziehen wir nur negative Schwingungen an. Diese Negativitäten nun werden zum Hindernis für unsere spirituellen Übungen.

Amma sagt unmissverständlich, wenn wir jemandem gegenüber schlechte Absichten hegen, sollten wir daran denken, dass Amma auch in diesem Menschen zugegen ist. Ärgern wir uns über jemanden, sollten wir an etwas Gutes denken, das wir früher einmal von ihm bekamen. Amma möchte uns mit solchen Vorschlägen ablenken von Nishiddha Karma oder Handlungsweisen, die von den Schriften untersagt sind.

Schließlich gibt es auch heilende Handlungsweisen, die wir ausführen können, um negative Auswirkungen zu vermindern oder zu verhindern, die uns als Folge von absichtlich schädigenden Handlungen bestimmt sind. Diese Handlungsweisen werden *Prayaschitta Karma* genannt.

Die Schriften beschreiben verschiedene heilende Formen von Prayaschitta Karma, je nach Art und Intensität der schädigenden Handlungsweisen. Dazu gehören bestimmte Rituale und Verrichtungen ebenso wie besondere Werke der Barmherzigkeit. Es wird gesagt, die Wirkungsweise schädigender Taten könne reduziert oder aufgehoben werden, wenn wir unter Anleitung eines Meisters Tapas machen oder dank der Gnade Gottes.

In vielen Fällen entdecken Devotees in ihrem Horoskop, dass sich in einer bestimmten Lebensphase etwas Tragisches ereignen sollte. Solch ein Ereignis gehört selbstverständlich zu ihrem Schicksal, als Folge negativer Handlungen in diesem oder einem vorherigen Leben. Amma ordnet in solchen Fällen oft an zu fasten oder sich für Monate oder Jahre an einem bestimmten Wochentag einem Schweigegelöbnis zu unterziehen. Wenn ein Devotee Prayaschitta Karma gemäß Ammas Anweisungen gläubig anwendet, kann das Unglück abgewendet werden. Die Schriften geben uns darüber hinaus Anweisungen zum *Panchamahayagna* (fünf große Opfer). Das Wort „Opfer" assoziieren wir möglicherweise mit dem Töten eines Tieres als Gottesopfer. Im Sanatana Dharma hat eine Opfergabe eigentlich nichts mit

Töten zu tun. Opfer bedeutet in diesem Zusammenhang teilen. Wir opfern unseren eigenen Komfort und unsere selbstbezogenen Wünsche, um den Geist des Teilens mit allem zu entwickeln: mit Menschen ebenso wie mit Tieren und Pflanzen, als hilfreiche Unterstützung zur Bewahrung der Harmonie in der Natur und in der Welt.

Jeder Mensch tötet bewusst oder unbewusst andere Lebewesen. Beim Spazierengehen töten wir versehentlich Insekten oder andere kleine Lebewesen. Da viele Insekten in der Rinde des Feuerholzes leben, sterben sie, wenn wir Holz zum Kochen oder Heizen verwenden. Wir töten den Moskito, der sich auf uns setzt. Nach einer Fahrt über die Autobahn ist unsere Windschutzscheibe bedeckt mit toten Insekten. Wir könnten möglicherweise einen Hirsch töten oder sonst ein Tier überfahren. Wir haben in unserem Leben schon viele Wesen versehentlich getötet. Die Schriften zählen deshalb fünf verschiedene Arten von Yagnas auf, mit denen wir negative Auswirkungen unabsichtlich schädigender Handlungen beseitigen können, und mit denen wir zugleich unsere Dankbarkeit vor Gott, den fünf Elementen, unseren Mitmenschen, den Tieren und unseren Ahnen ausdrücken können. Unser Leben wird möglich nur dank der Hilfe, die wir aus diesen fünf Quellen empfangen.

Das erste von den Schriften eindringlich dargestellte Yagna ist das *Brahma Yagna*, was so viel heißt, wie sich Wissen aneignen (durch das Studium der Schriften) über Brahman oder Gott und das Erlernte auch an andere weiterzugeben. Brahma Yagna wird empfohlen als Ausdruck der Dankbarkeit gegenüber Brahman oder Gott. Da Brahman die Quelle von allem ist, verdanken wir Brahman unser Dasein. Dieses Yagna wird nicht Gott zuliebe ausgeführt – es hilft uns, im Bewusstsein unserer Abhängigkeit von Gott mehr Demut zu entwickeln. Wenn wir die in den Schriften hervorgehobenen moralischen und spirituellen Werte

leben, tragen wir bei zur Bewahrung der Harmonie in der Gesellschaft. Gott fordert oder benötigt eigentlich unsere Verehrung
nicht. Er ist Fülle und vollendet. Amma sagt, die Sonne bedarf
nicht der Unterstützung durch eine Kerze. Die Sonne erhellt die
ganze Welt; welchen Nutzen hätte eine Kerze für die Sonne? Gott
bedarf genauso wenig unserer Verehrung. Es ist nur zu unserem
eigenen Heil, dass wir Ihn verehren.

In alten Zeiten war es lediglich den Brahmanen (Priesterkaste) gestattet, dieses Yagna durchzuführen, da nur von ihnen
erwartet wurde, die Schriften zu lesen; doch führen viele von
Ammas Kindern täglich dieses Yagna durch: Wenn wir Freunde
treffen, sprechen wir meistens über Amma. Da Amma Eins ist
mit Gott, sprechen wir eigentlich über Gott, wenn wir über
Amma sprechen.

Das zweite uns von den Schriften aufgetragene Yagna heißt
Pitr Yagna oder Rituale für unsere verstorbenen Vorfahren.
In Indien werden bei diesem Yagna üblicherweise Reisbälle
(oder andere Grundnahrungsmittel) Krähen dargebracht, aus
der Vorstellung heraus, unsere Vorfahren durch unsere Gebete
zu segnen und durch Opferspeisen zu nähren. Es mag töricht
erscheinen, einem Toten Opferspeisen darzubringen, da er sie
nicht zu sich nehmen kann. Im Verständnis der Veden befinden
sich die verstorbenen Seelen so lange in einem *Pitr Loka* (Welt
der Entschwundenen) genannten Zwischenreich, bis sie einen
neuen Körper annehmen. In diesem Zwischenreich empfinden
sie Hunger und Durst und können nicht für sich selbst sorgen.
Die subtilen Schwingungen der ihnen von uns dargebotenen
Speisen nähren ihren subtilen Körper. Unsere Gebete beschleunigen ihr spirituelles Weiterkommen und verhelfen ihnen zu einer
höheren Geburt. In der Regel wird Pitr Yagna mit all seinen in
den Veden beschriebenen Ritualen nur einmal im Jahr praktiziert, was ausreichend ist. Manche streng orthodoxen Familien

praktizieren dieses Ritual monatlich. Wenn Amma eine Devi Puja oder Atma Puja ausführt, bittet sie uns, um Frieden für unsere verstorbenen Vorfahren zu beten. Auf diese Weise erfüllen auch wir dieses Yagna.

Das dritte Yagna ist das *Deva Yagna*. In der Tradition des Sanatana Dharma sind mit jedem Element und Aspekt der Schöpfung Gottheiten verbunden, z.b. mit der Erde, der Luft, der Rede, dem Handeln, dem Gemüt, der Intelligenz usw. Gleichsam wie derselbe Strom verschiedene Elektrogeräte versorgt, werden diese Gottheiten als verschiedene Aspekte des Einen Gottes angesehen. Obwohl Gott nur Eins ist, wird seine Macht für unseren Geist in verschiedenen Namen und Gestalten verfügbar, um unseren täglichen Bedürfnissen entgegenzukommen.

Die im Deva Yagna verehrten Devas sind führende Gottheiten der Naturkräfte. Wir erhalten Luft, Wasser, Licht und Boden von der Natur – alles kostenlos. Die Kommunalverwaltung erhebt wohl Kosten für Wasser und Strom, die Natur dagegen stellt uns nichts in Rechnung. Obwohl wir diesen Naturkräften nichts schulden, wird von uns erwartet, unsere Dankbarkeit den führenden Gottheiten gegenüber durch ein Deva Yagna auszudrücken.

Zu Beginn einer Devi Puja führt Amma in unserem Namen eine Deva Yagna durch. Als Verkörperung der fünf Elemente nimmt sie einen Kessel mit reinem Wasser, segnet ihn mit heiliger Asche (die Erde repräsentierend), schwenkt brennenden Kampfer (symbolisiert das Feuer), während eine Glocke ertönt (der Klang repräsentiert den kosmischen Raum). Dann lässt sie ihren Atem (die Luft repräsentierend) in das Wasser einströmen und mit ihm ihre *Prana Shakti* (Lebenskraft).

Das vierte Yagna wird *Bhuta Yagna* genannt. Dies ist unser Dienst an anderen Lebewesen. In Indien werden Kühe besonders behütet, da sie als heilige Tiere gelten. Ebenso heilig ist auch die

Tulasi-Pflanze (Basilikum) und fromme Haushälter verehren sie täglich respektvoll. Im Westen gibt es in vielen Haushalten ein oder zwei Katzen oder einen Hund. Wir können natürlich nicht jedem Tier beistehen. Jegliche Hilfe, die wir einem Tier oder einer Pflanze gewähren, mit denen wir in Berührung kommen, genügt schon. Die Schriften sagen, es sei ausreichend, wenn man kein Haustier habe, Vögel, Wildtiere, Rinder oder Eichhörnchen zu füttern oder eine Pflanze zu gießen und sich um einen Baum zu kümmern. Ganz unterschiedliche Tiere tragen dazu bei, unser Leben zu ermöglichen. Wenn wir uns um ein oder zwei verirrte oder verletzte Tiere und Vögel kümmern oder uns für den Schutz bedrohter Tierarten einsetzen, bezeugen wir auf vielfältige Weise unsere Dankbarkeit und zahlen unsere Schuld anderen Lebewesen gegenüber zurück. Ammas internationale GreenFriends Initiative schenkt ihren Kindern eine Möglichkeit zum Bhuta Yagna.

Schließlich gibt es noch *Nara Yagna*, Dienst am Mitmenschen (tätige Nächstenliebe). Wann immer wir sehen, dass jemand Hilfe braucht, sollten wir helfen ohne zu erwarten, etwas zurückzubekommen. Begegnest du einem alten Menschen, der mühevoll die Straße überquert, hilf ihm einfach. Der Geist von Yagna ist Opfer oder Selbstlosigkeit. Yagna ist alles, was ohne Erwartung getan wird. Wenn ich jemandem helfe ohne zu erwarten etwas zurückzubekommen, wird das zum echten Opfer – es wird ein Yagna.

Viele Kinder von Amma unterstützen auf die eine oder andere Weise Ammas humanitäre Einrichtungen. Wir können Nara Yagna ausführen durch Geldspenden oder sonstige Unterstützung von Ammas Einrichtungen, z.B. als Volontär in ihrem Hausbau-Projekt in Indien (Amrita Kutiram), in ihrem Projekt Armenspeisung (in den USA „Amma-Küche", „Mother's Kitchen", genannt) oder in einem der zahlreichen anderen von

Amma ins Leben gerufenen Projekten zur Linderung der Not von Armen und Bedürftigen.

Der Zweck dieser Aktivitäten liegt nicht nur darin, uns so zu verhalten, wie die Schriften es vorschreiben; alle Yagnas sind zu unserem eigenen Besten. Wenn wir diesen Verpflichtungen gewissenhaft nachkommen, werden wir offener und wachsen spirituell. Verrichten wir all diese Handlungen allerdings ohne innere Verpflichtung, gerade so, wie wir zu unserer Arbeit gehen, nur weil es sein muss, erwächst uns daraus nicht der höchste Gewinn. Amma erläutert dies durch ein gutes Beispiel. Öfters möchten Leute einem Tempel oder einer anderen humanitären oder spirituellen Organisation etwas spenden und das gerne andere auch wissen lassen. Amma scherzte, dass jemand, der nur eine Neon-Leuchtröhre stiftet, am liebsten auf die Röhre drucken möchte: „Gestiftet von Soundso", womit dieser Aufdruck schon das halbe Licht verschlucken würde. Diese Art zu stiften entspringt natürlich der Motivation zu helfen, doch ebenso einem Bedürfnis nach Ruhm und Ansehen. In solchen Fällen stiftet derjenige einem Tempel etwas in der Meinung, das sei ein Akt von Gottesverehrung, ohne den wahren Geist von Gottesverehrung zu verstehen. Wenn wir einer gemeinnützigen oder humanitären Einrichtung Geld spenden, sollten wir möglichst daran denken, dass uns dieses Geld von Gott geschenkt wurde und dass wir es Ihm nur zurückgeben.

Alles, was der Meister uns rät oder zu tun aufträgt, ist in vollendetem Einklang mit den Schriften. Wir haben gesehen, wie Amma klare Anweisungen zu den fünf Handlungsarten und den fünf großen Opferhandlungen gibt, die vollkommen mit den Anweisungen der Schriften übereinstimmen. Es sollte uns nicht beunruhigen, wenn wir uns nicht an alle fünf Handlungsarten und die fünf großen Opferformen erinnern können. Die Schriften sagen, den Anweisungen des Meisters gewissenhaft zu folgen, gleicht jeden Fehler bei der Befolgung der Anweisungen der Schriften aus.

Die Kenntnis der Schriften allein reicht natürlich nicht aus. Amma sagt, wir benötigen sowohl die Sichtweise der Schriften als auch die Festigkeit unserer spirituellen Praxis, um unsere Negativitäten zu beseitigen und uns fest an Gott zu halten.

Kapitel 23

Spiritualität im Handeln

Gottesverehrung ist nicht nur an bestimmte Zeiten oder an bestimmte Tage gebunden, so wie *Sadhana* (spirituelle Praxis) nicht nur aus Meditation und Rezitation besteht. Wie Amma betont, sollte alles, was wir im Leben tun, zum Sadhana werden, damit sich unsere spirituelle Praxis nicht nur auf die Morgenmeditation oder die Abendgebete beschränkt. In Ammas Leben waren selbst ihre Kinderspiele mit den Freunden ein Sadhana. Mit fünf oder sechs Jahren spielte Amma mit ihren Freunden oft in den Backwaters. Sie spielten häufig ein Spiel, bei dem jedes Kind solange wie möglich unter Wasser tauchte, um zu sehen, wer am längsten den Atem anhielt. Gewonnen hatte, wer das am längsten konnte. Amma tauchte stets mit dem festen Entschluss unter, erst wieder an die Oberfläche zu kommen, wenn sie innerlich 100 oder 150 mal ihr Mantra rezitiert hatte. Manchmal blieb sie mehr als zwei Minuten unter Wasser. Die anderen Kinder erschraken sich dann und dachten, sie sei ertrunken. Zuschauer hätten meinen können, Amma wolle bloß das Spiel gewinnen, doch eigentlich machte sie bei diesem Spiel ihre spirituelle Übung.

Sie spielten gerne auch Verstecken. Amma kletterte manchmal auf den Wipfel eines Baumes, um von den anderen nicht gesehen zu werden. Sie stellte sich dort oben vor, Sri Krishna zu sein, und alle ihre Freunde wären die Gespielen aus Krishnas Kindheit, die *Gopis* (Milchmädchen) und *Gopas* (Kuhhirten). Auch bei diesem Spiel konnte sie sich auf Gott besinnen.

In dem Dorf, in dem Amma aufwuchs, gab es in keinem Haus fließendes Wasser, so dass alle auf die wenigen öffentlichen Brunnen angewiesen waren. Damals waren sie nicht einmal mit einer Pumpe ausgestattet. Man musste sich auf eine Windmühle verlassen, die an den Brunnen angeschlossen war. Wenn der Wind blies, drehte sich das Rad und man konnte Wasser aus dem Brunnen schöpfen. Bei Windstille dagegen blieb einem nichts anderes übrig als zu warten. Die Dorfbewohner standen dann in einer Warteschlange am Brunnen, wurden unruhig und ungeduldig und liefen laut schimpfend auf und ab. Nur Amma, die für den gesamten Haushalt Wasser holen musste, blieb ruhig. Sie nutzte diese Zeit als Chance der Besinnung auf Gott, schloss ihre Augen und rezitierte leise ihr Mantra. Mit diesem Verhalten wurde alles, was sie tat, zur spirituellen Übung.

Da Amma erleuchtet zur Welt kam, hätte sie eigentlich kein Sadhana machen müssen. Sie verhielt sich einfach so, um anderen Vorbild zu sein. Wenn wir so üben und nicht nur ein oder zwei Stunden täglich, werden die meisten täglichen Unternehmungen zum Sadhana.

Ein Devotee kommt sehr oft nach Amritapuri und hilft freiwillig beim Reinigen des Ashram-Geländes. Wenn Amma so vielen Menschen Darshan gegeben hat, sind über den ganzen Boden Papierchen verstreut von den Bonbons, die Amma als Prasad gibt. Dieser Devotee verbringt Stunden damit, jedes einzelne Papier aufzuheben. Ein anderer Devotee sah das einmal und reichte ihm einen Besen mit den Worten: „Warum nimmst du keinen Besen? Es geht damit viel schneller." Der erste Devotee lehnte das Angebot höflich lächelnd ab. „Für mich sind diese Papierchen auf dem Boden kein Abfall. Sie sind Ammas Prasad – Amma hat jedes Bonbonpapier in ihrer Hand gehabt. Wenn ich das so betrachte, kann ich sie nicht einfach mit dem Besen wegkehren. Es macht mir nichts aus, sie stundenlang einzusammeln. Ich hebe sie vom Boden auf und bedenke, dass Amma jedes Papier berührt und gesegnet hat."

Amma sagt, alles, was wir auf die richtige Art sagen, tun oder denken, ist Spiritualität.

Unsere Lebensspanne ist verglichen mit der Dauer des Universums sehr kurz. Wir sollten nicht selbstzufrieden meinen, es stünden uns 60 oder 80 Jahre zur Verfügung, um unser Sadhana zu machen und unser Ziel zu erreichen. In Wirklichkeit haben wir nicht so viel Zeit. Beinahe ein Drittel unseres Lebens verbringen wir schlafend, von 80 Jahren ungefähr 27 Jahre, und mehr als 25 Jahre verbringen wir mit kindlichen Spielen und jugendlichen Unternehmungen. Die meisten Leute arbeiten 40 Jahre lang acht Stunden täglich – das macht 13 weitere Jahre, in denen wir keine spirituellen Übungen machen können. Und am Ende des Lebens werden wir schwach und sind nicht mehr in der Lage zu stundenlangem Sadhana, womit weitere 10 Jahre vorüber wären. Das heißt also, selbst wenn wir 80 Jahre alt werden, bleiben uns eigentlich nur fünf Jahre für spirituelle Übungen und selbst während dieser Zeit gibt es viele Probleme und Ablenkungen. Es ist deshalb so wichtig zu lernen, unser Handeln in Sadhana umzuwandeln. Ob wir uns um den Ehepartner und die Kinder kümmern oder unserem Beruf nachgehen, wir sollten eine Haltung zu entwickeln versuchen, die uns befähigt, aus allen Handlungen Sadhana zu machen. Selbst unsere Lebensnöte können zum Sadhana werden, wenn wir durch diese Schwierigkeiten befähigt werden, uns auf Gott zu besinnen. Amma sagt deshalb, alle Probleme ihres Lebens waren für sie wie Lehrmeister.

Die einfachste Weise, unser Tun in Sadhana umzuwandeln, ist zu handeln im Geist von Gottesverehrung, das heißt, uns mit allen Kräften zu bemühen und das Ergebnis unseres Handelns Gott zu Füßen zu legen. Wenn wir aus solch einem Verständnis heraus agieren, wissen wir, unser Bestes getan zu haben und dass alles Weitere in Gottes Hand liegt.

Die Schriften lehren, wenn wir all unser Tun Gott zu Füßen legen, sind wir karmisch nicht den Folgen unserer Taten ausgesetzt, die wir andernfalls zu spüren bekämen. Wenn wir beispielsweise jemandem Schaden zufügen oder etwas stehlen, kommen wir als natürliche Folge ins Gefängnis. Falls wir zufällig in diesem Leben einer Bestrafung entkommen, wird sie bestimmt in einem künftigen Leben auf uns warten. Aus diesem Grund sehen wir so viele Menschen in der Welt leiden. Sie mögen in ihrem gegenwärtigen Leben nichts Schlechtes getan haben, und trotzdem stößt ihnen so viel Unglück zu, und zwar aufgrund von Handlungsweisen in ihren früheren Leben. Sie müssen einfach die Folgen ihres Verhaltens ausbaden.

Unser gegenwärtiges Leben ist eine Fortsetzung früherer Leben. Die Folgen zurückliegender Taten, die wir bisher noch nicht zu spüren bekamen, werden wir früher oder später zu spüren bekommen. So werden beispielsweise manche Menschen in sehr schwierige Verhältnisse hineingeboren. Wer sein Leben unter so belasteten Umständen beginnt, muss in einem früheren Leben irgendetwas Unheilstiftendes getan haben, andernfalls müssten wir sagen, Gott sei grausam. Das soll nun nicht heißen, dass sich Menschen mit großen Lebensproblemen schuldig fühlen müssten, irgendwelche schlimmen Taten in vorigen Leben begangen zu haben. Wir alle haben schon viele Erdenleben hinter uns und schlechte Taten begangen und leiden demzufolge. Bevor wir nicht unser wahres Selbst verwirklichen, sind wir nicht unfehlbar.

Gott ist in Wahrheit unvoreingenommen. Jegliches Handeln von uns fällt als Reaktion auf uns zurück. Das ist das Gesetz des Karma. Wenn wir handeln mit der Haltung: „Ich tue es", muss das Ergebnis – sei es gut oder schlecht – selbstverständlich auf uns zurückfallen und nicht etwa auf den Nachbarn. Jeder von uns hat eine karmische Schuld zu begleichen. Mahatmas wie Amma können selbstverständlich unser Leiden lindern, indem sie das Problem beseitigen oder verringern oder uns die Kraft schenken, es durchzustehen. Das Wichtigste ist, alles daranzusetzen, nicht noch mehr negatives Karma zu erzeugen. Aus diesem Grund mahnt Amma uns, in unseren Gedanken, Worten und Handlungen immer sehr achtsam zu sein, da unsere gegenwärtigen Gedanken, Worte und Handlungen künftige Erfahrungen mitbestimmen. Wenn man in diesem Leben durch großes Leid gehen muss, versuche man, es dahingehend zu verstehen, dass man dadurch sehr viel von seinem noch bestehenden Prarabdha Karma auflöst.

Das Leben eines jeden Wesens ist ein ständiger Kampf um Leidverminderung und Glücksvermehrung. In unserem Bemühen um persönliches Glück fügen wir manchmal anderen unabsichtlich oder auch absichtlich Kummer und Schmerz zu. Jedes Lebewesen ist von einer Aura umgeben, einer feinen Schicht, in der all unsere Gedanken, Worte und Handlungen aufgezeichnet sind. Wir bringen diese Aura bei der Geburt mit und sie begleitet uns über den Tod hinaus. Wenn wir jemandem absichtlich Kummer und Schmerz zufügen, bleibt das in unserer Aura verzeichnet und wird im Laufe der Zeit Elend und Leid über uns bringen. Wenn wir dagegen anderen Freude und Frieden bringen, wird das genauso auch unserem Leben mehr Glück und Segen bereiten. So ist das Gesetz des Karma, um es nochmals zu sagen. Aufgrund dieses Gesetzes pendelt unser Leben hin und her zwischen Schmerz und Freude.

Wenn ein spiritueller Aspirant sich aus dem Kreislauf von Geburt und Tod befreien möchte, muss er lernen, alles Handeln Gott darzubringen. Für einen spirituell Suchenden kann sogar das Ergebnis einer guten Tat zur Fessel werden, wenn er in seinem Handeln auf dieses Ergebnis fixiert ist. Es wäre so, als sei er an eine goldene Kette gelegt, die eine Fessel bleibt, egal, ob die Kette aus Gold oder aus Eisen besteht, selbst wenn wir nur Gutes vollbringen, müssen wir eine weitere Geburt auf uns nehmen, solange wir auf das Resultat schauen, einfach, um die guten Folgen zu erleben. Gute und schlechte Taten binden uns gleichermaßen, solange unser Ego noch im Bewusstsein handelt: „Ich tue es". Wenn wir diese Fessel loswerden wollen, müssen wir jede Handlung in einem Geist von Gottesverehrung und Ergebenheit ausführen.

Gott können wir selbstverständlich nur gute Handlungen darbringen. Wir können nicht etwa einen Mord oder sonst ein Verbrechen begehen und dann glauben, den Konsequenzen unserer Taten dadurch entgehen zu können, dass wir sie Gott überantworten. Wir werden die Folgen jeder schlechten Tat unweigerlich zu spüren bekommen.

Gott etwas darzubringen ohne irgendeine Erwartung, das ist wirkliche Gottesverehrung. Eine Gegenleistung zu erwarten ist keine wahre Gottesverehrung. Das wäre nur ein Feilschen wie in einer Geschäftsangelegenheit. Wenn wir alles als Gottesverehrung tun, nehmen wir die Folgen als Geschenk Gottes an. Das Ergebnis unseres Tuns, wie auch immer beschaffen, bestürzt uns dann nicht, sondern wir nehmen es als von Gott gegeben an. Im Allgemeinen reagieren wir aufgebracht oder depressiv, wenn wir mit unserem Handeln nicht das erwartete Ergebnis erzielen. In einer Haltung von Ergebenheit und Akzeptanz jedoch verlieren wir nicht unsere Fassung, wenn das Ergebnis nicht unseren Erwartungen entspricht. Die angemessene Haltung ist: „Okay, Herr, Du gabst mir die Kraft und Energie zu diesem Tun. Nun habe ich es vollbracht und lege es Dir zu Füßen. Ich erbitte nichts. Was auch Dein Wille sei, lass es mich so hinnehmen." Mit solchem Denken können wir das Auf und Ab des Lebens mit Gelassenheit hinnehmen.

In der *Bhagavad Gita* verkündet Sri Krishna:

karmaṇy evādhikāras te mā phaleṣu kadācana

Du bist zuständig allein für das Tun,
niemals aber für die Früchte des Handelns. 2.47

Das bedeutet nicht, dass Gott uns ohne Entlohnung arbeiten lassen möchte. Eigentlich erklärt hier Krishna eines der Naturgesetze, das so unpersönlich ist wie das Newtonsche Bewegungsgesetz. Er stellt einfach fest, dass wir die Umstände, die das Ergebnis unseres Handelns beeinflussen, nicht vollständig kontrollieren können. Deshalb fällt das Ergebnis nicht immer so aus, wie wir dachten. Die universelle Intelligenz, die sonst Gott genannt wird, bestimmt das Ergebnis.

Amma gibt dazu ein wunderschönes Beispiel. Angenommen wir nehmen eine Handvoll Samen, halten sie in unserer Hand und bitten Gott inständig, sie sprießen zu lassen. Obwohl Gott alles kann und wir aufrichtig beten, werden die Samen nicht aufgehen, solange wir sie in der Hand halten. Damit die Samen keimen können, müssen wir sie in gute, fruchtbare Erde legen. Nur dort haben sie eine Chance aufzugehen. Gibt es aber irgendeine Garantie dafür, dass aus allen Samen Pflanzen werden oder dass jede Pflanze denselben Ertrag bringt? Das Ergebnis ist nicht vorhersehbar, da es von vielen Faktoren abhängt, die sich unserer Kontrolle entziehen. Wir haben das Recht, die Samen auszusäen, mehr nicht. Wenn der Herr sagt, wir sollten uns auf eine Handlung konzentrieren und das Ergebnis Gott überlassen, ist das ein praktischer Vorschlag.

Ergebenheit ist eine positive Art zu leben und hat nichts mit Pessimismus oder Fatalismus zu tun. Wenn wir eine Haltung von Ergebenheit und Akzeptanz entwickeln, gehen wir schonend mit unserer Energie um. Vorläufig neigen wir noch zum Grübeln, wenn etwas falsch läuft in unserem Leben und vergeuden dadurch viel Kraft und Zeit. Wenn wir dagegen alles, was kommt, mit einer positiven Haltung annehmen und darin Ammas oder Gottes Willen erkennen, nutzen wir unsere Zeit und Energie schöpferisch.

Als Kinder Ammas ist es für uns einfach, eine Haltung von Ergebenheit und Akzeptanz zu entwickeln. In Momenten des Zweifelns oder wenn uns sonst etwas beschäftigt, kann uns immer Ammas Hilfe und Führung zuteil werden. Es wäre ohne lebenden Meister viel schwieriger, solch eine Haltung aufrecht zu erhalten, da es uns nicht möglich ist, unmittelbar von Gott geführt zu werden. Gott ist selbstverständlich immer für uns da, doch sind wir nicht immer genügend aufnahmefähig zum Empfang von Gottes Führung. Unter solchen Voraussetzungen ist ein lebender Meister, der sich auf unsere Ebene hinab begeben hat, ein großer Segen für uns.

Es hat seine Gründe, warum die Schriften sagen, wir sollten uns nicht zu sehr um die Ergebnisse unseres Handelns kümmern. Ein Grund ist der, dass wir unsere Inspiration und Begeisterung verlieren könnten. Wenn wir uns zu sehr auf das Ergebnis fokussieren, werden wir verspannt und verlieren womöglich unsere Kraft für weitere Anstrengungen.

Nach Abschluss meines Studiums bewarb ich mich bei einer pharmazeutischen Firma und wurde zu einem Vorstellungsgespräch eingeladen. Der Vorgesetzte stellte Fragen, die für mich sehr einfach zu beantworten waren. Das wunderte mich sehr. Ich hatte mit einem anspruchsvollen Bewerbungsgespräch gerechnet, da es sich um eine attraktive Arbeit handelte. Da die Fragen so unkompliziert waren, vermutete ich, man habe sich bereits für einen anderen Kandidaten entschieden und habe mich nur der Form halber dorthin bestellt. Der Gedanke, ich könnte die Stelle schließlich nicht bekommen, rief in mir helle Aufregung hervor.

Plötzlich stellte man mir eine unerwartete Frage: Auf welcher Seite sitzt das Herz eines Frosches, rechts oder links? Solch einfache Frage! Ich hatte im zoologischen Unterricht oft einen Frosch zerteilt und sein Blutgefäßsystem untersucht, wusste also sehr genau, auf welcher Seite sein Herz saß. Doch in diesem Augenblick war mein Geist zerstreut, aus Sorge, jemand anderes würde den Job bekommen. Ich legte mir bereits einen neuen Plan zurecht, für den Fall, dass ich die Stelle nicht bekäme. Die Frage des Interviewers beantwortete ich falsch: „Es ist auf der linken Seite." Überflüssig zu erwähnen, dass ich den Job nicht bekam.

Warum konnte ich solch einfache Frage nicht beantworten? Aus dem einfachen Grund, weil ich viel zu sehr mit dem Ergebnis des Interviews beschäftigt war. Es passiert uns oft, dass wir eine Aufgabe unzureichend erledigen, weil wir uns mehr auf das Ergebnis als auf die vorliegende Aufgabe konzentrieren. Deshalb rät Amma immer dazu, uns auf unser gegenwärtiges Tun mehr zu konzentrieren als nachzudenken, was dabei wohl herauskommen könnte. Wenn wir sorgfältiger und aufmerksamer in unserem Tun sind, wird sich alles von selbst ergeben.

Wann immer wir uns in Situationen befinden, die sich unserer Kontrolle entziehen, sollten wir versuchen, sie als von Gott gegeben hinzunehmen und unseren Verpflichtungen aufrichtig nachkommen. Auf diese Weise verehren wir Gott.

Es ist zum Beispiel unsere Pflicht, uns sorgfältig um unsere Kinder zu kümmern. Wenn die Kinder unsere Liebe nicht erwidern, sollten wir ihnen das nicht verübeln. Wir sollten uns nur mit der Ausübung unserer Pflicht befassen und nicht mit den Früchten unseres Tuns. Das ist wirklicher Geist von Gottesverehrung.

Angenommen, ich möchte bei Amma in ihrem Ashram in Indien leben und kann das wegen familiärer Verpflichtungen nicht ermöglichen. Vielen Menschen geht es so. Ihnen sagt Amma: „Erfüllt all eure Verpflichtungen eurer Familie gegenüber wie einen Gottesdienst, im Bewusstsein, dass eure Familie euch von Amma gegeben wurde und dass Amma euch die Verantwortung übertrug, für sie zu sorgen. Dass ist genau so gut, als wenn ihr Amma selbst verehren würdet."

Vor vielen Jahren arbeitete ich noch in einer Bank und wollte meinen Job aufgeben, um vollständig im Ashram zu leben, was mir vorläufig jedoch wegen finanzieller Verpflichtungen meiner Familie gegenüber nicht möglich war. Ich empfand meine Arbeit in der Bank als vergeudete Zeit, doch Amma sagte zu mir: „Dies sollte nicht deine Einstellung sein. Du musst versuchen, deine Arbeit zu lieben. Denke, wenn Kunden zu dir kommen, dass ich sie dir schicke. Wenn du sie zuverlässig bedienst, verehrst du Amma und so wirst du keine Zeit vergeuden."

Wann immer ihr euch in einer unerfreulichen Lage befindet, der ihr nicht entkommen könnt, versucht, nicht die Fassung zu verlieren. Denkt, dass sie euch vorläufig von Amma gegeben wurde und versucht mit Offenheit und Hingabe auf diese Situation zu reagieren. Versucht, euch darauf zu besinnen, dass Amma, indem sie uns mit verschiedenen Situationen und Umständen konfrontiert, uns zu einem vollkommenen Instrument formt, zum Empfang ihrer Gnade. Wenn wir aus einem Geist von Gottesverehrung und Ergebenheit handeln, beseitigt das unser Ego endgültig und hilft uns, unsere eingeborene Göttlichkeit zu verwirklichen – unser Einssein mit der höchsten Wahrheit.

Kapitel 24

Wie man einen Mahatma erkennt

Es gab einmal eine weltberühmte Löwenbändigerin. Sie verstand sich auf Tricks mit den gefährlichsten Wildkatzen, die bis dahin kein anderer Zirkusartist je gewagt hatte. Wo immer sie auftauchte, füllte ein ergriffenes Publikum das Stadion und bestaunte ihre wagemutigen Darbietungen.

Zuerst führte sie die furchterregende Natur des Löwen vor, der auf ein Zeichen von ihr brüllte und so aussah, als wolle er losspringen. Dann führte sie eine Reihe von Tricks mit dem Löwen vor, um zu demonstrieren, dass sie sich überhaupt nicht vor dem Tier fürchtete. Als Höhepunkt des Programms legte sie ein Zuckerbonbon auf ihre Zunge, das der Löwe auflecken durfte. Bei dieser Nummer tobte das Publikum immer.

Bei einer ihrer Vorführungen befand sich zufällig auch Mullah Nasruddin im Publikum. Die Löwenbändigerin begann ihre Vorstellung und die Menge wurde immer erregter und applaudierte jedes Mal, wenn sie all das vorführte, zu was die wilden Löwen fähig waren. Schließlich kam sie zum Finale. Sie kniete vor dem größten und wildesten Löwen nieder und legte einen Zuckerwürfel auf ihre Zunge. Der Löwe nahm den Zuckerwürfel behutsam auf. Die Menge tobte vor Bewunderung für diesen tollkühnen Akt. Über die Menge hinweg war jedoch die gellende Stimme des Mullah zu hören: „Das ist doch nichts! Das könnte doch jeder machen!" Als sie diese Bemerkung vernahm, kam die

Löwenbändigerin aus ihrem Käfig heraus, ging auf den Mullah zu und provozierte ihn: „Du sagst, das könnte jeder. Auch du selbst?" Der Mullah erwiderte: „Wenn der Löwe das kann, kann das doch jeder."

Der Mullah übersah das Eigentliche – er verglich sich mit dem Löwen anstatt mit der Löwenbändigerin und dachte, es bedürfe auf Seiten des Löwen doch überhaupt keines Mutes zu dem, was er gemacht hatte.

Diese Geschichte zeigt uns, dass zwei Menschen auf dasselbe Geschehen schauen und dabei ganz Unterschiedliches wahrnehmen können. Das hängt alles von unserer Perspektive ab. Deshalb können manche Leute Ammas Darshan empfangen, ohne ihre Größe wahrzunehmen, während viele andere sich inspiriert und verwandelt fühlen.

Vor vielen Jahren kamen zwei spirituell Suchende zum Ashram, um Amma zu begegnen. Sie hatten schon viele Ashrams besucht und waren von den Gurus, die sie erlebt hatten, nicht beeindruckt. Da sie gehört hatten, Amma sei eine verwirklichte Meisterin, hatten sie beschlossen, selbst zu kommen und zu schauen.

Amma hatte damals täglich etwas freie Zeit zur Verfügung und konnte deshalb vieles von dem tun, zu dem sie heutzutage keine Zeit mehr hat: Sie verbrachte jeden Tag viele Stunden in Samadhi versunken und kam oft zum Helfen in die Küche, um das Essen für die Brahmacharis und Devotees zu kochen. Manchmal spielte sie auch mit den Nachbarkindern. Als nun diese beiden Neuankommenden auftauchten, sahen sie Amma hin- und herrennen, rufen und lachen, da sie gerade ein ortsübliches Spiel mit den Kindern spielte. Einige Brahmacharis und ich standen dabei, und wir amüsierten uns über Ammas lila (göttliches Spiel). Die beiden Männer kamen auf mich zu und stellten mir einige Fragen zu meiner eigenen Person. Ich sagte ihnen, dass ich in einer nahegelegenen Bank arbeitete, jedoch im Ashram lebte. Sie fragten mich, wo sie die Meisterin des Ashrams finden könnten. „Sie ist direkt hier", sagte ich und zeigte auf Amma. „Du meinst das Mädchen, das mit den Kindern spielt?" fragten mich die beiden ungläubig. Amma war damals Mitte Zwanzig, und wenn sie mit Kindern spielte, konnte sie sogar jünger aussehen. „Ja, ja", versicherte ich ihnen. „Sie ist unsere Meisterin." Ich erklärte den beiden Männern, wenn sie ein paar Minuten warten würden, könnten sie Amma begegnen und ihren Darshan empfangen. Die Männer besprachen sich einige Minuten und gingen dann wortlos weg.

Zwanzig Jahre später kamen diese beiden Männer in den Ashram zurück. Sie hatten nach mir gefragt und kamen in mein Zimmer. „Erinnerst du dich an uns, Swamiji", fragten sie mich. Ich gestand, es nicht zu können. Sie erinnerten mich an unser kurzes, lange zurückliegendes Gespräch und erklärten, vor 20 Jahren hätten sie ihre vorgefasste Meinung gehabt, wie ein Meister zu sein habe. Da Amma sich nicht so verhielt, wie sie das von einer Meisterin erwarteten, hatten sie den Platz wieder verlassen, in der Annahme, Amma sei einfach nur ein normales Mädchen. Über die Jahre hatten sie dann immer mehr von Amma gehört und waren schließlich überzeugt genug, um in den Ashram zurückzukehren.

Als sie zu Amma zum Darshan kamen, brachen beide in Tränen aus, denn ihnen ging auf, wie dumm sie gewesen waren. Der eine schluchzte noch eine ganze Weile hemmungslos, da ihm die Erkenntnis seines Fehlers schier unerträglich war.

Es gibt ein altes Sprichwort über den Heiligen Fluss Ganges, das besagt, dass viele Menschen kreuz und quer durch Indien reisen, um in seinen heiligen Wassern zu baden, während einige, die an seinen Ufern leben, bevorzugen, zu Hause ein Bad zu nehmen. Diesen beiden Männern ging es ähnlich. Sie waren Amma so nahe zu einer Zeit, in der sie von Amma viel persönliche Zeit und Aufmerksamkeit hätten bekommen können. Bedauerlicherweise konnten sie ihre Größe damals noch nicht erkennen.

Amma beteiligte sich außerdem in jenen Tagen, wenn sie Zeit zur Verfügung hatte, oft bei Bauarbeiten und beim Reinigen des Ashrams. Wir lebten damals in strohgedeckten Hütten. Jedes Jahr mussten wir die Strohdächer erneuern, die immer nur eine heftige Monsunregenzeit aushielten. Die wenigen Brahmacharis, die damals im Ashram lebten, hatten nie zuvor in Hütten gewohnt und verstanden nicht viel vom Flechten eines Strohdaches. Amma arbeitete immer mitten unter uns und leitete uns in unseren Bemühungen an. Wir benötigten viel Beaufsichtigung, um sicher zu gehen, dass wir die Dächer ordentlich bauten.

Eines Tages, als wir gerade die Dächer erneuerten, kamen zwei neue Besucher in den Ashram. Sie sahen, dass Amma mitten unter uns arbeitete und quer über den Platz ihre Anweisungen denen zurief, die weiter entfernt arbeiteten. Diese beiden Neuankömmlinge beobachteten Amma eine Weile. Schließlich gingen sie weg, ohne sich ihr genähert zu haben. In diesem Moment drehte Amma sich zu einigen von uns um und kommentierte: „Sie kamen hierher auf der Suche nach einer Meisterin. Sie erwarteten, die Meisterin sehr würdig auf einem Thron sitzen zu sehen, mit Dienern, die ihr zufächeln und sie bedienen. Stattdessen sahen sie eine Meisterin, die in einem fleckigen Kleid mit eigenen Händen arbeitet und Anweisungen zuruft. Da sie überzeugt sind, dass Amma nur ein normales Dorfmädchen ist, gingen sie wieder. Wenn sie wirklich nach einer Meisterin gedürstet hätten, wären sie geblieben und hätten gewartet, mir zu begegnen. Sie werden jedoch wiederkommen, wenn die Zeit reif ist." Nach einigen Jahren kamen auch diese beiden wirklich zurück. Jetzt sind sie glühende Anhänger von Amma.

Mir fällt dazu ein Witz ein, der uns daran erinnert, dass wir nicht immer unsere richtigen Schlüsse aus dem äußeren Anschein ziehen. Es gab einen Professor, der über Küchenschaben forschte und schließlich bereit war, seine Entdeckungen in einer lebendigen Demonstration preiszugeben. Er platzierte eine Küchenschabe auf einen Tisch und befahl ihr zu laufen. Die Küchenschabe lief quer über die Tischplatte. Er fing sie ein, bevor sie herunterfiel und bevor er sie wieder in ihre Ausgangslage brachte, riss er ihr ein Bein aus. Dann befahl er der Küchenschabe, erneut zu laufen und ließ sie auf der Tischplatte los. Die Schabe lief. Er fing die Schabe wiederum und entfernte ihr ein noch ein Bein. Die Schabe konnte immer noch laufen und lief weiter. Mit jedem Bein, das ihr genommen wurde, begann sie mehr zu hoppeln und sich mühsamer über den Tisch zu schleppen. Schließlich riss er ihr das letzte Bein aus und wies die Küchenschabe erneut an zu laufen. Doch jetzt rührte sie sich nicht mehr, wie hätte sie auch, ohne Beine? Lächelnd schaute der Professor auf sein neugieriges Publikum, um stolz seine revolutionär neue Entdeckung zu verkünden: „Wenn eine Küchenschabe keine Beine hat, kann sie nicht hören." Der Professor hatte das Verhalten einer Küchenschabe beobachtet und eine völlig falsche Schlussfolgerung gezogen. Genauso kann man das Verhalten eines Mahatma beobachten und darin scheitern, zu erkennen, wer er ist.

Wenn wir zu einem Mahatma kommen, sollten wir versuchen, offen und aufnahmebereit zu sein, ohne sein oder ihr äußeres Tun zu bewerten. Nicht jeder, der Amma sieht, kann in ihr den Mahatma erkennen, zumindest nicht sofort. Diejenigen von uns, denen es möglich wurde, zumindest eine Spur von Ammas Größe erkennen, sind wirklich gesegnet.

Kapitel 25

Klang, Blick, Berührung, Gedanke: die Einweihungs- methoden eines Meisters

Wenn ein Meister uns in ein bestimmtes Mantra oder in eine spirituelle Übung einweiht, kann das unser Vorwärtskommen auf dem spirituellen Pfad enorm beschleunigen. Manchmal führt die Initiation unmittelbar zu Ergebnissen, öfter jedoch erst nach einer gewissen Zeit. Eine der weitest verbreiteten – und dennoch wichtigen –Methoden von *Diksha* (Initiation, Einweihung) ist die Initiation durch ein Mantra. Viele von uns haben von Amma Mantra Diksha empfangen. Satgurus können uns auch auf vielfältig andere Weise einweihen, je nachdem wie empfänglich wir sind. Sind wir dafür bereit, kann uns ein Meister einweihen, indem er uns nur anschaut; das nennt man *Nayana Diksha* oder Initiation durch die Augen.

Ein Jugendlicher kam zum ersten Mal zu Amma. Amma war zu diesem Zeitpunkt im Devi Bhava. Er ging nicht in den Tempel, um Darshan zu bekommen, sondern wartete draußen. Als er dort einige Minuten stand, begann er plötzlich zu zittern, sich zu schütteln und zu springen, als hätte er an einen Elektrodraht gefasst. Alle anderen Devotees hielten von ihm Abstand, da sie dachten, er sei besessen. Er begann ein paar Worte zu stammeln, so als spräche er zu jemandem, den nur er sehen konnte. Im Anschluss an Devi Bhava kam Amma aus dem Tempel, und der Jugendliche sprach immer noch ganz unverständliche Worte. Amma legte ihre Hand auf seinen Mund und gebot ihm, nicht mehr über das, was er sehe, zu reden.

Nach einer Weile gewann er sein Normalbewusstsein zurück. Er berichtete uns, es sei, als Amma ihn angeschaut habe, eine seltsame Kraft von Amma in ihn eingedrungen. Dann habe er vor sich die Form von Kali gesehen. Er versuchte alles zu erklären, doch niemandem war es möglich, das, was er sagte zu verstehen, da er ganz unzusammenhängend sprach. Dieser junge Mann arbeitete damals in einem Büro und war nach diesem Erlebnis eine Woche lang unfähig, seiner Tätigkeit nachzugehen. Eine ganze Woche lang fühlte er sich wie in einer anderen Welt – er schrieb in dieser Zeit viele hingebungsvolle Lieder und profunde Sprechgesänge (chants). Dies als ein Beispiel für die Wirkungskraft des Nayana Diksha. (Amma gab ihm später auch eine Mantra-Einweihung.)

Eine andere Form der Initiation ist *Sparsa Diksha* (Initiation durch Berührung). Manche Menschen empfinden in dem Moment, in dem Amma sie berührt, so etwas wie einen Schock in ihrem Körper und erfahren eine innere Umwandlung. Vielleicht segnet Amma jeden, der zu ihr kommt, mit dieser Initiationsform, ohne dass derjenige sich dessen bewusst wird. Amma sagt, jetzt sät sie die Saat aus; zur rechten Zeit wir sie aufgehen und Früchte tragen.

Eine andere Initiationsform ist *Pada Diksha* oder Initiation durch Berührung mit dem Fuß. Diese Initiationsform ist sehr selten. Ich kenne einen Anlass, bei dem Amma einem Devotee Pada Diksha gab, was sonst bei ihr nicht üblich ist. Als dieser Devotee zu Amma zum Darshan kam, schloss sie einfach ihre Augen. Niemand konnte ahnen was sie als nächstes tat – sie platzierte ihren rechten Fuß auf den Brustkorb des Devotees. Ich war schon so viele Jahre bei Amma und hatte sie dies noch nie tun sehen. Zum ersten Mal sah ich, dass Amma einen Devotee mit dem Fuß berührte. Der Devotee sprang sofort hoch und begann zu zittern, als ob ein starker elektrischer Strom durch ihn hindurchginge. Ein anderer Devotee wollte ihn halten, Amma hielt ihn jedoch zurück: „Störe ihn nicht, er ist im Zustand von Glückseligkeit. Lass ihn machen, was er möchte." Er schüttelte sich beinahe 20 Minuten und legte sich dann auf den Boden. Amma sagte, sie hatte das starke Gefühl, diesen Devotee mit ihrem Fuß berühren zu sollen, und schon lange Zeit habe er sehr innig zu Amma gebetet, sie möge dies tun.

Kabir war ein großer Heiliger aus Nordindien und wurde in eine muslimische Familie geboren. Kabir hatte starke Sehnsucht, Schüler von Ramanand zu werden, einem damals sehr bekannten Meister, doch Kabir war Muslim und Ramanand war Hindu. Zu jener Zeit war die Rivalität zwischen den beiden Religionen so groß, dass Ramanands Schülern schon die Idee, ein Muslim werde in ihrer Mitte eingeweiht, unerträglich war, und die muslimische Gemeinde wollte Kabir nicht erlauben, sich von einem Hindu-Meister einweihen zu lassen. Kabir war aber so viel daran gelegen, von Ramanand eingeweiht zu werden, dass er sich einen Plan zurechtlegte.

Kabir wusste, dass Ramanand jeden Morgen vor Sonnenaufgang zum Fluss ging, um dort ein Bad zu nehmen. Eines Morgens ging Kabir vor Ramanands Erscheinen zur Badestelle und legte sich auf eine der zahlreichen Stufen, die zum heiligen Ganges hinabführten. Da es noch völlig dunkel war, wusste Kabir, dass ihn der Meister dort nicht liegen sehen konnte und deshalb wohl versehentlich auf ihn treten würde. Wenn wir in Indien jemanden zufällig mit dem Fuß berühren, fassen wir denjenigen an und führen zum Zeichen des Respekts unsere Hand an die Stirn. Wir rufen dabei vielleicht: „Ram, Ram" oder „Krishna, Krishna", so wie die Leute in den USA „Oops!" sagen.

Als Ramana die Treppe hinunterkam, trat er, wie Kabir erwartet hatte, versehentlich auf ihn. In dem Moment, als er auf Kabir trat, bemerkte er auch schon, dass er auf ein Lebewesen getreten war und bat sofort unter Anrufung des Namens des Herrn um Vergebung. Als er rief: „Ram! Ram!" stand er noch auf Kabir. Kabir deutete diese verheißungsvolle Verkettung als Initiation durch Ramanand. Er warf sich zu Ramanands Füßen nieder und ging fort.

Kabirs Trick hatte funktioniert. Er verehrte Ramanand so hingebungsvoll und erreichte durch das von ihm so beiläufig empfangene Ram-Mantra die Selbstverwirklichung. Seine Gedichte sind ein Preisgesang auf die Kraft des Mantras und auf die Gnade des Meisters und werden bis auf den heutigen Tag in ganz Indien geschätzt.

Es gibt noch eine Form von Einweihung, *Smarana Diksha* genannt. Smarana heißt denken oder sich erinnern. Um Smarana Diksha zu geben, denkt der Meister einfach nur an den Schüler. Selbst wenn der Schüler weit weg vom Meister ist, wird er diese Einweihung empfangen.

Vor vielen Jahren reiste einer von Ammas Devotees in den Himalaja. Er wollte dort so hoch wie möglich ins Gebirge und wanderte viele Tage zu Fuß. Unterwegs kam er an einer Hütte vorbei, und da es mittlerweile dunkel wurde, wollte er dort um einen Schlafplatz für die Nacht bitten. Der Devotee klopfte an die Tür, doch es rührte sich nichts. Er wartete noch eine Weile, aber niemand kam. Da ringsum keine andere Hütte zu sehen war, wartete er weitere 10-15 Minuten. Schließlich kam ein junger Mann aus der Hütte und fragte den Devotee, was er wünschte. Dieser erwiderte, er sei auf Pilgerschaft und brauche einen Platz für die Nacht. Der junge Mann antwortete: „Ich bin allein; sei willkommen." Der junge Mann sah aus wie ein spiritueller Aspirant; es lag so ein Leuchten auf seinem Gesicht. Und wirklich, als er dem Devotee ein Bett gerichtet hatte, setzte er sich zur Meditation.

Der Devotee war so erschöpft, dass er sofort schlafen ging. Als er einige Stunden später aufwachte, bemerkte er, dass der junge Mann noch immer meditierte. Später am Morgen befragte der Devotee den jungen Mann nach dessen spiritueller Praxis. Dieser sagte, dass er oft fünf oder sechs Stunden in derselben Haltung meditiere. Zu seinem Erstaunen fand der Devotee in der Hütte ein kleines Foto von Amma. Da Amma damals in dieser Gegend noch nicht sehr bekannt war, fragte er sich, wie Ammas Foto in diese abgelegene Gegend gelangt sei. Er fragte den jungen Mann, wer das auf dem Foto sei, ohne preiszugeben, dass er Amma-Devotee war. Der junge Mann erwiderte: „Ein Mönch besuchte zufällig Ammas Ashram in Südindien. Er empfing Ammas Darshan und war so beeindruckt, dass er ein kleines Bild von Amma kaufte. Als er hierher kam, erzählte er mir von Amma und ich wurde von ihr so angezogen, dass er mir dieses Foto überließ."

Der junge Mann fuhr fort: „In derselben Nacht fühlte ich während meiner Meditation Ammas Gegenwart. Sie flüsterte mir ein Mantra ins Ohr und seitdem spreche ich dieses Mantra. Ich betrachte Amma als meine Meisterin. Nach dieser Erfahrung hat meine Meditation eine ganz andere Qualität bekommen."

Es beeindruckte den Devotee sehr, wie intensiv dieser junge Mann seiner spirituellen Praxis nachging. Als er nach Amritapuri zurückkehrte, berichtete er Amma von seinem Erlebnis. Amma sagte: „Ich habe viele Schüler, die wie er in weit entfernten Winkeln leben. Ich kann nicht zu ihnen gehen und momentan können sie nicht zu mir kommen, deshalb führe ich sie auf diese Weise."

Ein Brahmachari wurde sehr krank, als Amma sich weit weg in Europa aufhielt. Die Leute fürchteten, er werde sterben. Er selbst glaubte auch, es gehe mit ihm zu Ende. Er weinte und betete: „Amma, du bist weit weg in Europa, doch bevor ich sterbe, muss ich dich in Fleisch und Blut sehen. Bitte habe Erbarmen mit mir." Während wir uns in Europa aufhielten, erzählte uns einer der Brahmacharis aus Indien am Telefon von dem Gebet des kranken Brahmachari. Amma antwortete: „Er wird nicht sterben. Seid sicher, dass alles gut wird." Der Brahmachari, der uns von Indien aus angerufen hatte, weinte ebenfalls, besorgt über den Zustand des Kranken. Er flehte Amma an: „Bitte gib ihm deinen Darshan. Selbst wenn er morgen sterben sollte, wäre er überglücklich, deinen Darshan empfangen zu haben."

Zwei Tage später reiste ein Devotee von Europa nach Indien. Amma bat ihn, eine von ihr geflochtene Girlande nach Indien mitzunehmen und dem kranken Brahmachari zu geben. Als dieser die Girlande erhielt, ging es ihm fortan besser, genau wie Amma vorausgesagt hatte. Ammas Segen erreichte den Brahmachari durch die Girlande. Dies war der einzige Weg, auf dem sie zu ihm gehen konnte, da der Brahmachari sich noch nicht so weit entwickelt hatte, Amma in subtiler Gestalt sehen zu können.

Es hängt von unserer Empfänglichkeit und dem Grad unserer spirituellen Entwicklung ab, welche Initiationsform ein Satguru bei uns anwendet. Wenn unsere Wahrnehmungsebene nicht subtil genug ist zum Empfang einer Initiation, arbeitet der Meister nicht so mit uns. Amma sagt deshalb: „Benutzt das Mantra, das ich euch gegeben habe." Im gegenwärtigen Zustand ist unser Geist nicht sonderlich subtil. Wenn wir uns eine halbe Stunde zur Meditation hinsetzen, können wir uns nur wenige Minuten konzentrieren. Selbst diese wenigen Minuten Konzentration fallen uns sehr, sehr schwer. Bis unser Geist durchlässig wird und sich konzentrieren kann, ist es normalerweise besser, wenn wir uns auf das Singen hingebungsvoller Lieder konzentrieren und unser Mantra rezitieren. Wenn wir von einem Satguru ein Mantra empfangen, entsteht eine persönliche Beziehung zwischen dem Meister und uns. Das Mantra ist das Bindeglied oder auch

Band, das uns mit dem Meister verbindet und es wird halten, bis wir das Ziel erreichen – bis zur Verwirklichung unseres Selbst. Amma sagt, dass Sie mit vielen ihrer Devotees eine Verbindung aus früheren Leben hat. Amma inkarniert sich immer wieder neu auf diese Erde, nur zu dem Zweck, uns beizustehen, das Ziel menschlichen Daseins zu erreichen. Sie selbst hat nichts zu gewinnen. Sie hat schon alles erreicht, was zu erreichen ist. Wir können uns glücklich schätzen, dass wir von einer spirituellen Meisterin wie Amma eingeweiht wurden.

Das Mantra ist wie ein Fahrzeug, das uns viel rascher zum Ziel bringt, als wenn wir den ganzen Weg zu Fuß zurücklegen müssten. Bevor wir ein Mantra empfingen, verlief unser spirituelles Vorwärtskommen vermutlich recht langsam und unregelmäßig. Wenn wir Mantra Diksha empfangen, wird ein Teil des Prana Shakti vom Meister auf den Schüler übertragen. Wenn wir dieses Prana Shakti bekommen haben, wird sich unser spiritueller Fortschritt beschleunigen, wenn wir uns entsprechend bemühen.

Manch einer mag sich fragen: „Ist das Rezitieren eines Mantra nicht eine andere Form des Denkens? Wie lässt sich denn dadurch Gedankenleere erreichen?"

Amma sagt: „Durch *Japa* können wir die Fülle unserer Gedanken reduzieren. Wenn wir auf einer Wand den Hinweis anbringen: 'Reklame verboten!', verhindern wir, dass andere Reklametexte oder Graffiti auf die Wand geschrieben werden. Diese zwei Worte verhindern hundert andere Wörter. Genauso werden wir durch konzentriertes Wiederholen des Namen Gottes die Fülle anderer Gedanken in unserem Geist reduzieren." Selbst wenn wir keine Konzentration während des Mantra-Rezitierens erreichen, sollten wir kontinuierlich damit fortfahren. Wie Amma sagt, enthält der Klang des Mantras positive spirituelle Schwingungen, die wohltuend auf uns wirken, unabhängig von dem Grad unserer Konzentration.

Wenn ein Satguru wie Amma ein Mantra gibt, dann aus ihrem mächtigen göttlichen Sankalpa (Entschluss), durch das Mantra den Empfänger zu segnen. Der Satguru verspricht, uns zum Ziel menschlicher Existenz zu geleiten. Wir müssen uns, um den höchstmöglichen Gewinn zu empfangen, „revanchieren" bzw. mit einem eigenen Versprechen antworten – dass wir den Anweisungen unserer Meisterin gläubig gehorchen.

Kapitel 26

Amma steht uns auf drei verschiedene Weisen bei

Es ist uns allen in diesem Leben aufgrund zurückliegender Handlungen Leid bestimmt. Amma wird uns in ihrem unendlichen Mitgefühl in hohem Maße vor unserem Schicksal bewahren. Sie wird uns auf drei verschiedene Weisen schützen, je nach Art des uns bevorstehenden Prarabdha Karma: Amma schützt uns entweder vollkommen vor einer uns zugedachten Erfahrung oder sie gibt uns teilweisen Schutz, indem sie die Schwere des uns zugedachten Leidens mildert; oder sie verleiht uns die Kraft, diese Erfahrung durchzustehen. Ich persönlich habe alle drei Weisen von Beistand erfahren, als ich mich mit verschiedenen Schwierigkeiten im Leben auseinander zu setzen hatte.

Der erste Vorfall ereignete sich, als Amma in Begleitung der Brahmacharis eine Folge von Veranstaltungen in Nordkerala gab. Auf unserer Reise von Ort zu Ort hielten wir in der Abenddämmerung oft an einem Fluss, in dem alle badeten und schwammen. Amma leitete uns oft an, das Gayatri Mantra zu singen, während wir bis zur Hüfte im Wasser standen. Manchmal sangen wir auch die 1000 Namen der Göttlichen Mutter, meditierten anschließend am Ufer und sangen Bhajans beim Sonnenuntergang. Amma bereitete anschließend Tee für uns, bevor wir weiterfuhren. Eines Abends, als wir aus dem Fluss gestiegen waren, entdeckte ich, dass ich meine Mala im Wasser verloren hatte. Das brachte mich aus der Fassung, weil Amma sie gesegnet und mir geschenkt hatte. Ich verstand das auch als Zeichen, dass mir etwas Schlimmes bevorstand. Sobald ich bemerkt hatte, dass die Mala weg war, ging ich zu Amma und erzählte ihr, was passiert war. Amma nahm spontan ihre eigene Mala vom Hals und gab sie mir. Ich war überglücklich über diesen unerwarteten Segen; Amma hatte diese Mala schon eine ganze Weile getragen. Und nicht nur das, die Mala, die ich verloren hatte, hatte nur 54 Perlen, diese neue dagegen 108. Ich verschwendete keinen Gedanken mehr an meine alte Mala und fand es sogar gut, dass ich sie im Fluss verloren hatte. Wir setzten unsere Reise fort und beendeten schließlich unsere Tour.

Einige Monate später ging ich auf meine eigene Tour mit Veranstaltungen in Tamil Nadu. Ich reiste mit zwei anderen Devotees im Auto und saß hinter dem Fahrer. Auf unserem Weg zum ersten Treffen wich ein Lastwagen dem entgegenkommenden Verkehr aus und streifte unser Auto bei sehr hoher Geschwindigkeit von der Seite. Die beiden Türen auf der Fahrerseite wurden vollkommen eingedrückt, die Scheiben zersplitterten und überall lag Glas verstreut. Der Fahrer des schweren Lastwagens blieb natürlich unverletzt und es war ein Wunder, dass keinem der vier Insassen unseres Wagens etwas passierte, vor allem angesichts des Zustands unseres Fahrzeugs nach diesem Unfall.

Ich rief Amma so bald wie möglich an, um zu erzählen, was passiert war und da niemand von uns verletzt war, setzten wir unsere Tour wie geplant fort. Einen Monat später kam ich zurück in den Ashram. Ein paar Tage nach meiner Rückkehr war es mir möglich, Amma in ihrem Zimmer zu besuchen. Als ich bei ihr saß und die Einzelheiten des Unfalls erzählte, schaute Amma unverwandt auf die Mala, die sie mir gegeben hatte. Ich war erstaunt, als sie unvermittelt sagte, ich solle ihr die Mala zurückgeben. Ich war schockiert über ihr Ansinnen und schwieg, ohne auf ihren Wunsch einzugehen. Sie forderte mich erneut auf. Da ich wirklich nicht nachgeben wollte, begann ich mit Amma zu hadern. „Amma, wenn du ein Geschenk gemacht hast, ist es nicht nett, es zurückzufordern. Du hast so viele andere Malas, was willst du mit dieser einen? Bitte, lass mich diese Mala behalten."

Amma ließ sich nicht beirren und bestand auf der Mala. „Die Mala, die ich dir gegeben habe, hat ihren Zweck erfüllt. Du brauchst sie nicht mehr." Als ich begriff, dass sich Amma auf den Autounfall bezog, gab ich ihr die Mala zurück. Sie gab mir dafür eine andere.

Es war für Amma selbstverständlich nicht notwendig, mir eine Mala oder sonst etwas zu geben, um mich vor Schaden zu bewahren. Ihr Sankalpa allein hätte ausgereicht. Sie hatte entschieden, mich bei dem Unfall zu beschützen, und dass sie mir die Mala gab, war ihre Methode, diesen Schutz zum Ausdruck zu bringen.

Eine zweite Form des Beistandes oder Schutzes, die wir von einem Satguru empfangen können, ist teilweiser Schutz oder Verringerung der Schwere des Leidens, das wir durchstehen müssen. Vor vielen Jahren fuhr meistens ich den Wagen des Ashrams. Als wir auf unserer Tour durch Tamil Nadu gerade in Chennai waren, ging ich in Ammas Zimmer, um ihr etwas zu geben. Als ich ihr meinen Arm hinstreckte, bemerkte sie Nesselflecken auf meinem Unterarm. Sie untersuchte die roten Flecken und sagte, ich hätte die Windpocken und sie würde für den Rest der Tour einen anderen Fahrer finden, da sie wünschte, dass ich unverzüglich in den Ashram zurückfuhr. Sie fügte hinzu: „Mach dir keine Sorgen, du wirst unter dieser Krankheit nicht wirklich zu leiden haben. „Am nächsten Tag, beim Abschied von Amma vor meiner Rückkehr nach Amritapuri, zeigte mir Amma ihren Arm. Sie hatte einen sehr ähnlichen Ausschlag wie ich und sagte:

„Schau, ich habe deine Windpocken übernommen. Du wirst keinen weiteren Ausschlag bekommen."

So kehrte ich also in den Ashram zurück, während Amma und die anderen Brahmacharis die Tour zum Abschluss brachten. Ungefähr zur selben Zeit hatten sich einige Leute in der Nähe des Ashrams ebenfalls mit Windpocken angesteckt und waren am ganzen Körper mit Bläschen bedeckt. Doch nachdem Amma mir gesagt hatte, meine Krankheit übernommen zu haben, bekam ich keine weiteren Bläschen mehr.

Amma nimmt genauso auch von vielen anderen Menschen Krankheiten auf sich. Bei ihrem Darshan vermag sie an einem einzigen Tag die Beschwerden vieler Menschen zu übernehmen. Ich fragte sie einmal: „Amma, wie kannst du so viel Krankheit und Leid auf dich nehmen? Fühlst du dich nicht überlastet?" Amma antwortete, wenn sie eine Krankheit auf sich nimmt, unter der jeder andere zehn Jahre zu leiden hätte, kann sie genau dieses Prarabdha in weniger als zehn Minuten auslöschen.

Jedwede Handlungsweise muss sich in ihrer Folge auf irgendjemanden auswirken. Normalerweise fallen die Resultate unseres Tuns auf uns selbst zurück. Mahatmas wie Amma jedoch vermögen die Auswirkungen negativer Handlungen von vielen Menschen auf ihren eigenen Körper zu übernehmen und zu löschen und lindern unser Leid. Amma hat außerdem gesagt, sie kann das Prarabdha, das sie von anderen Menschen auf sich genommen hat – wie schwer oder groß das auch immer sei – in einem einzigen Moment im Feuer ihres Absoluten Wissens[7] verbrennen.

Vor zwei Jahren musste ich mich einer Knieoperation unterziehen. Amma hatte mir zuvor gesagt, es sei eine schlechte Zeit

---

[7] Amma bezieht sich hier auf Brahma Gyana oder die Höchste Erkenntnis des allwissenden, allmächtigen und alles durchdringenden Brahman, der die Grundlage des Universums ist. Wer dieses Wissen erlangt, wird eins mit Brahman

für mich und ich solle auf meine Gesundheit achten. Da sie mir jedoch nicht gesagt hatte, auf welches spezielle Gesundheitsproblem ich achten sollte, kümmerte ich mich nicht weiter darum. Ich legte dieses Problem, was immer es auch sein würde, ihr einfach zu Füßen. Kurz darauf bekam ich starke Schmerzen im Knie. Als ich das Amma erzählte, forderte sie mich auf, sofort ins Krankenhaus zu gehen. Die Ärzte schlugen nach einer Untersuchung meines Knies eine Korrekturoperation vor. Obwohl das nur ein kleiner Eingriff sein würde, fürchtete ich mich davor, da ich in meinem Leben nie zuvor ernsthaft verletzt oder krank gewesen war.

Da Amma mir zu dieser Operation riet, traf ich die nötigen Vorkehrungen. Weil ich mich damals gerade in den USA aufhielt und aufgeregt und ängstlich war, rief ich fast jeden Tag Amma an und bat sie, mir irgendwie zu helfen, an dieser Operation vorbeizukommen. Sie versicherte mir jedes Mal, wenn ich mit ihr sprach: „Mach dir keine Sorgen, mein Sohn. Es wird alles gut gehen." Schließlich kam der bewusste Tag, und da mein Zustand sich nicht verbessert hatte, blieb mir keine andere Wahl als mich dieser Operation zu unterziehen. Während des Eingriffs selbst hatte ich keine Angst. Nachher sagte Amma zu mir, sie wäre, auch wenn ich sie nicht hätte sehen können, während der Operation bei mir gewesen. In diesem Fall half sie mir nicht so, wie ich gehofft hatte. Sie entfernte das Problem nicht, sondern verlieh mir den Mut, dieser Erfahrung mit Gelassenheit zu begegnen.

Dazu noch eine besonders dramatische Geschichte. In Australien kam eines Tages ein Mann mit seinen beiden Kindern zu Ammas Darshan. Er erzählte Amma, seine Frau litte unter Krebs im Endstadium, sie würde oft Blut spucken und in Ohnmacht fallen. Seine beiden Kinder, fünf und sieben Jahre alt, waren anfangs ängstlich und weinten, als sie ihre Mutter in dieser Verfassung sahen. Sie veränderten sich jedoch charakterlich nach ihrer Begegnung mit Amma. Der Vater hatte den Kindern erzählt, dass Amma sich schon als kleines Mädchen um Kranke und Alte gekümmert hatte, ein Vorbild, durch das sich die Kinder inspiriert fühlten. Sie fanden sich schließlich mit ihrer Situation zurecht und lernten sogar, ihre Mutter zu versorgen. Sie halfen ihr auf, wenn sie zusammenbrach, brachten ihr ein Glas Wasser und riefen die Ambulanz, falls erforderlich. Die Kinder waren stark und mutig geworden.

Der Mann erzählte von seiner Frau: „Sie wollte unbedingt Amma sehen, hat aber keine Kraft mehr zu gehen und konnte deshalb heute Abend nicht hierher kommen." Als Amma sich ihre Geschichte angehört hatte, verströmte sie ihre unendliche mütterliche Zuwendung über diese Familie. Sie schenkte ihnen besonders viel Aufmerksamkeit und fragte sie nach jedem kleinen Detail ihres Lebens, spielte mit den Kindern, erkundigte sich nach ihren Schulaufgaben und umarmte sie mehrmals. Das alles inmitten eines Darshans für mehr als 1000 Menschen. Es lag Amma so viel daran, ihre Liebe über diese Familie zu verströmen, und sie wollte sie gar nicht gehen lassen. Sie handelte so, als habe sie alle Zeit der Welt. Schließlich verabschiedeten sich der Vater und die Kinder von Amma und erklärten, die Mutter warte zu Hause.

Beim Weggehen sagte der Vater: „Jetzt kann ich dem Leid in meinem Leben ins Auge schauen. Amma hat meinen Kindern und mir die Stärke und Liebe gegeben, die wir brauchen, um diese Herausforderung zu bestehen. Vielen, vielen Dank!" Amma half dieser Familie, mit ihrer extrem herausfordernden Situation zurande zu kommen, zum einen durch das Vorbild ihres eigenen Lebens und zum anderen durch ihre ganz persönliche Liebe und Zuwendung. Die Kinder vermochten nun, ihrer Mutter beizustehen und sich um alles Notwendige zu kümmern, anstatt von ihrem Kummer überwältigt zu werden.

Amma sagt, es gibt drei Formen von Prarabdha Karma. Die erste Form ist wie eine gutartige Krebsgeschwulst. Sie kann im Einklang mit der Gnade Gottes vollständig beseitigt werden, durch Heilhandlungen wie spirituelle Übungen oder gute Taten. Die zweite Form kann teilweise beseitigt werden, doch müssen wir sie bis zu einem gewissen Grad erleiden. Sie ist wie behandelbarer Krebs, der zukünftig wieder aufflammen kann. Die dritte Form ist wie bösartiger Krebs, der nicht entfernt werden kann – wir müssen ihn einfach annehmen. Entsprechend dieser drei Formen von Prarabdha gewährt Amma uns drei Weisen von Beistand. Amma greift in einem Zustand, der zurückzuführen ist auf die dritte Form von Prarabdha (vergleichbar einem bösartigen, unheilbaren Krebs), nicht in unser Prarabdha ein, sondern lässt ihm seinen Lauf. Das bedeutet nicht, dass Amma uns im Stich lässt. Wenn uns in einer leidvollen Angelegenheit nichts anderes übrig bleibt, als sie zu ertragen, gibt Amma uns die Stärke, dieser mit Mut und Seelenruhe ins Auge zu schauen.

Kapitel 27

Ist Amma ein Avatar?

Wenn ein gewöhnlicher Mensch in diese Welt geboren wird, nennt man das im Verständnis des Sanatana Dharma (Hinduismus) *Janma* (Geburt). Da es im allgemeinen nicht die erste Geburt dieses Menschen ist, wird sie auch *Punarjanma* (Wiedergeburt) genannt. Wenn jedoch ein erleuchtetes Wesen aufgrund seines göttlichen Entschlusses es auf sich nimmt, geboren zu werden, um anderen beizustehen, bezeichnet man dieses Wesen als Avatar oder Inkarnation. In vielen Religionen erkennen die Gläubigen nur ein einziges Wesen als Inkarnation Gottes an. Sanatana Dharma ist insofern einzigartig, als er viele Individuen als Avatare anerkennt. Sanatana Dharma verkündet unmiss-verständlich, dass Gott sich überall und zu jeder Zeit manifestieren wird und in jeweils der Form, die dem vorherrschenden Zeitgeist und der Hingabe seiner Anhänger gemäß ist. Das Sanskritwort „Avatar" kommt von ava-tarati – herabkommen, um den einen oder anderen Körper anzunehmen.

Das bedeutet, Gott, das Formlose, kommt auf unsere Ebene herab, nimmt in der Welt der Namen und Formen eine menschliche Gestalt an und wird uns auf dem spirituellen Pfad unterweisen. Gott tut dies zur Wiederherstellung des Dharma und zur Wahrung der Harmonie und des Schutzes der Welt.

Lord Krishna verkündet in der *Bhagavad Gita*:

yadā yadā hi dharmasya glānir bhavati bhārata
abhyutthānam adharmasya tadātmānaṁ sṛjāmy
aham

Immer wenn die Weltordnung niedergeht
und Unordnung zunimmt,
du Nachkomme des Bharata,
dann schaffe ich mich selbst.   4.7

paritrāṇāya sādhūnāṁ vināśāya ca duṣkṛtām
dharma-saṁsthāpanārthāya sambhavāmi yuge yuge

Als Zuflucht für die Gerechten
und zur Vernichtung der Übeltäter,
um die Weltordnung wiederherzustellen,
entstehe ich von Zeitalter zu Zeitalter.   4.8.

Wenn alles reibungslos verläuft, besteht für einen Avatar keine Notwendigkeit, herabzusteigen. Der Herr kommt nur, wenn Chaos und Verwirrung vorherrschen. Um es mit einem herkömmlicheren Beispiel zu verdeutlichen: Wenn in der Nachbarschaft alles friedlich verläuft, ohne Krawalle und Konflikte, werden keine Polizeikräfte eingesetzt. Sie kommen nur, wenn es Probleme gibt.

Manchmal ist das Dharma gefährdet und die Harmonie der Schöpfung wird gestört. Bedrohung und Gewalt gehen gewöhnlich nur vom Menschen aus. Pflanzen und Tiere stören die Harmonie der Schöpfung nicht, da sie aus ihrem natürlichen Instinkt heraus leben. Nur die Menschen verletzen aus Arroganz, Egoismus und Machtbesessenheit diesen kosmischen Rhythmus.

Wenn das Dharma bedroht ist, manifestiert sich der Herr als Avatar. Der Herr inkarnierte sich in menschlicher Gestalt als Rama, um den Dämon Ravana zu töten. Ravana war das Versprechen gegeben worden, kein Dämon, Gott oder Tier würde ihn je vernichten können. Ravana hatte nicht um Schutz vor Menschen gebeten, da er meinte, kein Mensch könne ihm etwas anhaben. Der Herr inkarnierte sich demzufolge als menschliches Wesen, da nur so Ravana bezwungen werden und das Dharma jener Zeit wieder hergestellt werden konnte.

Ähnliches war dem Dämon Hiranyakashipu versprochen worden: Er könne weder mit einer Waffe getötet werden, noch von einem Menschen oder von einem Tier, weder bei Tag noch bei Nacht, weder auf Erden noch im Himmel, weder innerhalb noch außerhalb seines Palastes. Um Hiranyakashipu zu töten, inkarnierte sich der Herr als Narasimha, ein Wesen halb Mensch, halb Löwe und attackierte Hiranyakashipu bei Sonnenuntergang (als es weder Tag noch Nacht war). Der Herr hob den Dämon auf und setzte ihn auf seinen Schoß, so dass er sich weder auf der Erde noch im Himmel befand, trug ihn zum Eingang seines Palastes, wo er weder innen noch außen war und tötete ihn mit seinen Löwenpranken (die technisch gesehen keine Waffen waren).

Wenn ein normaler Mensch geboren wird, dann aus zweierlei Gründen: zum einen aufgrund seines individuellen Prarabdhas und zum anderen aufgrund des kollektiven Prarabdhas der Welt. Das Prarabdha Karma der Welt besteht aus großen Gruppen individueller Prarabdhas. Wenn die Welt voll guter, rechtschaffener Menschen ist, besitzt sie gutes Prarabdha und es herrschen demzufolge Frieden und Harmonie. Zu Zeiten, in denen nichtswürdige Menschen anderen das Leben schwer machen, hat die Welt schlechtes Prarabdha und es herrschen Gewalt und Zwietracht. Wird Gott oder ein bereits selbstverwirklichter Meister in diese Welt geboren, dann entspringt das nicht etwa seinem eigenen Prarabdha, sondern seinem göttlichen Entschluss der Welt beizustehen. Selbstverwirklichte Meister haben überhaupt kein eigenes Prarabdha. Prarabdha entspringt einem Gefühl von „Täterschaft" oder dem Gefühl: „Ich bin der Handelnde".

Der normale Mensch identifiziert sich eher mit Körper, Psyche und Verstand als mit dem Atman. Im Sanatana Dharma wird eine solch missverstandene Identifikation Avidya (Unwissenheit) genannt. Da wir unser Wahres Selbst nicht kennen, handeln wir aus einem Gefühl heraus: „Ich habe das gemacht und möchte vom Ergebnis profitieren." Wenn wir stattdessen Ungutes tun, werden wir uns schuldig fühlen oder unser Tun bedauern. Den Auswirkungen unseres Handelns werden wir uns in beiden Fällen stellen müssen.

In Wahrheit handelt das Selbst oder der Atman nicht. Es ist „handlungslos". Aus diesem Grund wissen selbstverwirklichte Meister, die ihr Einssein mit dem höchsten Bewusstsein erreicht haben, dass sie überhaupt nichts tun und dass alles in ihrer Gegenwart einfach nur geschieht. Aus diesem Wissen heraus haben sie kein Gefühl von „Täterschaft" und können deshalb auch kein eigenes Prarabdha haben.

Wenn in alten Zeiten Avatare erschienen, töteten sie Dämonen und Bösewichte, die gute und unschuldige Menschen gequält und umgebracht hatten. Das Erscheinen eines Avatars betrachtete man als Auswirkung des guten Prarabdha der Rechtschaffenen in der Welt und als Auswirkung des schlechten Prarabdha der Dämonen und Übeltäter. Krishna und Rama waren Könige, zu deren Dharma es gehörte, ihr Land vor derartigen Übeltätern zu bewahren. Ammas Dharma jedoch unterscheidet sich von dem eines Königs. Sie sieht sich selbst als Mutter aller Wesen und kämpft im Gegensatz zu Rama und Krishna selbstverständlich mit niemandem. Amma „tötet" stattdessen in jedem von uns mittels ihrer Liebe und ihres Mitgefühls die Bosheit.

Nach Auffassung der Schriften gibt es bestimmte charakteristische Merkmale, die allen Avataren gemeinsam sind. Solche großen Seelen hegen gegen niemanden Hass. Ihre Lehren sind universell. Sie werden selbst den größten Sünder nicht abweisen und lieben jeden gleichermaßen, ohne an irgend jemandem besonders zu hängen. Da sie ein tadelloses Leben führen, inspirieren sie andere, ihrem Beispiel zu folgen. Einige mögen sich fragen, warum Amma, wenn sie ein Avatar ist, keine Wunder vollbringe? Wir sollten uns erst einmal vergegenwärtigen, dass die Demonstration übermenschlicher Kräfte noch nicht darüber entscheidet, wer ein Avatar ist. Bestimmte Avatare, so Lord Krishna, demonstrierten übermenschliche Kräfte. Als dieser beispielsweise die Freunde seiner Kindheit, die Gopas und Gopis (Kuhhirten und Milchmädchen), vor einem Gewitter und sintflutartigen Regenfällen schützen wollte, hob er den Mount Govardhana mit seinem kleinen Finger hoch und hielt ihn sieben Tage lang über ihre Köpfe.

Krishna tötete schon als kleines Kind mächtige Dämonen. Der Dämon Ravana und all die anderen Dämonen, die im Epos „Ramayana" bzw. den Puranas beschrieben werden, führten ebenfalls mystische oder wundersame Kräfte vor. Andere Avatare dagegen, so Lord Rama, demonstrierten derartige Formen übermenschlicher Kräfte nicht. Als Sita entführt wurde, ging Rama auf die Suche nach ihr und weinte wie ein ganz normaler Mensch. Die Vorführung mystischer oder okkulter Kräfte liefert keinen sicheren Beweis dafür, dass jemand ein Avatar ist.

Außerdem übersehen diejenigen, die fragen, warum Amma keine Wunder vollbringe, etwas, das in die Augen springt: Das Leben von Amma ist ein Wunder. Vieles nehmen wir einfach so selbstverständlich hin. In den letzten dreißig Jahren hat Amma Millionen von Menschen eine individuelle Mantra-Initiation gegeben, Tausende von Brahmacharis und Brahmacharinis in das mönchische Leben eingeweiht und körperlich mehr als 24 Millionen Menschen in die Arme genommen. Oft umarmt sie mehr als 20.000 Menschen an einem einzigen Tag und wenn sie durch Indien reist, sind es noch viel mehr Menschen. Am letzten

Tag von Amritavarsham50, Ammas Feier zu ihrem 50. Geburtstag, saß Amma fast 24 Stunden auf der Bühne und umarmte mehr als 450000 Menschen. Am Ende verließ Amma die Bühne keineswegs erschöpft, sondern mit einem strahlenden Lächeln auf ihrem Gesicht. Wieviele Menschen könnten wir an unsere Schulter nehmen, bis wir vor Erschöpfung zusammenbrechen? Das bedeutet außerdem, dass Amma 15 bis 20 Stunden am Tag ununterbrochen auf einer Stelle sitzt, ohne zwischendurch ins Badezimmer zu gehen. Wieviele Stunden können wir auf derselben Stelle sitzen, eine oder zwei?

Jeder, der seinen Kopf an Ammas Schulter lehnt, kommt ihrem Gesicht so nahe, dass sie dessen Atemluft einatmet, und dies täglich viele Tausend Mal. Ein normaler Mensch würde sich nach Meinung vieler Ärzte dabei schwere Infektionen zuziehen. Amma umarmt die Menschen, egal, wie reinlich oder in welcher gesundheitlichen Verfassung sie sind, und sie zögert auch nicht, Leprakranke oder Menschen mit sonstigen ansteckenden Hautkrankheiten zu umarmen. Außerdem möchte jeder, der zu ihr kommt, sein Herz ausschütten. Selbst ein versierter Psychologe, der den Problemen der Menschen zuhört, kann das täglich nicht bei mehr als 10 - 20 Leuten. Amma hört sich täglich die Probleme von Tausenden an und zeigt jedem dieselbe Liebe und Aufmerksamkeit.

Viele Leute stellen sich irrtümlicherweise vor, Amma gehe am Ende des Tages nach Beendigung ihres Darshan in ihr Zimmer, um sich schlafen zu legen. In Wahrheit ist sie in ihrem Zimmer genauso beschäftigt wie stets. Sie ist bemüht alle Briefe zu lesen, die sie erhält – Hunderte täglich. Ammas Aktivitäten beschränken sich, anders als bei vorausgegangenen Avataren, nicht nur auf Spiritualität. Ihre Tätigkeiten erstrecken sich darüber hinaus auf die Bereiche Erziehung, Gesundheit, Soziales, Technologie und Umwelt. Sie persönlich leitet alle humanitären Projekte und

Bildungsstätten, die sie mit ihrem Ashram gegründet hat. Am Ende eines Tages legt sie sich nur ein bis zwei Stunden zur Ruhe. Wer sonst kann so wenig schlafen und dabei so viel arbeiten? Die meisten Leute arbeiten täglich acht Stunden, an fünf Tagen der Woche und haben zwei bis sechs Wochen Urlaub im Jahr. Amma arbeitet täglich mehr als 20 Stunden und nimmt niemals Urlaub. In den letzten dreißig Jahren hat sie sich nicht einen einzigen Tag „Auszeit" genommen.

In Sankt Peter in Rom befindet sich eine Bronze-Statue, deren linker Fuß täglich von Pilgern berührt wird, so dass er schon ganz abgenutzt ist. Was geschähe wohl einem Menschen, der das volle Gewicht von vielen Millionen auf sich nähme, wenn sogar eine Bronze-Statue allein durch die sanfte Berührung der Pilger abgenutzt wird?

Wir haben uns überhaupt noch nicht angeschaut, was Amma auf der sozialen Ebene erreicht hat. Ist das nicht ein Wunder, dass diese im herkömmlichen Sinn ungebildete Frau in den letzten 15 Jahren ohne finanzielle Unterstützung, weder durch Geschäftsleute, globale Dienstleistungsorganisationen, Regierung, politische Parteien oder religiöse Gruppen, ein derart weitgespanntes institutionelles Netzwerk für Medizin, Ausbildung und Dienstleistung geschaffen hat? In einer Welt, in der Frauen oft eine untergeordnete Rolle spielen, hat Amma durch ihr Beispiel bewiesen, dass für eine Gesellschaft, um wirklich erfolgreich zu sein, Männer und Frauen gleichermaßen wichtig sind wie die beiden Schwingen eines Vogels. Natürlich gibt es auch die berühmten Geschichten von Wundern, die Amma vollbracht hat – die Heilung des Leprakranken Dattan mit ihrem eigenen Speichel, die Verwandlung eines kleinen Topfes mit gewöhnlichem Wasser in ausreichend viel Panchamritam (Süßspeise aus Honig, Milch, Jogurt, ausgelassener Butter und Kandiszucker) zur Speisung Hunderter von Menschen oder die Verwendung von normalem Wasser zum Brennen einer Öllampe. [8]

Seit meiner Verbindung mit Amma ist alles das eingetroffen, was ich sie über Zukünftiges habe sagen hören, so unwahrscheinlich das oft zu jenem Zeitpunkt erschien. Als ich ihr vor 27 Jahren begegnete, sagte sie mir, künftig würden Menschen aus aller Welt zu ihr kommen und sie werde um die ganze Welt reisen, um Menschen zu führen, zu trösten und zu ermutigen. Zu jener Zeit lebte noch kein einziger Brahmachari bei Amma. Sie hatte noch nicht einmal ein Dach über dem Kopf und schlief auf dem nackten Boden gegenüber dem Haus ihrer Familie. Woher wusste sie, dass in Zukunft um sie herum ein weitgespanntes Netzwerk spiritueller und humanitärer Tätigkeiten wachsen würde?

Wenn wir genau auf Ammas Leben schauten, würden wir nie fragen, wo die Wunder sind, sie sind nämlich überall, in jedem Aspekt ihres Lebens. Es würde Bücher füllen, um jedes Wunder in Ammas Leben aufzuzählen. Jeder Mensch von den Millionen, die ihr begegneten, könnte seine eigenen wundersamen Erfahrungen erzählen – Charakterwandlungen, Heilungen innerer Wunden, neue Sichtweisen des Lebens, ja und auch Spontanheilungen. Das ist ein Lexikon, das niemals zu Papier gebracht werden wird – es steht geschrieben in den Herzen von Ammas Kindern.

Amma selbst hat gesagt: „Ich bin nicht daran interessiert, jemanden zu einem überzeugten Anhänger zu machen, indem ein Wunder vorgeführt wird. Mein Ziel ist es, Menschen zu inspirieren, mit ihrer Sehnsucht nach Befreiung ihr Ewiges Selbst zu verwirklichen. Wunder sind Blendwerk. Sie sind nicht die Essenz von Spiritualität. Und nicht nur das, sobald ein Wunder

---

[8] Zu weiteren Geschehnissen dieser Art s. Amma: A Biography of Mata Amritanandamayi, von Swami Amritaswarupananda Puri und Racing along the Razor's Edge, dt. „Unterwegs auf Messers Schneide", 2004, von Swami Ramakrishnananda Puri.

vollführt wird, werdet ihr fordern, immer mehr davon zu sehen. Ich bin nicht hier, Begehren zu wecken, sondern zu beseitigen."

Menschen vollbringen bisweilen nahezu übermenschliche Taten, fahren z.B. außergewöhnlich große Strecken Fahrrad oder stehen stundenlang auf einem Bein, doch eigentlich nur, damit ihr Name ins Buch der Rekorde eingetragen wird. Amma stellt jeden Tag einen neuen Weltrekord auf und doch verschwendet sie keinen Gedanken daran, was andere über sie erzählen. Was sie leistet, macht sie nicht, um Lob zu empfangen, sondern sie tut es der Welt zuliebe.

Ein Journalist fragte Amma einmal: „Ihr werdet von Millionen Menschen als Devi verehrt. Wie fühlt sich das für Euch an?"

Amma erwiderte: „Ich fühle gar nichts. Menschen, die mich heute Devi nennen, nennen mich morgen vielleicht Teufel (devil). Das spielt für mich keine Rolle. Ich weiß, wer Ich bin. Ich messe ihrem Lob oder ihrer Kritik keinerlei Bedeutung bei. Ich fließe wie ein Fluss. Die Menschen nutzen ihn ihrer Natur gemäß unterschiedlich, manche löschen in ihm ihren Durst, andere sitzen an seinen Ufern und erfreuen sich der kühlen Brise, wieder andere nehmen ein Bad und einige spucken sogar in den Fluss. Doch der Fluss fließt einfach."

Amma sagt uns, dass sie immer schon ganz tief verstanden hatte, dass alles Gott ist. Bei seltenen Gelegenheiten enthüllte sie, als Erleuchtete geboren worden zu sein. Wir wissen außerdem, dass niemand in der Geschichte der Welt jemals das vollbracht hat, was Amma seit dreißig Jahren täglich vollbringt, und dass nie jemand das erreicht hat, was sie erreicht hat. Amma würde dennoch in ihrer Bescheidenheit niemals sagen, dass sie ein Avatar ist. Das ist eine Frage, die jeder für sich selbst zu beantworten hat.

Kapitel 28

Du musst das Licht anschalten:
Gnade und Bemühung

Ein Devotee fragte einmal: „Amma, wenn doch in uns allen dieselbe Seele wohnt, warum gelangen dann nicht alle gleichzeitig mit demjenigen zur Selbst-Verwirklichung, der die Höchste Wahrheit erfährt und ein Selbst-Verwirklichter wird?" Amma gab eine wundervolle Antwort. „Mein Sohn, wenn du im Haus den Hauptschalter anmachst, kann der Strom alle Räumen erreichen, das Wohnzimmer, die Küche, die Schlafräume. Möchtest du jedoch Licht in deinem Zimmer haben, musst du dir die Mühe machen und das Licht in diesem Zimmer anschalten. Nur wenn sich jeder bemüht und seinen Schalter betätigt, kommt das innere Licht zum Vorschein."

Wir müssen also unseren Teil dazu beitragen und unser Bestes geben. Wir sollten, um auf dem spirituellen Weg weiterzukommen, jeden Tag gewissenhaft unsere spirituellen Übungen machen und versuchen, göttliche Tugenden wie Geduld, Akzeptanz, Bescheidenheit und Liebe zu entwickeln und Ammas Anweisungen zu befolgen. Wir sollten uns nie in unseren Bemühungen entmutigen lassen. Wie Amma sagt: „Gottes Gnade ist die Macht, die all unser Bemühen lenkt und all unserem Tun Süße und Vollendung verleiht."

Es gibt eine wunderbare Geschichte, die das Zusammenspiel unseres Bemühens mit der Gnade Gottes oder des Meisters illustriert. Eine Mutter nahm ihren Sohn mit in das Konzert eines weltberühmten Pianisten, um ihren Jungen zum Fortschritt auf dem Klavier zu ermutigen. Als sie sich hingesetzt hatten, entdeckte die Mutter im Publikum eine Freundin und lief den Gang hinunter, um sie zu begrüßen. Der Junge ergriff diese Chance und stand auf, um die Wunder eines Konzertsaales zu entdecken und geriet dabei zufällig vor eine Tür mit dem Hinweis „Eingang verboten". Als die Lichter im Konzertsaal langsam verloschen und das Konzert gleich beginnen sollte, kam die Mutter zurück zu ihrem Platz und entdeckte, dass ihr Sohn nicht mehr da war.

Unmittelbar darauf ging der Vorhang auf und die Scheinwerfer richteten sich auf den imposanten Flügel auf der Bühne. Zu ihrem Entsetzen sah die Mutter ihren kleinen Jungen vor den Tasten sitzen und in aller Unschuld „Weißt du, wieviel Sternlein stehen..." spielen. In diesem Augenblick betrat der große Maestro die Bühne. Er schritt rasch zum Flügel und flüsterte dem Jungen ins Ohr: „Hör nicht auf. Spiel weiter."

Dann beugte sich der Maestro über ihn und übernahm mit seiner linken Hand den Bass, legte seine rechte Hand um das Kind herum auf die Tasten und vollendete die Musik. So verwandelte der alte Meister gemeinsam mit dem jungen Novizen eine beängstigende Situation in eine wundervoll schöpferische Erfahrung, und das Publikum war verzaubert.

Wir können sicher sein, dass Amma in all unseren Lebensumständen, wie furchtbar und hoffnungslos sie auch immer sein mögen und unter welch seltsamem Bann wir auch stehen, tief in uns flüstert: „Hör nicht auf. Spiel weiter. Du bist nicht allein. Gemeinsam werden wir die verworrenen Muster in ein Meisterwerk schöpferischer Kunst verwandeln. Gemeinsam werden wir die Welt mit unserem Gesang verzaubern."

Epilog

Die Liebe des Meisters

„So wie der Duft nicht von der Blume getrennt werden kann, wie das Licht nicht vom Feuer getrennt werden kann, können Liebe und Mitgefühl nicht vom Meister getrennt werden."

Amma

Immer, wenn Amma den Ashram verlässt, wird die Straße von Devotees gesäumt. Wenn sich der Wagen in Bewegung setzt, dreht Amma die Scheiben herunter und wirft Prasad in der Form von Bonbons auf beiden Seiten aus dem Auto heraus für alle, die draußen stehen– für die Besucher-Devotees, die Ashram-Bewohner und sogar die Dorfnachbarn mit ihren Kindern.

Einmal sah ich, als ich mit Amma im Auto fuhr, dass Amma immer noch Bonbons warf, obwohl keine Devotees mehr die Straßen säumten, sondern nur noch Dorfbewohner, die kein Interesse an Ammas Prasad hatten. Sie sahen nur zu Amma hin und gingen dann weg, ohne sich die Mühe zu machen, Ammas Prasad aufzuheben. Ich sagte zu Amma: „Die Devotees haben all dein Prasad aufgehoben; von hier ab sind nur Dorfbewohner da. Sie liefen nur auf die Straße, um zu sehen, was los ist. Sie heben das Prasad, das du ihnen anbietest, nicht einmal auf."

„Das macht nichts", erwiderte Amma. „Wenn sie es nicht nehmen, werden es Kinder aufheben, die vorbeilaufen, und wenn es sich nicht die Kinder nehmen, dann Tiere oder Ameisen. Mach dir keine Sorgen, es wird nichts verschwendet." Selbst wenn wir

es nicht zu schätzen wissen oder es gar nicht annehmen können, wird Amma ihre Liebe und Zuneigung über uns verströmen.

Amma möchte uns immer so viel geben wie sie nur kann, soviel wie die Zeit es erlaubt. Als Amma von ihrer Amerika-Tour zurück nach Indien kam, erschienen zum ersten Devi Bhava Darshan ungefähr 14000 Menschen und Amma gab von 7.30 Uhr abends bis um 10.30 Uhr am nächsten Morgen Darshan. Nur wenige Tage zuvor, beim letzten Devi Bhava in den USA, hatte der Darshan um 8.30 Uhr abends begonnen und endete um 11.00 Uhr am nächsten Morgen. Obwohl dort etwa nur halb so viel Menschen waren, nahm sich Amma genauso viel Zeit. Sie hätte um 3.00 Uhr oder 4.00 Uhr morgens aufhören können, nahm sich stattdessen für jeden Menschen mehr Zeit. Sie denkt niemals: „Oh, hier sind weniger Leute, ich kann den Darshan schnell beenden und etwas ausruhen." Hätten wir solch eine Gelegenheit, würden wir sie bestimmt ergreifen, etwas, das Amma niemals macht. Sie will nie eine Abkürzung nehmen. Sie hat unendlich viele Male gezeigt, dass sie in einer Stunde gut über 1500 Menschen umarmen kann. Gibt sie dagegen nur 750 Menschen Darshan, hört sie nicht etwa in einer halben Stunde auf, sondern nimmt sich genauso viel Zeit als wären zehn mal mehr Menschen da, möchte sie doch jedem so viel Zeit wie möglich schenken.

Einmal kam ein psychisch unausgeglichener Mann zu Ammas Darshan und hielt eine Flasche mit unbestimmtem Inhalt in der Hand. Bevor wir begriffen hatten, was er wollte, hatte er schon die Flasche über Ammas Kopf ausgegossen. Parfümflüssigkeit spritzte über Ammas Kopf und ihr ins Gesicht und lief ihr in die Augen. Die anderen Devotees erregten sich über den Mann und wollten ihn von Amma wegziehen, doch Amma hielt sie zurück und erklärte ihnen, der Mann habe das aus Hingabe getan. Sie konnte nicht einmal ihre Augen öffnen, so sehr brannten die chemischen Substanzen des Parfüms. Amma war keineswegs ärgerlich über diesen Mann. Sie wusste, dass der Mann in seinem hemmungslosen Zustand nicht verstanden hatte, dass sein Unterfangen Amma Schmerzen zufügen würde. Sie forderte ihn sogar auf, sich neben sie zu setzen und tröstete ihn, da er sich inzwischen seines Fehlverhaltens wegen ganz elend fühlte.

Was würden wir in einer ähnlichen Situation tun? Als ich Ammas unendliche Geduld sah, erinnerte ich mich an eine Bemerkung von ihr: „Wenn wir uns aus Versehen auf die Zunge beißen, werden wir unsere Zähne nicht vor Ärger herausreißen. Wir wissen, dass sowohl Zunge als auch Zähne zu uns gehören und uns beide auf ihre Weise nützlich sind. So empfindet auch Amma niemanden als von ihr getrennt. Für sie ist selbst der Schmerz einer Ameise oder einer Pflanze so wirklich wie ihr eigener Schmerz.“

Amma erleidet täglich sehr viel um ihrer Kinder willen. Wenn die Leute zu ihrem Darshan kommen, halten sich viele an Amma fest und bohren sogar ihre Finger in Ammas Rücken oder Schultern. Doch wenn irgendjemand versucht, die Hand desjenigen wegzuschieben, stoppt Amma ihn stets und sagt, es würde denjenigen traurig stimmen, wenn wir ihm verwehrten, sich an Amma festzuhalten. Manche Menschen legen beim Aufstehen nach dem Darshan ihr ganzes Gewicht auf Ammas Knie, treten ihr auf die Füße oder zerren sie am Hals. Wenn wir Amma fragen, wie sie diese physischen Attacken aushält, antwortet sie mit einer Gegenfrage: „Wird eine Mutter ärgerlich über ihr Kind, wenn es auf ihren Schoß klettert und ihr dabei auf den Fuß tritt?“ Ob Amma uns als ihre Kinder oder als ihr eigenes Selbst anschaut, ihre Liebe für uns ist unendlich und bedingungslos.

Ammas Liebe beschränkt sich nicht auf menschliche Wesen. Amma selbst erzählt eine Geschichte aus ihrer Kindheit, in der sich die Tiefe ihrer Liebe und ihres Mitgefühls mit allen Wesen der Schöpfung offenbart.

Eines Tages, als Amma noch jung war und in der Warteschlange stand, um Wasser aus dem Dorfbrunnen zu holen, fühlte sie plötzlich ganz stark, dass sie nach Hause zurückkehren sollte. Sie lief sofort los, ohne zu warten, bis sie dran war, die Eimer zu füllen. Schon von weitem sah sie eine der Ziegen ihrer Familie im eigenen Kot auf dem Boden liegen und schmerzvoll klagen, mit Schaum vor dem Maul. Amma lief zu dem sterbenden Tier, streichelte es zärtlich und flüsterte ihm liebevolle Worte ins Ohr. Anschießend setzte sie sich in einigem Abstand von der Ziege hin, um zu meditieren. Als Amma ihre Augen wieder öffnete, sah sie, wie die Ziege dalag, den Kopf in ihrem Schoß. Sie hatte sich mit letzter Kraft durch den Garten geschleppt, dorthin, wo Amma saß. Amma streichelte noch einmal mit großer Liebe und Zuwendung das Gesicht der Ziege, die bald darauf ihren letzten Atemzug tat. Als Amma sah, mit welch enormer Anstrengung sich das Tier zu ihr geschleppt hatte, schmolz ihr Herz dahin. Aus ihrem unendlichem Mitgefühl heraus verlieh Amma der Ziege Befreiung.

Durch Ammas Gnade gelang es sogar der Ziege in ihrem Garten, das zu erreichen, was die Menschheit schon immer anstrebt.

Was für ein enormer Unterschied besteht zwischen unserer Liebe und der Liebe eines Meisters. Wir vermögen vielleicht, unsere Familienmitglieder und Freunde zu lieben und eventuell unsere Nachbarn, sind jedoch nicht in der Lage, jedermann zu lieben. Es gibt wahrscheinlich auch jemanden, den wir nicht mögen oder sogar hassen. Wir selbst kennen die Grenzen unserer Liebe.

Jeder, der Amma schon begegnet ist, weiß wie ganz anders ihre Liebe ist. Amma nimmt uns alle so an wie wir sind; sie weist niemanden zurück. Amma sagt nie zu jemandem: „Du hast eine Menge negativer Eigenschaften und schlechter Gewohnheiten.

Beseitige zuerst deine Negativitäten und komm' dann zu mir." Amma sagt, wenn sie so etwas äußern würde, wäre das geradeso, als ob der Fluss zu jemandem spräche, der gerade in ihm baden möchte: „Setze keinen Fuß in mein Gewässer; du bist schmutzig und stinkst nach Schweiß. Reinige dich zuerst und komme anschließend zum Baden hierher." Wie kann ein Mensch, ohne ein Bad im Fluss zu nehmen, rein werden?

Einer von Ammas amerikanischen Devotees war bekannt für seinen Jähzorn bei den Devotees. Vor einigen Jahren spazierten wir gemeinsam durch den Blumengarten in Ammas Ashram in San Ramon, Kalifornien, und bemerkten, wie eine uns unbekannte Frau Pfirsiche von den Bäumen pflückte und in ihre Tasche steckte. Sie hielt zudem einige Früchte in der Hand, als sie zu ihrem Auto ging. Beim Gehen fielen ihr einige Pfirsiche aus der Hand und kullerten die Straße hinunter. Als der jähzornige Devotee das sah, lief er auf der Straße hinter den davonrollenden Früchten her, hob sie auf und schob sie liebenswürdig der Frau in die Tasche. Ich traute meinen Augen nicht, als ich Zeuge dieser Szene wurde. Bei ähnlichen Vorfällen in der Vergangenheit hatte man erleben können, wie dieser Devotee laut schimpfend „Unbefugte" vom Ashram-Boden verjagte. Doch bei dieser Gelegenheit nun jagte derselbe hinter Pfirsichen her, die den Hügel hinabrollten, nur, um sie der Frau zurückzugeben, die sie sich genommen hatte. Als ich ihn später darauf ansprach, sagte er: „Oh, Swami, hätte sich dieser Vorfall vor ein paar Jahren ereignet, hätte ich die Frau dafür ausgeschimpft, sich Früchte zu nehmen, die ihr nicht gehören. Doch nach so vielen Jahren der Verbundenheit mit Amma kann ich mich nicht mehr anders verhalten."

Ammas bedingungslose Liebe hat diesen Devotee transformiert, und wie er haben sich schon viele von Ammas Kindern verändert. Wir werden von unseren Eltern und Freunden geliebt oder vom Ehepartner, ohne durch diese Liebe verwandelt zu werden. Es ist die Liebe des Meisters, die uns verwandelt.

Die Macht alter Gewohnheiten und Vasanas macht es uns schwer, positive Eigenschaften in unserem Leben einzuüben. Amma jedoch ist ganz geduldig und liebevoll mit uns und nimmt um ihrer Kinder willen beliebig viele Wiedergeburten auf sich. Außerdem ist sie dazu bereit, uns nicht nur in diesem Leben beizustehen, sondern ebenso auch in all unseren künftigen Leben.

Eines Abends ging ich in Amritapuri ein wenig früher zum abendlichen Bhajan-Singen auf die Bühne und sah gegenüber von Ammas Pitham (niedriges Podest, auf dem sie sitzt) ein irdenes Gefäß stehen. Ich fragte den Brahmachari, der die Bühne herrichtete: „Was hat es mit diesem Gefäß auf sich?" Er erklärte mir, darin sei die Asche eines kürzlich verstorbenen Devotees. Ich fand es abstoßend, dass man so nahe vor Ammas Sitzplatz die Asche eines Toten hingestellt hatte. Da ich in einer orthodoxen Brahmanentradition erzogen wurde, war mir der Anblick eines Gefäßes mit der Asche eines Toten, so nah bei Ammas Pitham, der für mich ein Tempel ist, unerträglich. Ich forderte deshalb den Brahmachari auf, das Gefäß woanders hinzustellen. Ich wollte das Gefäß nicht selbst anfassen, da es mir unrein erschien. Der Brahmachari verneigte sich höflich und sagte: „Swamiji, Amma wollte es auf der Bühne haben."

„Dann kannst du es doch ans hintere Ende der Bühne stellen und nicht direkt vor Ammas Pitham", erwiderte ich. Der Brahmachari kam meiner Bitte unverzüglich nach.

Wenige Minuten später kam Amma zum abendlichen Bhajan-Singen. Nachdem sie sich vor den Devotees verneigt hatte, blieb sie auf ihrem Pitham stehen, statt sich sofort hinzusetzen und schaute sich auf der Bühne um. Als sie das Gefäß mit der Asche des Devotees erblickte, stieg sie unverzüglich vom Pitham, ging zu dem Gefäß, verneigte sich davor und hob es auf. Dann drehte sich Amma um und trug das Gefäß zurück zu ihrem Pitham. Ich war erstaunt, sogar ein wenig schockiert, dass Amma einem Gefäß mit Asche so viel Respekt bezeugte. Wegen meiner orthodoxen Erziehung konnte ich Ammas Handlungsweise einfach nicht verstehen.

Amma hielt das Gefäß während der Abend-Bhajans dicht bei ihren Füßen und korrigierte sogar manchmal ein wenig seine Position. Ich wurde zunehmend unruhig. Allmählich bekam ich wegen meiner Reaktion Schuldgefühle und meinte, es müsse sich wohl um die Asche eines bedeutenden Devotees handeln. Nach den Bhajans stand Amma von ihrem Pitham auf, verneigte sich und beugte sich herunter, um das Gefäß aufzuheben. Inzwischen hatte sich meine Einstellung völlig verändert und ich hatte Gewissensbisse bekommen wegen meiner ursprünglichen Gefühle der Asche gegenüber. Ich stand rasch auf, um das Gefäß aufzuheben und es Amma zu geben. Als ich das Gefäß kaum erst berührte, hielt Amma mich mit ernstem Ton zurück: „Warum berührst du es jetzt? Fasse es nicht an." Mir war es, als sei ein Hammer auf meinen Kopf gefallen. Erneut versuchte ich, Amma beim Aufheben des Gefäßes zu helfen, doch sie ließ mich nicht. Sie hob das Gefäß selbst auf, verließ die Bühne und begab sich zum Strand, um die Asche ins Meer zu streuen.

Mir war inzwischen ganz elend zumute, wenn ich daran dachte, wie respektlos ich gegenüber den Überresten eines großen Devotees gewesen war. Ich entschuldigte mich bei Amma und wollte neben ihr herlaufen. Sie sagte, ich solle ihr nicht folgen und ging weiter.

Bald darauf bekam ich eine Gelegenheit mit Amma zu sprechen. Ich bat nochmals um Verzeihung und fragte sie, wessen Asche in dem Gefäß gewesen sei.

Amma erklärte mir, es wäre die einer älteren Devotee gewesen, die lange Zeit ihren Traum gehegt hatte, für Amma eine

Pada Puja zelebrieren. Bevor sie jedoch eine Gelegenheit bekam, ging Amma auf die Amerika-Tour. Die ältere Frau hatte sich mit dem Gedanken getröstet, sie könnte nach Ammas Rückkehr eine Pada Puja für sie zelebrieren. Doch wie es das Schicksal wollte, verstarb die ältere Frau, bevor Amma nach Indien zurückkehrte. Wenige Tage nach Ammas Rückkehr kam der Sohn der Verstorbenen in den Ashram und trug die Asche seiner Mutter bei sich. Er übergab Amma die Asche mit den Worten, seine sterbende Mutter habe sich gewünscht, bei einer Pada Puja eine Waschung von Ammas Füßen vornehmen zu dürfen. Er bat Amma, die Seele seiner Mutter zu segnen.

Als Amma dies vernommen hatte, nahm sie dem Jungen das Gefäß ab und hielt es mit geschlossenen Augen einige Minuten an ihr Herz. Dann forderte sie den Jungen auf, das Gefäß während der Abend-Bhajans auf die Bühne zu stellen. Obwohl Amma an jenem besonderen Tag sehr beschäftigt war mit dem Darshan und anschließend viele Würdenträger treffen sollte, die als Besucher gekommen waren, hatte sie nicht vergessen, einen Brahmachari damit zu beauftragen, die Asche der älteren Frau auf die Bühne zu stellen. Während der Abend-Bhajans hatte Amma das Gefäß ganz nah an ihre Füße herangezogen und sich vorgestellt, die Frau zelebriere eine Pada Puja für Amma.

„Welches Glück hat diese Devotee", dachte ich bei mir selbst. „Welch mitfühlende Meisterin."

Ich überlasse es euch, über die Tiefe von Ammas bedingungsloser Liebe nachzudenken. Amma hätte einfach die Asche dieser Frau segnen und dann den Sohn bitten können, die Asche im Meer zu verstreuen. Amma hatte stattdessen das Gefäß an sich genommen und der Asche dieser Devotee so viel Respekt und Liebe bezeugt, sie eigenhändig zum Meer zu tragen. Dies zeigt Ammas Bereitschaft, unsere Wünsche auch dann zu erfüllen, wenn wir den Körper verlassen haben. Amma sagt deshalb:

„Unsere leibliche Mutter kümmert sich wohl um Dinge, die wir in diesem Leben benötigen, Amma jedoch sorgt sich um unsere Belange nicht nur in diesem, sondern ebenso auch in all unseren künftigen Leben."

Es ist allein die Liebe einer Mutter zu ihren Kindern, die Amma in ihrem Körper hält. Sie kann eigentlich ihren Körper verlassen, wann immer sie möchte. Vor vielen Jahren in einem Gespräch mit Amma bemerkte ich, wie ein Insekt über ihren Kopf krabbelte. Als ich es entfernen wollte, verschwand es in ihrem Haar und entzog sich meinen Blicken. Ich war besorgt, das Insekt könne Amma beißen oder stechen und legte meine Finger auf ihr Haar, um es herauszuholen. Als ich mit meinen Fingern suchend durch Ammas Haar ging, fühlte ich zu meinem Erstaunen eine sehr weiche Stelle auf dem Scheitelpunkt ihres Kopfes. Diese war so weich, dass mir schien, es fehle ein Stück von ihrer Schädeldecke. Um mich einfach nur zu vergewissern, dass Ammas Schädeldecke einwandfrei war, versuchte ich nochmals, diesen Scheitelpunkt zu befühlen.

In diesem Moment stieß Amma meine Hand weg und fragte: „Was machst du?"

Ich antwortete: „Amma, mit deinem Kopf stimmt etwas nicht. Ich glaube, es fehlt ein Stück von deiner Schädeldecke."

Amma erwiderte: „Sei nicht töricht. Bei meiner Schädeldecke fehlt nichts."

„Wieso, Amma?", fragte ich. „Meine Schädeldecke ist hart wie Stein."

Amma klopfte scherzend auf meinen Scheitelpunkt und sagte: „Ich werde sie für dich weich machen." Dann fuhr sie ernst fort: „Durch diese Stelle ziehen Yogis ihre Lebenskraft zurück, wenn sie diese Welt verlassen. (Sie bezog sich auf das Brahmarandra.) Sie können, wann immer sie wollen, ihren Körper aufgeben." Ich kam mir wie ein Tölpel vor und war sehr erstaunt über Ammas

Antwort. Ich hatte darüber in einigen Büchern gelesen, ohne bis zu jenem Tag einen Beweis für die Richtigkeit dessen erhalten zu haben. Amma kann zweifelsohne ihren Körper verlassen, wann immer sie will. Es ist einzig Ammas überströmender Liebe und ihrem Mitgefühl für uns zu verdanken, dass Amma in ihrem Körper bleibt – nur, um ihren Kindern beizustehen, ihre Probleme zu bewältigen und das Ziel menschlicher Existenz zu erreichen.

Amma bietet ihre Liebe uns allen dar, und diese Liebe hat die Macht, all unsere inneren Wunden zu heilen. Sie kann alles und jeden verwandeln. Lasst uns alle versuchen, offen zu sein für Ammas Liebe. Je offener wir sind, desto stärker werden wir verwandelt.

Glossar

Adharma – Fehlen von Rechtschaffenheit und Tugend, Ungerechtigkeit, Unredlichkeit. Abweichung von der natürlichen Harmonie.

Ahamkara – das Ich (Ego), welches seine Existenz der kosmischen Unwissenheit (Avidya) verdankt und den Atman überschattet; es betrachtet sich fälschlicherweise als den Handelnden und bindet sich auf diese Weise ans Karma.

Amrita Kutiram – Ein Hausbauprojekt des Mata Amritanandamayi Math, das sehr armen Familien kostenlos Häuser bereitstellt. Über 30000 Häuser wurden bisher in ganz Indien gebaut und zur Verfügung gestellt.

Amritapuri – Sitz des internationalen Mata Amritanandamayi Math, in Ammas Geburtsort in Kerala, Indien.

Arati – Schwenken von brennendem Kampfer vor dem Bild einer Gottheit, bedeutet normalerweise den Abschluss einer Zeremonie der Gottesanbetung.

Archana – Bezieht sich üblicherweise auf das Singen oder Rezitieren der 108 oder 1000 Namen einer besonderen Gottheit (s.a. *Lalita Sahasranama*).

Arjuna – Ein berühmter Bogenschütze und einer der Helden im Epos *Mahabharata*. Sri Krishna wendet sich in der *Bhagavad Gita* an Arjuna.

Ashtavakra Gita – „Gesang von Ashtavakra," Gespräch zwischen König Janaka und Meister Ashtavakra, wie man höchste Erkenntnis des Selbst erlangen kann.

Atman – Das Selbst oder Bewußtsein.

AUM – auch „*OM*": Nach Aussage der Veden ist es der uranfängliche Ton des Universums. Alle Töne steigen aus dem *Om* auf und lösen sich im *Om* auf.

Avatar – Göttliche Inkarnation. Aus der Sanskrit-Wurzel „*avataarati*", „herniedersteigen".

Avidya – Unwissenheit als Ursprung aller Nöte.

Ayyappa – Die führende Gottheit des Sabarimala-Tempels in Kerala, verehrt als Inkarnation von Shiva und Vishnu.

Bhagavad Gita – „Gesang des Herrn". Die Lehren, die Gott Krishna Arjuna zu Beginn des Mahabharata-Krieges erteilte; ein praktischer Leitfaden zum Bestehen einer Krise unseres persönlichen oder gesellschaftlichen Lebens und die Essenz vedischer Weisheit.

Bhajan – Lobgesang, Anbetung in Form von Gesängen.

Bhakti – Hingabe

Bhava – (Göttliche) Stimmung oder Haltung (s.a. Devi Bhava)

Bhiksa – Almosen, Gabe.

Bhishma – Familienoberhaupt der Pandavas und Kauravas. Obwohl er im Mahabharata-Krieg auf Seiten der Kauravas kämpfte, war er ein Verfechter des Dharma und voller Sympathie für die siegreichen Pandavas.

Bhogi – jemand, der sich dem Sinnengenuss hingibt.

Bhuta Yagna – anderen Lebewesen dienen und sie beschützen.

Brahma Yagna – Studium des Höchsten Selbst, Praxis und Lehre der spirituellen Schriften.

Brahmarandra – feine Öffnung an der obersten Stelle des Kopfes, durch die ein Yogi im Moment seines physischen Todes seine Lebenskraft zurückzieht.

Brahmachari – zölibatär lebender Schüler, der sich unter Führung eines Meisters/einer Meisterin einer spirituellen Disziplin unterzieht (Brahmacharini ist die weibliche Entsprechung).

Brahman – (wörtl.: „das Weite, das Unermessliche") die absolute Wahrheit jenseits aller Eigenschaften; die allwissende, allmächtige, allgegenwärtige Essenz des Universums; synonym mit Atman.

Brahma Gyana – Erkenntnis des Absoluten.

Brahmasthanam Tempel – Diese einzigartigen Tempel entsprangen Ammas göttlicher Intuition und stehen jedermann offen, ohne Ansehen seiner Religion. Das zentrale Heiligtum ist vierseitig und zeigt die Darstellungen von Ganesha, Shiva, Devi und der Schlange, um die innere Einheit hervorzuheben, die den mannigfaltigen Aspekten des Göttlichen zu Grunde liegt. Gegenwärtig gibt es sechzehn solcher Tempel in Indien und einen auf Mauritius.

Brahmane – Angehöriger der Priesterkaste Indiens.

Daksha – einer der Prajapatis (oder Stammväter) der Menschheit. Vater von Shivas Braut Sati.

Darshan – eine Begegnung mit einem Heiligen oder eine Vision des Göttlichen.

Devas – himmlische Wesen.

Deva Yagna – Verehrung der führenden Gottheiten der Naturelemente.

Devi – Göttin; die göttliche Mutter.

Devi Bhava – „die Göttliche Stimmung von Devi". Der Zustand, in dem Amma ihr Einssein und ihre Identität mit der Göttlichen Mutter offenbart.

Dharma – In Sanskrit bedeutet es, „das, was die Schöpfung aufrechterhält". Zumeist weist es hin auf die Harmonie des Universums. Andere Bedeutungen sind u.a. Rechtschaffenheit, Verpflichtung, Verantwortung.

Diksha – Initiation, Einweihung. Übertragung eines Samenkorns spiritueller Kraft (in subtiler Form) vom Meister auf den Schüler.

Gayatri Mantra – Das Mantra, mit dem jemand eingeweiht wird, wenn jemand reif genug ist, *Brahmane* zu werden und dadurch berechtigt wird, verschiedene Yagnas auszuführen.

Gopa – Die *Gopas* waren Hütejungen; sie waren in Krishnas Kindheit seine Freunde.

Gopi – Die *Gopis* waren Milchmädchen, die in Vrindavan lebten, wo Krishna seine Kindheit verbrachte. Sie waren glühende Verehrer Krishnas. Sie verkörpern die intensivste Liebe zu Gott.

Hiranyakashipu – ein Dämon, dem zugesichert worden war, er könne weder von einer Waffe, noch von einem menschlichen Wesen oder einem Tier, weder bei Tag noch bei Nacht, weder auf der Erde noch im Himmel, weder innerhalb noch außerhalb seines Palastes getötet werden. Gott inkarnierte sich in Gestalt von Narasimha, ein Wesen halb Mensch, halb Löwe und überlistete die Wirkmacht dieser Zusicherung dadurch, dass er Hiranyakashipu auf seinen Schoß legte und ihn mit seinen Pranken in der Dämmerung, während er auf der Türschwelle saß, tötete.

Irumudi – Bündel aus Kokosnüssen, Ghi und Reis, das Devotees von Sri Ayyappa, einer Inkarnation Shivas und Vishnus, auf ihrer Pilgerschaft zum Sabarimala (heiliger Berg in Kerala) auf dem Kopf tragen.

Janma – Geburt.

Japa – Wiederholung eines Mantra.

Jivanmukti – Befreiung schon während man im Körper lebt.

Jnani – jemand, der Gott oder das höhere Selbst verwirklicht hat; jemand, der die Höchste Wahrheit erkennt.

Karma – bewusste Handlungen; auch Kette von Wirkungen, hervorgerufen durch unsere Handlungen.

Kauravas – die 100 Kinder von König Dhritharasthra und Königin Gandhari, deren Ältester der ungerechte Duryodhana war. Die Kauravas waren verfeindet mit ihren Cousins, den tugendhaften Pandavas, mit denen sie im Mahabharata-Krieg kämpften.

Krishna – bedeutendste Verkörperung von Vishnu. Er wurde in eine königliche Familie geboren, wuchs jedoch bei Pflegeeltern auf und lebte als jugendlicher Kuhhirte in Brindavan, wo Er von Seinen hingebungsvollen Begleitern, den Gopis und Gopas, geliebt und angebetet wurde. Krishna gründete später die Stadt Dwaraka. Er war Freund und Berater seiner Cousins, den Pandavas, besonders von Arjuna, dem Er während des Mahabharata-Krieges als Wagenlenker diente, und dem Er Seine Unterweisungen in Form der *Bhagavad Gita* eingab.

Krishna Bhava – „die Göttliche Stimmung von Krishna". Der Zustand, in dem Amma ihr Einssein und ihre Identität mit Krishna offenbarte. Anfangs gab Amma Krishna Bhava Darshan unmittelbar vor dem Devi Bhava Darshan. Während des Krishna Bhava ging sie nicht auf die Probleme der Devotees ein, die zu ihrem Darshan kamen, sondern blieb nur Beobachterin (Augenzeuge). Amma entschied sich 1985, nicht mehr Darshan im Krishna Bhava zu geben, da die Menschen der modernen Welt vor allem der Liebe und des Mitgefühls von Gott als der Göttlichen Mutter bedürfen.

Lalita Sahasranama – 1000 Namen der Göttlichen Mutter. Sie werden täglich in allen Ashrams und Zentren von Amma rezitiert und von Devotees in Gruppen oder einzeln zu Hause.

Lila – göttliches Spiel.

Mahatma – wörtlich: „Große Seele". Obwohl der Begriff heutzutage breitere Anwendung findet, bezieht sich Mahatma in diesem Buch auf ein Wesen, das in der Höchsten Erkenntnis ruht, eins zu sein mit dem Universellen Selbst oder Atman.

Mahabharata – gehört mit dem *Ramayana* zu den zwei großen Epen der indischen Geschichte. Es ist eine große Abhandlung über den Dharma. Die Geschichte handelt vor allem vom Konflikt zwischen den rechtschaffenen Pandavas und den

unredlichen Kauravas und der großen Schlacht von Kuruks-
hetra. Mit 100.000 Versen ist es das längste Epos der Welt
und wurde ungefähr 3.200 v.Chr. von dem Weisen Vyasa
niedergeschrieben.

Mala – Rosenkranz.

Mantra Diksha – Einweihung durch ein Mantra.

Mata Amritanandamayi Devi – Ammas offizieller monastischer
Name in der Bedeutung von Mutter der Unsterblichen Glück-
seligkeit, oft mit dem Präfix Sri als Ausdruck des Heiligen
(Verheißungsvollen).

Mahati vinashti – wörtlich „großer Verlust", im Sinne von Miss-
lingen, zu Lebzeiten sein Höheres Selbst zu verwirklichen.

mithya – wandelbar, deshalb unbeständig; auch illusionär oder
unwahr. Nach Auffassung des Vedanta ist die gesamte sicht-
bare Welt mithya.

Naimithika Karma – vorgeschriebene Rituale zu bestimmten
Anlässen, wie Hochzeit, Tod u.a.

Narasimha – Inkarnation von Vishnu in Gestalt eines Wesens
halb
Löwe, halb Mensch (s. Hiranyakashipu).

Nara Yagna – Dienst an unseren Mitmenschen.

Nayana Diksha – Initiation über den Blick.

Nishiddha Karma – von den Schriften untersagte Handlungsweisen

Nitya Karma – nach Anweisung der Schriften täglich auszufüh-
rende Handlungen.

Om Amriteswaryai Namah – Mantra der Devotees als Verehrung
von Amma, in der Bedeutung: „Wir grüßen die Göttin der
Unsterblichkeit (Amma)".

Om Namah Shivaya – kraftvolles Mantra in der Bedeutung:
„Ich verneige mich vor dem All-Gütigen".

Pada Puja – rituelle Waschung der Füße des Meisters oder seiner Sandalen als Ausdruck von Liebe und Respekt; üblicherweise werden reines Wasser, Joghurt, Ghi, Honig und Rosenwasser darüber gegossen.

Pada Daksha – Initiation durch eine Berührung mit dem Fuß.

PanchamahaYagna – die fünf großen Opferdarbietungen eines Haushälters täglich darzubringen als Dankesschuld gegenüber der Natur und den Naturkräften.

Panchamritam – süße Mischung aus Honig, Milch, Joghurt, aus-gelassener Butter und Kandiszucker.

Pandavas – die fünf Söhne von König Pandu und Heroen in dem Epos *Mahabharata*.

Parvati – Gemahlin Shivas.

Pitham – niedriges Podest. Sitz des Meisters.

Pitr Loka – Welt der Verstorbenen.

Pitr Yagna – Rituale für verstorbene Vorfahren.

Prarabdha oder **Prarabdha Karma** – die Auswirkungen von Handlungen in früheren Leben, die uns bestimmt sind, im jetzigen Leben erfahren zu werden.

Prajapati – der Erstgeborene, von dem alle anderen Geschöpfe abstammen, einschließlich Menschen, Dämonen und Himmelswesen; auch Bezeichnung für die zehn *Rishis*.

Prasad – gesegnete Spende oder Geschenk eines Heiligen oder aus einem Tempel, meist als Nahrungsmittel.

Prayas-chitta Karma – Heilhandlungen, um negative Auswirkungen zurückliegender, übel motivierter Handlungsweisen abzuwenden.

Prana Shakti – Lebenskraft.

Preyo Marga – Streben nach materiellem Glück, wie Reichtum, Macht, Ruhm.

Puja – religiöses Ritual oder feierliche Gottesverehrung.

Punarjanma – Wiedergeburt.

Puranas – (Literaturgattung der Veden). Anhand konkreter Beispiele, Mythen, Geschichten, Legenden, Lebensberichte von Heiligen, Königen und bedeutenden Männern und Frauen, Allegorien und Chroniken großer historischer Ereignisse wollen die *Puranas* die Lehren der Veden allgemein zugänglich machen.

Rahu – durch den Mond hervorgerufene Sonnenfinsternis; in der vedischen Astrologie gilt er als unheilkündender Planet

Rama – der göttliche Held des Epos Ramayana. Als Inkarnation von Gott Vishnu gilt er als Ideal des Dharma und der Tugend.

Rakshasa – Dämon.

Ravana – mächtiger Dämon. Vishnu inkarnierte als Gott Rama, um Ravana zu bezwingen und dadurch die Harmonie der Welt wiederherzustellen.

Rishi – Selbstverwirklichte Seher oder Weise, die Mantren empfangen

Sabarimala – ein dem Gott Ayyappa geweihter Tempel, in den westlichen Grats in Kerala.

Sadhana – spirituelle Praxis.

Samadhi – Einssein mit Gott. Transzendentaler Bewusstseinszustand, bei dem sich jegliches Gefühl individueller Identität verliert.

Samsara – Kreislauf von Geburt und Tod.

Sanatana Dharma – „das ewige Weltgesetz". Ursprüngliche und traditionelle Bezeichnung des Hinduismus.

Sankalpa – göttlicher Entschluss.

Sannyasi – ein Mönch, der die Gelübde der Entsagung (*Sannyasa*) abgelegt hat. Ein Sannyasi trägt traditionellerweise ein ockerfarbenes Gewand, zum Zeichen, dass alle Wünsche verbrennen. Die weibliche Entsprechung heißt Sannyasini.

Satguru – wörtlich: „Wahrer Meister". Alle Satgurus sind Mahatmas, wohingegen nicht alle Mahatmas Satgurus sind. Ein

Satguru ruht in der Glückseligkeit des Selbst und entscheidet sich, auf die Ebene normal Sterblicher hinabzukommen, um ihnen im spirituellen Wachstumsprozess beizustehen.

Sati – Tochter von Daksha, Braut von Shiva. Als sie nicht länger Dakshas Kritik an Shiva ertragen konnte, opferte sie sich selbst durch ein yogisches Feuer, das sie in sich selbst entfacht hatte. Später wurde sie als Paarvati wiedergeboren und Gemahlin von Shiva.

Satsang – in Verbundenheit mit der Höchsten Wahrheit; auch: sich in Gesellschaft mit Mahatmas befinden, einem spirituellen Vortrag oder Gespräch zuhören und an spirituellen Übungen in einer Gruppe teilnehmen.

Seva – selbstloser Dienst, dessen „Früchte" Gott geweiht werden.

Shankaracharya – Mahatma, der durch seine Werke die Vormachtstellung der Advaita-Philosophie der Nicht-Dualität neu befestigte, in einer Zeit des Niedergangs des Sanatana Dharma.

Shiva – „Der Gütige, der Verheißungsvolle" – einer der Namen Gottes (Parameshvara); in der shivaitischen Überlieferung und teilweise auch in den Upanishaden wird er mit Brahman identifiziert. Er wird auch als Dakshina-murti oder Adiguru (ursprünglicher Guru) verehrt, als der Erste und Bedeutendste in der Linie der Meister, ebenso als formlose Essenz des Universums in Verbindung mit der Schöpferin Shakti. In der späteren puranischen Mythologie wird er lediglich als ein Teilaspekt von Saguna-Brahman, dem konditionierten Absoluten, gesehen. Innerhalb der Trinität von Brahma Vishnu Shiva wird er dort als die Personifikation von Tamo-Guna, als der Zerstörer betrachtet. Üblicherweise dargestellt als Mönch, der am ganzen Körper Asche trägt, Schlangen im Haar hat, bekleidet nur mit einem Lendenschurz und in seinen Händen die Bettelschale und den Dreispitz.

Sita – Ramas heilige Gemahlin. In Indien wird sie als Ideal des Frauseins verehrt.

Sparsha Diksha – Initiation durch körperliche Berührung.

Shreyo Marga – Streben nach höchstmöglichem Glück, d.h. Selbst-Verwirklichung.

Sudhamani – Ammas Geburtsname durch ihre Eltern, bedeutet: „Ambrosia-Juwel".

Tapas – Askese, Buße.

Tiruvannamalai – Stadt am Fuß des heiligen Berges Arunachala, im südindischen Staat Tamil Nadu. Dort lebte der berühmte Heilige Ramana Maharshi.

Tattva Bhakti – Hingabe, die auf Erkenntnis oder dem richtigen Verständnis der wirklichen Natur des Meisters oder Gottes beruht.

Upanishad – gehörig zum *Gyana-Kanda*, dem Wissensteil des Veda, der sich mit der Philosophie der Nicht-Dualität befasst.

Vairagya – Nicht-Anhaftung, vor allem Loslassen alles Unbeständigen, d.h. der gesamten sichtbaren Welt.

Vasana – latente Neigungen oder subtile Wünsche unseres Gemütes, die sich im Handeln und in der Gewohnheit zeigen.

Vedanta – **(Veda-anta)**: „das Ende der Veden", bezieht sich auf die Upanishaden, die sich mit Brahman, der Höchsten Wahrheit, befassen und dem Weg, diese Höchste Wahrheit zu verwirklichen.

Veda – die Veden, als die allerältesten Schriften, wurden nicht von einem menschlichen Autor verfasst, sondern wurden den alten Rishis in tiefer Meditation „enthüllt." Die Mantren, aus denen die Veden bestehen, waren immer schon in Form subtiler Schwingungen in der Natur vorhanden. Die Rishis erreichten einen so tiefen Zustand von Versenkung, dass sie diese Mantren empfangen konnten.

vedisch – die alten Veden betreffend.

Viveka – Unterscheidung, vor allem die Fähigkeit, zwischen dem Dauerhaften und Unbeständigen zu unterscheiden.

Vibhuti – heilige Asche (oft geheiligt durch den Segen des Meisters)

Yagna – Opfer, zu verstehen als Darbietung von etwas als Gottesverehrung, oder Ausführen einer Handlung, zum persönlichen oder gemeinschaftlichen Heil

Yoga – „vereinigen." Einheit mit dem höchsten Sein. Ein weiter Begriff, der auch verschiedene praktische Methoden mit einschließt, um das Einswerden mit dem Göttlichen erreichen zu können. Ein Weg zur Selbst-Verwirklichung.

Yogi – derjenige, der Yoga übt oder Yoga-Adept ist.

www.ingramcontent.com/pod-product-compliance
Lightning Source LLC
LaVergne TN
LVHW051542080426
835510LV00020B/2821